大学赤本シリーズ

237

鎌倉女子大学
鎌倉女子大学短期大学部

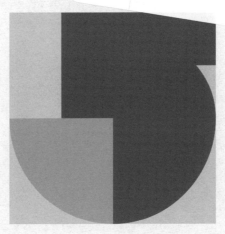

教学社

はしがき

おかげさまで，大学入試の「赤本」は，今年で創刊70周年を迎えました。

これまで，入試問題や資料をご提供いただいた大学関係者各位，掲載許可をいただいた著作権者の皆様，各科目の解答や対策の執筆にあたられた先生方，そして，赤本を使用してくださったすべての読者の皆様に，厚く御礼を申し上げます。

以下に，創刊初期の「赤本」のはしがきを引用します。これからも引き続き，受験生の目標の達成や，夢の実現を応援してまいります。

本書を活用して，入試本番では持てる力を存分に発揮されることを心より願っています。

編者しるす

＊　＊　＊

学問の塔にあこがれのまなざしをもって，それぞれの志望する大学の門をたたかんとしている受験生諸君！　人間として生まれてきた私たちは，自己の欲するままに，美しく，強く，そして何よりも人間らしく生きることをねがっている。しかし，一朝一夕にして，この純粋なのぞみが達せられることはない。私たちの行く手には，絶えずさまざまな試練がまちかまえている。この試練を克服していくところに，私たちのねがう真に人間的な世界がはじめて開かれてくるのである。

人生最初の最大の試練として，諸君の眼前に大学入試がある。この大学入試は，精神的にも身体的にも，大きな苦痛を感ぜしめるであろう。あるスポーツに熟達するには，たゆみなき，はげしい練習を積み重ねることが必要であるように，私たちは，計画的・持続的な努力を払うことによって，この試練を克服し，次の一歩を踏みだすことができる。厳しい試練を経たのちに，はじめて満足すべき成果を獲得できるのである。

本書は最近の入学試験の問題に，それぞれ解答を付し，さらに問題をふかく分析することによって，その大学独特の傾向や対策をさぐろうとした。本書を一般の参考書とあわせて使用し，まとはずれのない，効果的な受験勉強をされるよう期待したい。

（昭和35年版「赤本」はしがきより）

挑む人の、いちばんの味方

赤本創刊70周年

1954年に大学入試の過去問題集を刊行してから70年。赤本は大学に入りたいと思う受験生を応援しつづけてきました。これからも，苦しいとき落ち込むときにそばで支える存在でいたいと思います。

そして，勉強をすること，自分で道を決めること，努力が実ること，これらの喜びを読者の皆さんが感じることができるよう，伴走をつづけます。

そもそも赤本とは…

受験生のための大学入試の過去問題集！

70年の歴史を誇る赤本は，500点を超える刊行点数で全都道府県の370大学以上を網羅しており，過去問の代名詞として受験生の必須アイテムとなっています。

なぜ受験に過去問が必要なのか？

大学入試は大学によって問題形式や頻出分野が大きく異なるからです。

赤本の掲載内容

傾向と対策

これまでの出題内容から，問題の「**傾向**」を分析し，来年度の入試に向けて具体的な「**対策**」の方法を紹介しています。

問題編・解答編

- 年度ごとに問題とその解答を掲載しています。
- 「**問題編**」ではその年度の試験概要を確認したうえで，実際に出題された過去問に取り組むことができます。
- 「**解答編**」には高校・予備校の先生方による解答が載っています。

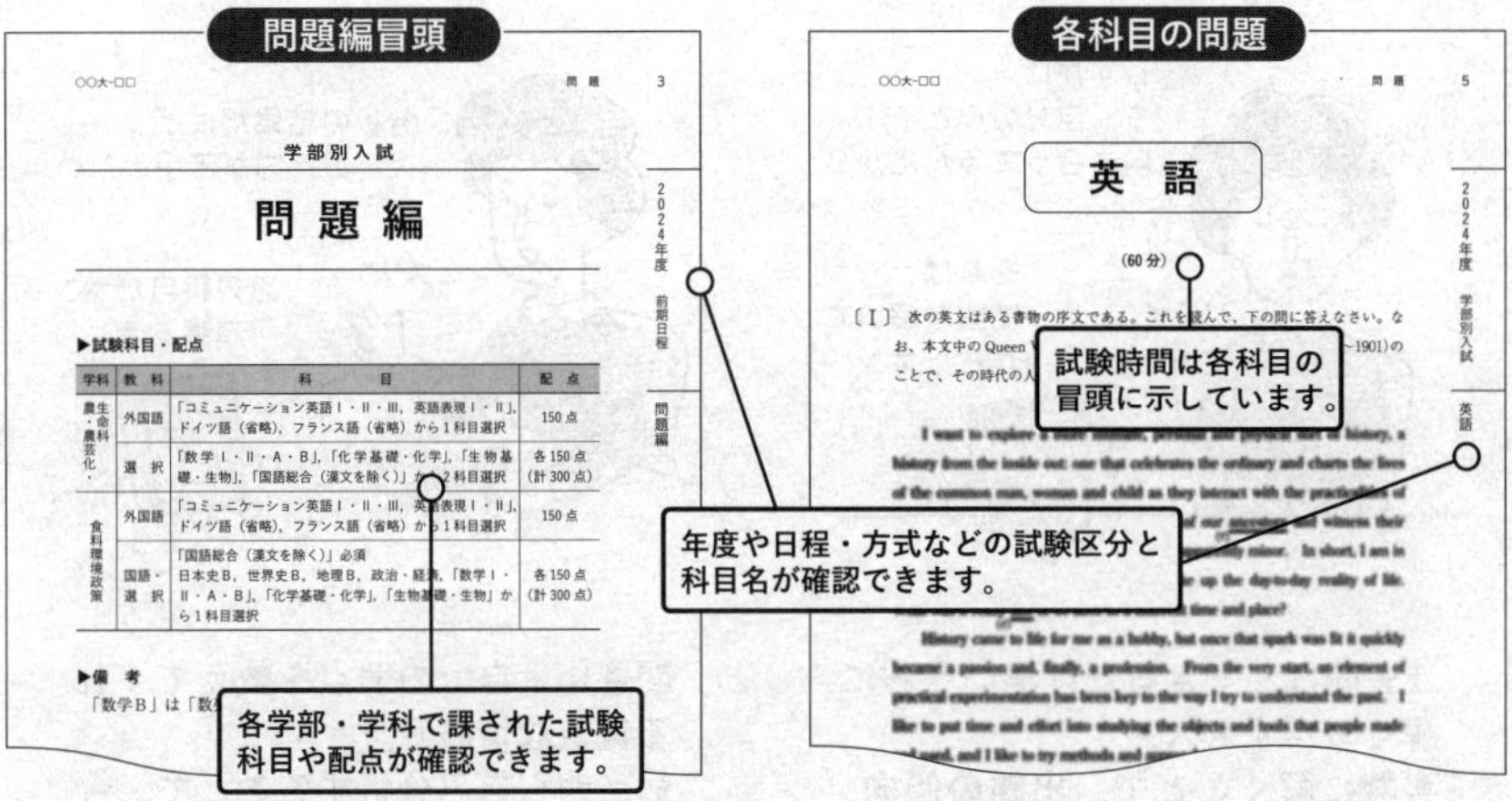

他にも，大学の基本情報や，先輩受験生の合格体験記，在学生からのメッセージなどが載っていることがあります。

掲載内容について

著作権上の理由やその他編集上の都合により問題や解答の一部を割愛している場合があります。

なお，指定校推薦入試，社会人入試，編入学試験，帰国生入試などの特別入試，英語以外の外国語科目，商業・工業科目は，原則として掲載しておりません。また試験科目は変更される場合がありますので，あらかじめご了承ください。

受験勉強は

過去問に始まり，

STEP 1

なにはともあれ

まずは解いてみる

しずかに…
今，自分の心と
向き合ってるんだから
ムーン
それは
問題を解いて
からだホン!

過去問は，**できるだけ早いうちに解く**のがオススメ！
実際に解くことで，**出題の傾向，問題のレベル，今の自分の実力**がつかめます。

STEP 2

じっくり具体的に

弱点を分析する

分析の結果だけど
英・数・国が苦手みたい
スリー
必須科目だホン
頑張るホン

間違いは自分の弱点を教えてくれる**貴重な情報源。**
弱点から自己分析することで，**今の自分に足りない力や苦手な分野**が見えてくるはず！

合格者があかす
赤本の使い方

傾向と対策を熟読
(Fさん／国立大合格)

大学の出題傾向を調べるために，赤本に載っている「傾向と対策」を熟読しました。

繰り返し解く
(Tさん／国立大合格)

１周目は問題のレベル確認，２周目は苦手や頻出分野の確認に，３周目は合格点を目指して，と過去問は繰り返し解くことが大切です。

赤本の使い方 解説

過去問に終わる。

STEP 3

志望校にあわせて

苦手分野の重点対策

明日からはみんなで頑張るよ！
参考書も！ 問題集も！
よろしくね！
呼んだ？
なにを!?
どこから!?
グッ
グッ

参考書や問題集を活用して，苦手分野の**重点対策**をしていきます。**過去問を指針**に，合格へ向けた具体的な学習計画を立てましょう！

STEP 1 ▶ 2 ▶ 3

サイクルが大事！

実践を繰り返す

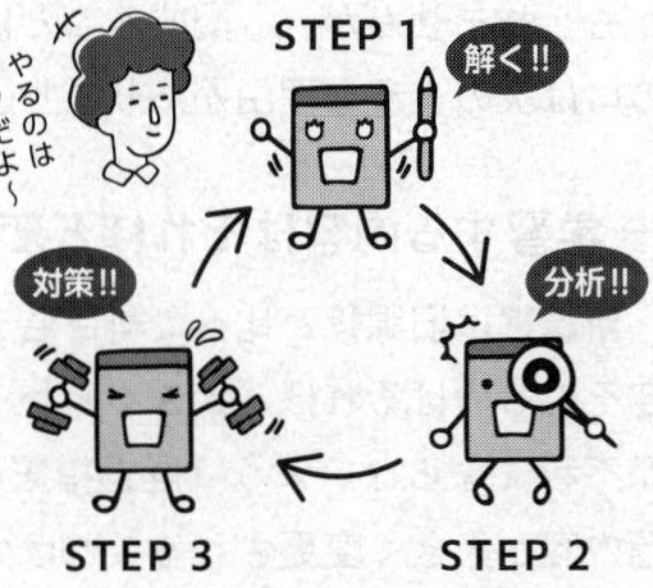

やるのはボクだよ～
STEP 1
解く!!
分析!!
対策!!
STEP 3
STEP 2

STEP 1～3を繰り返し，実力アップにつなげましょう！
出題形式に慣れることや，**時間配分を考えること**も大切です。

目標点を決める
(Yさん／私立大合格)
赤本によっては合格者最低点が載っているので，それを見て目標点を決めるのもよいです。

時間配分を確認
(Kさん／私立大学合格)
赤本は時間配分や解く順番を決めるために使いました。

添削してもらう
(Sさん／私立大学合格)
記述式の問題は先生に添削してもらうことで自分の弱点に気づけると思います。

新課程入試 Q&A

2022 年度から新しい学習指導要領（新課程）での授業が始まり，2025 年度の入試は，新課程に基づいて行われる最初の入試となります。ここでは，赤本での新課程入試の対策について，よくある疑問にお答えします。

Q1. 赤本は新課程入試の対策に使えますか？

A. もちろん使えます！

旧課程入試の過去問が新課程入試の対策に役に立つのか疑問に思う人もいるかもしれませんが，心配することはありません。旧課程入試の過去問が役立つのには次のような理由があります。

● 学習する内容はそれほど変わらない

新課程は旧課程と比べて科目名を中心とした変更はありますが，学習する内容そのものはそれほど大きく変わっていません。また，多くの大学で，既卒生が不利にならないよう「経過措置」がとられます（Q３参照）。したがって，出題内容が大きく変更されることは少ないとみられます。

● 大学ごとに出題の特徴がある

これまでに課程が変わったときも，各大学の出題の特徴は大きく変わらないことがほとんどでした。入試問題は各大学のアドミッション・ポリシーに沿って出題されており，過去問にはその特徴がよく表れています。過去問を研究してその大学に特有の傾向をつかめば，最適な対策をとることができます。

出題の特徴の例	・英作文問題の出題の有無 ・論述問題の出題（字数制限の有無や長さ） ・計算過程の記述の有無

新課程入試の対策も，赤本で過去問に取り組むところから始めましょう。

Q2. 赤本を使う上での注意点はありますか？

A. 志望大学の入試科目を確認しましょう。

過去問を解く前に，過去の出題科目（問題編冒頭の表）と 2025 年度の募集要項とを比べて，課される内容に変更がないかを確認しましょう。ポイントは以下のとおりです。科目名が変わっていても，実際は旧課程の内容とほとんど同様のものもあります。

英語・国語	科目名は変更されているが，実質的には変更なし。 ▶▶ **ただし，リスニングや古文・漢文の有無は要確認。**
地歴	科目名が変更され，「歴史総合」「地理総合」が新設。 ▶▶ **新設科目の有無に注意。ただし，「経過措置」**（Q3参照） **により内容は大きく変わらないことも多い。**
公民	「現代社会」が廃止され，「公共」が新設。 ▶▶ **「公共」は実質的には「現代社会」と大きく変わらない。**
数学	科目が再編され，「数学 C」が新設。 ▶▶ **「数学」全体としての内容は大きく変わらないが，出題科目と単元の変更に注意。**
理科	科目名も学習内容も大きな変更なし。

数学については，科目名だけでなく，どの単元が含まれているかも確認が必要です。例えば，出題科目が次のように変わったとします。

旧課程	「数学Ⅰ・数学Ⅱ・数学 A・数学 B（数列・ベクトル）」
新課程	「数学Ⅰ・数学Ⅱ・数学 A・**数学 B（数列）**・**数学 C（ベクトル）**」

この場合，新課程では「数学C」が増えていますが，単元は「ベクトル」のみのため，実質的には旧課程とほぼ同じであり，過去問をそのまま役立てることができます。

Q3. 「経過措置」とは何ですか？

A. 既卒の旧課程履修者への対応です。

多くの大学では，既卒の旧課程履修者が不利にならないように，出題において「経過措置」が実施されます。措置の有無や内容は大学によって異なるので，募集要項や大学のウェブサイトなどで確認しておきましょう。

◯旧課程履修者への経過措置の例

- 旧課程履修者にも配慮した出題を行う。
- 新・旧課程の共通の範囲から出題する。
- 新課程と旧課程の共通の内容を出題し，共通範囲のみでの出題が困難な場合は，旧課程の範囲からの問題を用意し，選択解答とする。

例えば，地歴の出題科目が次のように変わったとします。

旧課程	「日本史 B」「世界史 B」から１科目選択
新課程	「**歴史総合**，日本史探究」「**歴史総合**，世界史探究」から１科目選択※ ※旧課程履修者に不利益が生じることのないように配慮する。

「歴史総合」は新課程で新設された科目で，旧課程履修者には見慣れないものですが，上記のような経過措置がとられた場合，新課程入試でも旧課程と同様の学習内容で受験することができます。

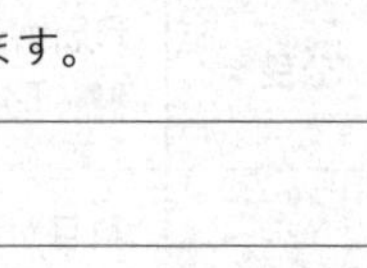

要チェックだホン

新課程の情報は WEB もチェック！
より詳しい解説が赤本ウェブサイトで見られます。
https://akahon.net/shinkatei/

科目名が変更される教科・科目

	旧課程	新課程
国語	国語総合 国語表現 現代文A 現代文B 古典A 古典B	現代の国語 言語文化 論理国語 文学国語 国語表現 古典探究
地歴	日本史A 日本史B 世界史A 世界史B 地理A 地理B	歴史総合 日本史探究 世界史探究 地理総合 地理探究
公民	現代社会 倫理 政治・経済	公共 倫理 政治・経済
数学	数学Ⅰ 数学Ⅱ 数学Ⅲ 数学A 数学B 数学活用	数学Ⅰ 数学Ⅱ 数学Ⅲ 数学A 数学B 数学C
外国語	コミュニケーション英語基礎 コミュニケーション英語Ⅰ コミュニケーション英語Ⅱ コミュニケーション英語Ⅲ 英語表現Ⅰ 英語表現Ⅱ 英語会話	英語コミュニケーションⅠ 英語コミュニケーションⅡ 英語コミュニケーションⅢ 論理・表現Ⅰ 論理・表現Ⅱ 論理・表現Ⅲ
情報	社会と情報 情報の科学	情報Ⅰ 情報Ⅱ

目　次

掲載内容についてのお断り

- 一般選抜のうち特待生チャレンジのみを掲載しています。
- 著作権の都合上，下記の内容を省略しています。
  2023 年度「英語」第 4 問の英文

・UNIVERSITY GUIDE・

大学情報

基本情報

学部・学科の構成

大　学

●家政学部
家政保健学科
管理栄養学科

●児童学部
児童学科
子ども心理学科

●教育学部
教育学科

●短期大学部
初等教育学科
専攻科（初等教育専攻）［1年］

大学院

児童学研究科

大学所在地

鎌倉女子大学
鎌倉女子大学短期大学部

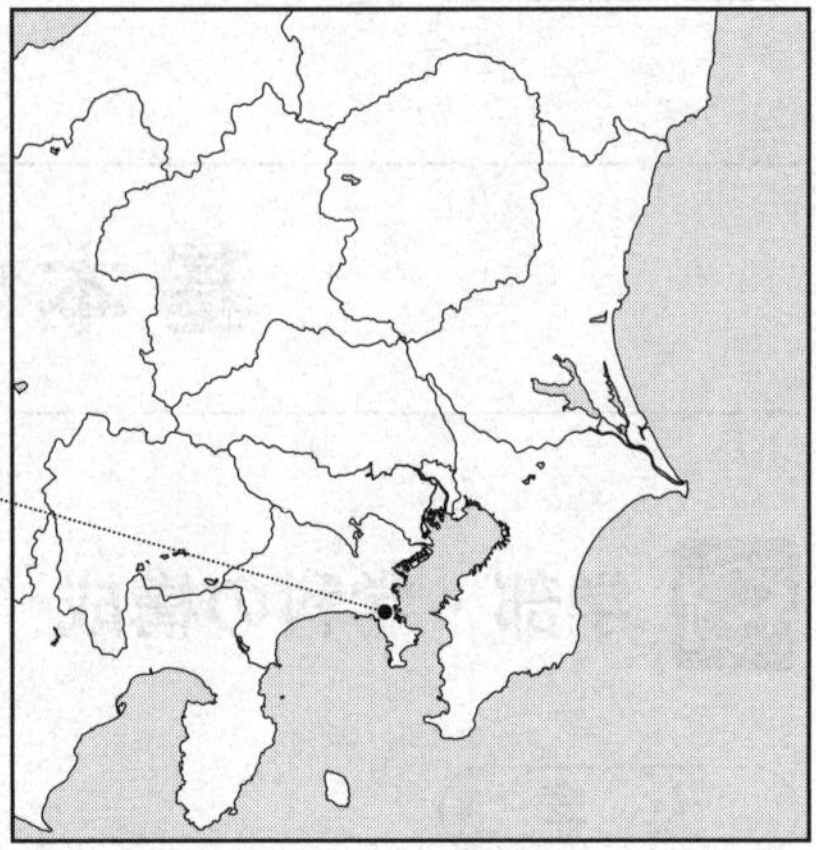

〒247-8512　神奈川県鎌倉市大船 6 丁目 1 番 3 号

2024年度入試データ

入試状況（志願者数・競争率など）

○競争率は受験者数÷合格者数で算出。

●一般選抜（特待生チャレンジ・前期A日程・前期B日程）

学部・学科		区　分	募集人員	志願者数	受験者数	合格者数	競争率
家　政	家政保健	特待生チャレンジ	17	45	43	23	1.9
		前期A日程	8	25	11	11	1.0
		前期B日程	3	22	6	5	1.2
	管理栄養	特待生チャレンジ	28	83	79	51	1.5
		前期A日程	10	60	21	16	1.3
		前期B日程	5	37	5	5	1.0
児　童	児　童	特待生チャレンジ	32	85	85	35	2.4
		前期A日程	17	28	13	13	1.0
		前期B日程	5	13	1	1	1.0
	子ども心理	特待生チャレンジ	12	31	27	15	1.8
		前期A日程	4	23	14	9	1.6
		前期B日程	2	15	3	2	1.5
教　育	教　育	特待生チャレンジ	18	55	53	24	2.2
		前期A日程	8	34	17	17	1.0
		前期B日程	4	17	3	3	1.0
短　大	初等教育	特待生チャレンジ	10	59(21)	56(19)	24(19)	2.3(1.0)
		前期A日程	6	26(25)	8(7)	8(7)	1.0(1.0)
		前期B日程	2	23(22)	5(4)	5(4)	1.0(1.0)

（備考）短大初等教育学科の特待生チャレンジ・前期A日程・前期B日程の欄の（　）内は，学部併願者数。

●一般選抜（共通テスト利用）

学部・学科		区分	募集人員	志願者数	受験者数	合格者数	競争率
家政	家政保健	前期	7	35	35	34	1.0
		後期	若干名	5	5	5	1.0
	管理栄養	前期	17	50	50	26	1.9
		後期	若干名	3	1	1	1.0
児童	児童	前期	15	45	45	45	1.0
		後期	若干名	3	3	3	1.0
	子ども心理	前期	5	47	47	26	1.8
		後期	若干名	4	4	4	1.0
教育	教育	前期	14	61	61	56	1.1
		後期	若干名	3	3	3	1.0
短大	初等教育	前期	2	12	12	12	1.0
		後期	若干名	0	0	0	—

●学校推薦型選抜（一般）

学部・学科		募集人員	志願者数	受験者数	合格者数	競争率
家政	家政保健	29	4	4	4	1.0
	管理栄養	60	47	47	47	1.0
児童	児童	61	2	2	2	1.0
	子ども心理	17	6	6	4	1.5
教育	教育	16	5	5	5	1.0
短大	初等教育	100	7	7	7	1.0

（備考）募集人員は，一般，指定校，併設校の合計。

●総合型選抜（学部・専願制／課題探求）

学部・学科		募集人員	志願者数	受験者数	合格者数	競争率
家　政	家政保健	16	21	20	17	1.2
児　童	児　　童	40	38	32	32	1.0
	子ども心理	10	26	25	20	1.3
教　育	教　　育	20	19	15	15	1.0

●総合型選抜（短大・併願制／特待生チャレンジ）

学部・学科		募集人員	志願者数	受験者数	合格者数	競争率
短　大	初等教育	60	46	40	40(10)	1.0

（備考）合格者数の（　）内は特待生合格者数。

●総合型選抜（短大・併願制）Ⅰ期・Ⅱ期

学部・学科		区分	募集人員	志願者数	受験者数	合格者数	競争率
短大	初等教育	Ⅰ期	10	14	12	12	1.0
		Ⅱ期	10	4	4	4	1.0

募集要項（出願書類）の入手方法

WEB 出願が導入されています。募集要項は，大学ホームページで確認またはダウンロードしてください。なお，テレメールからも請求できます。

問い合わせ先

鎌倉女子大学・鎌倉女子大学短期大学部　入試・広報センター
〒247-8512　神奈川県鎌倉市大船 6 丁目 1 番 3 号
TEL　0467-44-2117
FAX　0467-44-1168
URL　https://www.kamakura-u.ac.jp

鎌倉女子大学・鎌倉女子大学短期大学部のテレメールによる資料請求方法

スマートフォンから　QRコードからアクセスしガイダンスに従ってご請求ください。
パソコンから　教学社 赤本ウェブサイト(akahon.net)から請求できます。

TREND & STEPS

傾向 と 対策

科目ごとに問題の「傾向」を分析し，具体的にどのような「対策」をすればよいか紹介しています。まずは出題内容をまとめた分析表を見て，試験の概要を把握しましょう。

注　意

「傾向と対策」で示している，出題科目・出題範囲・試験時間等については，2024 年度までに実施された入試の内容に基づいています。2025 年度入試の選抜方法については，各大学が発表する学生募集要項を必ずご確認ください。

英　語

年度	番号	項　目	内　容
2024	〔1〕	文法・語彙	空所補充
	〔2〕	文法・語彙	同意表現
	〔3〕	会 話 文	空所補充，内容説明
	〔4〕	読　解	空所補充，内容説明　⊘グラフ
	〔5〕	読　解	内容真偽，内容説明，空所補充，英文和訳，表題
2023	〔1〕	文法・語彙	空所補充
	〔2〕	会 話 文	空所補充
	〔3〕	会 話 文	空所補充，語句整序，内容真偽
	〔4〕	読　解	空所補充，要約文の完成　⊘グラフ
	〔5〕	読　解	空所補充，同意表現，語句整序，内容真偽
2022	〔1〕	文法・語彙	空所補充
	〔2〕	会 話 文	空所補充
	〔3〕	会話文･読解	空所補充，内容説明，内容真偽
	〔4〕	読　解	空所補充，語句整序　⊘グラフ
	〔5〕	読　解	要約文の完成，空所補充，内容真偽
2021	〔1〕	文法・語彙	空所補充
	〔2〕	文法・語彙	空所補充
	〔3〕	会 話 文	空所補充
	〔4〕	読解･会話文	空所補充
	〔5〕	読　解	内容真偽，要約文の完成　⊘イラスト
	〔6〕	読　解	同意表現，語句整序，空所補充，内容真偽

傾向　読解力を中心に基礎力を重視！

01　出題形式は？

大問数は2022年度から5題になった。試験時間は60分。マークシート方式は採用されていないが，多くの問題が選択肢から正解を選択する形式となっている。

02　出題内容はどうか？

長文読解問題の設問は空所補充，内容説明，同意表現，語句整序，内容真偽，和文による要約文の完成などで構成されている。読解問題のうち1題は，図表と英文を読んで設問に答える問題が連続して出題されている。2024年度「『責任』に対する英日の考え方の違い」，2022年度「米国学校教育の課題」，2021年度「知能指数の正しい理解」など，例年教育や異文化理解をトピックにしたものが多い。

会話文問題は，2021・2022年度は会話文問題と読解問題の融合した問題であった。それぞれテーマは「カルチャーショック」「国際感覚」で，内容的には読解問題と似たような傾向である。2023年度は長めの会話文と短めの会話文が1題ずつ出題され，2024年度は長めの会話文が1題のみとなった。2023・2024年度の長めの会話文は，キャンパス内での学生と教員の会話や友人同士での留学についての会話で，自然な流れになるように空所に発言を補充する問題や会話の内容について理解を問う問題などであった。

文法・語彙問題は，例年，基本的な頻出問題で構成されている。

03　難易度は？

文法を問う問題においてはかなり正確な知識が要求されている。また語彙，会話表現，慣用表現については確実な知識がなければ解けない問題も多い。全体的に問題そのものは解きやすいが，試験時間が60分と短いので時間配分に注意が必要である。

対策

01 文法・語彙問題

前述のとおり，正確な文法知識が問われる。文法の学習においては，特に5文型，句と節，準動詞，時制など，文の構造に関わる基本的な知識の定着を徹底すること。語彙や慣用表現の学習においても，「見て意味がわかる」レベルではなく，空欄を埋められるレベルまで徹底して習得するよう心がけるべきである。『全解説 頻出英文法・語法問題1000』（桐原書店）など，文法・語法の頻出問題集から自分に合ったものを選び，繰り返し取り組み，自信をつけよう。

02 会話文問題

会話文特有の表現について，知識を蓄える必要がある。会話文表現を扱った問題集や，会話文の章を含む文法・語法問題集などを用意し，繰り返し学習するとよい。また，会話文問題においても，文法・語彙および読解の力が問われるので，上記の方法で対策に取り組むことが大切である。

03 読解問題

読解問題は，英文の語彙や表現自体は標準的なものであるが，設問が正確な理解を要求するものとなっている。「英文の意味がわかる」程度のレベルではなく，状況や作者の意図も把握する必要がある。『大学入試 ぐんぐん読める英語長文〔BASIC〕』（教学社）や，図表を用いた出題がある「共通テスト」の過去問集『共通テスト過去問研究 英語リーディング／リスニング』（教学社）などで長文問題を数多くこなしておこう。

化　学

年度	番号	項目	内容
2024	〔1〕	有機	高分子，身のまわりの化学
	〔2〕	構造	反応式と量的関係，溶液の濃度　✓計算
	〔3〕	変化	酸と塩基　✓論述・計算
	〔4〕	変化	酸化と還元　✓計算
	〔5〕	有機	有機化合物の特徴と反応，官能基，元素分析　✓計算
	〔6〕	有機	ベンゼンの特徴と反応
2023	〔1〕	有機	洗剤の性質　✓計算・論述
	〔2〕	構造	化学の基本法則
	〔3〕	構造・状態	メタンの燃焼と量的関係　✓計算
	〔4〕	無機	金属イオンの推定
	〔5〕	変化	中和滴定　✓計算・論述
	〔6〕	有機	窒素を含む芳香族化合物の性質
2022	〔1〕	有機	有機化合物の特徴，プラスチックの合成と性質　✓論述
	〔2〕	構造・状態	原子の構造，水酸化カルシウム水溶液の濃度計算　✓計算
	〔3〕	状態	物質の状態と粒子の熱運動
	〔4〕	有機	有機化合物の元素分析　✓論述・計算
	〔5〕	有機	酸素を含む脂肪族化合物の反応系統
	〔6〕	高分子	大豆に含まれるたんぱく質の質量，アルコール発酵，ポリペプチド　✓計算
2021	〔1〕	総合	日常生活と化学
	〔2〕	構造	同位体の性質と利用
	〔3〕	変化	中和滴定　✓計算
	〔4〕	無機	陽イオンの分離，炎色反応　✓論述
	〔5〕	有機	有機化合物の推定
	〔6〕	高分子	スクロース水溶液の調製と濃度計算　✓計算

傾向　広範囲にわたる基本的知識が必要 記述・論述対策は必須

01　出題形式は？

2024年度も例年と同様，大問6題であった。

一部で選択式もみられるが，ほぼ記述式となっている。例年，理由や用語，性質などを簡潔に説明させる論述問題が出題されている。試験時間は60分。

02　出題内容はどうか？

2024年度までの出題範囲は「化学基礎・化学（無機物質の性質と利用・有機化合物の性質と利用）」であったが，2025年度は「化学基礎」のみとなる予定である。

なお，2024年度までは理論・無機・有機から幅広く出題されており，理論では計算問題が多く出題されている。

03　難易度は？

例年，基礎〜標準レベルである。小問数が多く，化学反応式を書かせる問題，論述問題が出題されている。いずれの分野においても教科書レベルの基本的知識を十分に身につけておく必要がある。

対策

01　構造・状態・変化

難問が出題されることは少ないので，基本事項をしっかりと押さえ，教科書レベルの基本的な問題演習を繰り返すことが大切である。周期表，基本的用語のほか，物質量計算，濃度計算，熱化学，酸・塩基と中和，酸化還元などが出題されているので，正確に理解しておくことが必要である。教科書の基本的語句の意味を理解し，理論的裏づけをしっかりできるようにしておこう。教科書に出てくる無機物質の名称や化学式，製法，特徴的な性質もしっかりまとめて暗記しておきたい。化学反応式の記述が多く出題されるので，教科書に載っている基本的な化学反応式は書けるよう練習しておこう。教科書をじっくり読んだ上で，教科書傍用などの基本的な問題集で学習するのがよいだろう。よく似た内容の問題が出題されることがあるので，過去問研究は有効である。

また，例年，人間生活に関係の深い分野からの出題がみられる。身近な現象や物質，科学技術の応用例に興味を持ち，資料集を活用しながら理解を深めておきたい。

生物

年度	番号	項目	内容
2024	〔1〕	遺伝情報	遺伝子の本体の研究，DNA の構造（60 字）　✓論述・計算
	〔2〕	体内環境	免疫とアレルギー
	〔3〕	細胞	顕微鏡の使用方法　✓計算
	〔4〕	動物の反応	耳の構造，聴覚と平衡覚
	〔5〕	生態	コーヒーノキの栽培と環境，バイオーム
	〔6〕	植物の反応	種子の休眠と発芽　✓論述
2023	〔1〕	代謝	光合成，細胞，消化　✓計算
	〔2〕	細胞	体細胞分裂（25 字）　✓論述・計算・描図
	〔3〕	体内環境	内分泌腺とホルモン（60 字 2 問）　✓論述
	〔4〕	生態	食物連鎖，生態系（25 字・40 字）　✓論述
	〔5〕	動物の反応	脳の構造とはたらき（20 字）　✓論述
	〔6〕	動物の反応	動物の行動
2022	〔1〕	細胞，遺伝情報	細胞の構造とはたらき，セントラルドグマ　✓計算
	〔2〕	遺伝情報，代謝，進化	タンパク質の消化と合成，遺伝子の進化（100 字）　✓論述
	〔3〕	体内環境	腎臓のはたらき　✓計算
	〔4〕	代謝	光合成と呼吸
	〔5〕	動物の反応	屈筋反射の反応経路　✓計算
	〔6〕	植物の反応	光発芽種子
2021	〔1〕	細胞	光学顕微鏡の操作　✓計算
	〔2〕	体内環境	ヒトの体液，血液凝固
	〔3〕	代謝	代謝とエネルギー，細胞内共生説
	〔4〕	生殖・発生	ウニの発生，卵割と体細胞分裂（80 字）　✓論述
	〔5〕	遺伝情報，生殖・発生	染色体と遺伝子，減数分裂（15 字・50 字）　✓論述
	〔6〕	生態	物質の循環，環境問題

傾向　基本的な知識の習得を確実に　各分野満遍なく準備を

01 出題形式は？

2024年度も例年と同様，大問6題であった。大問6題のうち2題が生物基礎からの出題となっている。

選択問題と用語を答える記述問題が多いが，論述問題や計算問題，描図問題も出題されている。試験時間は60分。

02 出題内容はどうか？

2024年度までの出題範囲は「生物基礎・生物（生物の生殖と発生・生物の環境応答)」であったが，2025年度は「生物基礎」のみとなる予定である。

なお，2024年度までは各分野から満遍なく出題されている。細胞，遺伝情報，代謝，体内環境，生物の環境応答が頻出分野であり，複数の分野の融合問題も出題されている。

03 難易度は？

基本的な知識を問う出題が大半であるが，論述問題や計算問題の出題もみられる。論述問題については，やや複雑な内容を短時間で指定された文字数にまとめないといけないような，やや難しい問題も出題される。全体としては基礎～標準レベルの出題といえる。

対策

01 基本的な知識を確実に身につけよう

記述問題や選択問題に答えるには基本的な知識が必要である。教科書を何度も読み返し，用語の正しい意味と使い方を理解しよう。

02 問題集で基礎力の定着を

教科書傍用の問題集やサブノート形式の問題集で，基礎的な知識が定着したかどうかを確認しよう。そして，誤りをチェックし，さらに同じ問題集を繰り返し演習し，正解率を高めていきたい。基礎的な計算問題についても積極的に演習を重ねておこう。

03 実験考察問題と論述対策

実験やグラフなどのデータを考察する問題が出題されることもあるので，教科書に出てくる実験については，実験の目的・方法・結果・考察などをよく理解しておくこと。そして，実験考察の内容を20〜30字で書いてみること。日頃から教科書を読むときには用語の使い方を意識し，さらに用語の意味を簡潔に説明する練習を行い，先生に添削してもらえば論述力の向上も早くなるだろう。

04 時間内に解く練習を

せっかくの知識や論述力も試験時間内に発揮できなければ意味がない。ある程度の力がついたら必ず時間を計って過去問演習を行い，時間配分を確認すること。時間を意識した演習を行うことで，本番に近い緊張感のなかで力を発揮する練習ができる。

国　語

年　度	番号	種　類	類　別	内　　容	出　　典
2024	〔1〕	現代文	評　論	読み，書き取り，空所補充，内容説明（20・25字他），主旨	「ここちよさの建築」　光嶋裕介
	〔2〕	現代文	小　説	内容説明，語意，箇所指摘，空所補充，四字熟語，文学史	「夢は呼び交す」　蒲原有明
	〔3〕	国　語常　識		語意，故事成語，ことわざ，敬語	
2023	〔1〕	現代文	評　論	読み，書き取り，空所補充，内容説明（25字他），語意，主旨	「写真論」　港千尋
	〔2〕	現代文	小　説	空所補充，内容説明，語意，箇所指摘，主旨	「炎環」　永井路子
	〔3〕	国　語常　識		慣用句，文学史	
2022	〔1〕	現代文	評　論	読み，書き取り，語意，内容説明（30字他），空所補充，欠文挿入箇所，文章の構成	「商品化する手芸」　木田拓也
	〔2〕	現代文	小　説	内容説明（30字他），空所補充，文学史	「銀河鉄道の父」　門井慶喜
	〔3〕	国　語常　識		語意，ことわざ，敬語	
2021	〔1〕	現代文	評　論	読み，書き取り，内容説明（30字他），空所補充，漢字の知識，文章の構成	「水墨画入門」　島尾新
	〔2〕	現代文	随　筆	空所補充，語意，内容説明（30字他），俳句の知識，文法（口語），内容真偽	「魯山人味道」　北大路魯山人
	〔3〕	国　語常　識		文学史	
	〔4〕	国　語常　識		四字熟語，語意	

傾向　基礎力を確実に身につけよう　正確かつ迅速な解答が要求される

01 出題形式は？

例年，現代文２題，国語常識１題の計３題の出題で，2021 年度のみ現代文２題，国語常識２題の計４題の出題であった。大学・短大で全問共通問題となっている。設問形式は選択式と記述式の併用で，解答用紙は選択式と記述式がＢ４判の大きさの１枚にまとめられている。試験時間は 60 分。

02 出題内容はどうか？

現代文は，例年２題出題されている。そのうち１題は評論で，もう１題は様々なジャンルの文章が出題されてきたが，2022〜2024 年度は小説が出題された。問題文はやや長め。評論は全般的には文芸評論・文化論・芸術論・言語論が多い。設問内容は，空所補充と内容説明が中心だが，ほとんどが選択式である。記述式の内容説明問題の字数は，多いもので 30 字程度である。文学史は頻出で，例年出題されている。

国語常識は，語意・慣用句・ことわざなどが出題されている。2022・2024 年度は敬語表現の誤っているものを指摘して訂正させる問題も出された。どれも基礎的なものであり，特に難問は出題されていない。

03 難易度は？

内容説明や箇所指摘が多く出題され，漢字の書き取りや読み，文学史の知識なども求められる。ケアレスミスは致命傷になるので正確さが要求される。記述の内容説明問題は，時間配分が重要になる。国語常識の大問を手早く仕上げ，現代文に時間をかけられるように練習しておきたい。

対策

01 現代文

問題文は平易なものが多いが，長文読解には慣れておく必要がある。具体的には，新聞や新書等の文章を普段から読むよう心がけよう。文章は常に丁寧に読み，主題・論旨・筆者独特の表現や論の展開に注意して内容を把握するよう心がけたい。問題演習は，文芸評論・文化論・芸術論を中心に行うとよい。『マーク式基礎問題集 現代文』（河合出版）などの問題集を用いて，「何が問われているのか」を正確につかむとともに，その選択肢がなぜ誤りか，なぜ正解かを説明できるようにしながら解くこと。解答後には問題集の解説をきちんと読んでおこう。記述式の対策としては，選択肢のある問題においても，選択肢を見る前に自分で解答を考えるという練習をしておくとよい。

02 国語常識

普段から，覚えるべき事項をコツコツ覚えること。漢字の書き取り・読み，文学史は頻出である。漢字は学校で使う問題集で十分なのでしっかりこなすこと。文学史については，有名作品と著者，成立年代の概略を押さえておく必要がある。近代は特に入念に勉強しておこう。口語文法の敬語の学習も重要。敬語の種類と使い方を見分けられるようにしたい。また，慣用句やことわざの用例が出題されているので，正しく使えるように学習しておきたい。いずれも基礎的なものではあるが，範囲も広いので，知識を整理し，確実な得点源にできるようにしよう。国語便覧を日頃から活用しておくとよい。

2024年度

問題と解答

一般選抜（特待生チャレンジ）

問題編

▶試験科目・配点

学部·学科		教 科	科 目	配 点
家政	家政保健	外国語	コミュニケーション英語Ⅰ・Ⅱ，英語表現Ⅰ	100点
		国 語	国語総合（古文・漢文を除く）	100点
	管理栄養	外国語	コミュニケーション英語Ⅰ・Ⅱ，英語表現Ⅰ	3教科受験 2教科判定※③ (各100点)
		国 語	国語総合（古文・漢文を除く）	
		理 科	「化学基礎・化学※①」，「生物基礎・生物※②」から1科目選択	
児 童		外国語	コミュニケーション英語Ⅰ・Ⅱ，英語表現Ⅰ	100点
		国 語	国語総合（古文・漢文を除く）	100点
教 育		外国語	コミュニケーション英語Ⅰ・Ⅱ，英語表現Ⅰ	100点
		国 語	国語総合（古文・漢文を除く）	100点
短 大		国 語	国語総合（古文・漢文を除く）	100点

▶備 考

調査書および上記の学力試験により選考される。

※①：「化学基礎・化学」の「化学」の出題範囲は，「無機物質の性質と利用・有機化合物の性質と利用」

※②：「生物基礎・生物」の「生物」の出題範囲は，「生物の生殖と発生・生物の環境応答」

※③：各教科を偏差値化して外国語と国語の高い教科の偏差値と理科の偏差値の合計で判定する。

英語

(60分)

第1問 次の各文のカッコ内に入る最も適切な英語をア〜エの中から選び、その記号を書きなさい。

問1 This table is too heavy. Could you help me (　　) it downstairs?
ア. carry　イ. carried　ウ. have carried　エ. had carried

問2 With a little more time, I (　　) my e-mail, but I had to attend a meeting in a hurry.
ア. checked　イ. will check
ウ. would be checked　エ. would have checked

問3 If you see the boy (　　) on the bench in the park, let me know as soon as possible.
ア. lying　イ. laying　ウ. lay　エ. to lie

問4 (　　) was careless of her to share her password with someone.
ア. How　イ. It　ウ. What　エ. She

問5 Both of the travel plans are for younger people like you, so you can choose (　　) you like.
ア. how　イ. whichever　ウ. where　エ. from which

問6 You can use that drop box to return the books you (　　) from our school's library.
ア. lent　イ. rented　ウ. hired　エ. borrowed

問7 Could you (　　) the music? There are children sleeping in the next room.
ア. put down　イ. take down　ウ. turn down　エ. come down

問8 Paul's son is very active and never shows any (　　) to play outside even on cold days.
ア. willingness　イ. reluctance　ウ. occurrence　エ. enthusiasm

問9 (　　) impress people at a job interview, emphasize not only your accomplishments, but your motivation to learn new skills.
ア. As if　イ. Enough to　ウ. In order to　エ. So that

問10 I'd sincerely like to apologize for the delay and any (　　) this may have caused you with your order.

ア. inconvenience　イ. compensation　ウ. advantages　エ. inventory

第2問

I　次の各文の下線部と最も意味の近い英語をア～エの中から選び、その記号を書きなさい。

問1　I'm planning to have a gathering with my friends next Saturday. Would you like to come with me?

ア. meeting　イ. running　ウ. selling　エ. studying

問2　We're going to visit London next month. Could you recommend a good place for us to visit?

ア. lend　イ. suggest　ウ. build　エ. complete

問3　Let's look at the serious problems in this area. First, the water in the river is severely polluted.

ア. lively　イ. vivid　ウ. spectacular　エ. dirty

問4　Now, I'd like to tell you about my favorite movie. The entire story takes place in a future world.

ア. spends　イ. keeps　ウ. postpones　エ. happens

問5　It's my destiny to lead the way for young people to become more independent.

ア. shortfall　イ. hobby　ウ. fate　エ. legacy

II　次の各文の説明に最も合っている英語をア～エの中から選び、その記号を書きなさい。

問6　This word means an angry argument among two or more people.

ア. disease　イ. population　ウ. quarrel　エ. reputation

問7　This word is used to tell someone that you will pay for something special, such as a meal for them.

ア. treat　イ. bill　ウ. reception　エ. balance

問8　This word means that you're unable to understand something or to think clearly.

ア. bored　イ. confused　ウ. disappointed　エ. embarrassed

問9　This word means to bring a plan or system into use for the first time.

ア. overcome　イ. depress　ウ. introduce　エ. adapt

問10　This word means to pause for a moment before doing something, especially because you are nervous or not sure.

ア. hesitate　イ. stay　ウ. seize　エ. pursue

第３問　次の会話文を読み、後の問いに答えなさい。

Two students are talking about study abroad programs at their school.

John:　Hi. How's it going?

Eric:　Great! You?

John:　I'm good. I'm glad you're here. I was just thinking about that poster in front of the international studies office about studying abroad and doing a homestay. (①)

Eric:　It seems like a great way to learn about other cultures. You have the (②) to really get to know people that way. Have you thought of any places you want to visit?

John:　Well, I've always been interested in studying in Japan. The harmony between the historic temples and shrines and modern technology is interesting to me.

Eric:　(③) Maybe you should go there then. (④), I'm interested in Spain. The people sound so friendly, there are lots of delicious foods, and flamenco music is so exciting. Just hearing it makes me want to start dancing. That's how I want to learn to communicate in Spanish, by dancing and talking with people. You've got to use the language to learn it.

John:　I agree. Speaking of languages, did you know that India has 22 official languages? It sounds like another interesting place to visit. You know how much I love Indian food. The Festival of Colors, *Holi*, sounds exciting too. The people seem interesting too.

Eric:　India sounds like a cultural adventure! Speaking of adventure, I'd love to experience the wilderness of South Africa. The safaris and unique wildlife excite me. I bet I can get a good picture of a lion or an elephant.

John:　Yeah, I'm sure you can. You're really good at taking pictures. South Africa sounds exciting.

Eric:　Hey, how about Egypt? The ancient pyramids and the sphinx must be really inspiring. Can you imagine how it must feel to step back in time, walking in those historical places? It's like reliving history. I know how much you like history. You're always talking about it.

John:　History? (⑤) I am going to be late for history class. I can't be late again. Talk to you later.

Eric:　See you.

問１　カッコ①～⑤に入る最も適切な英語をア～エの中から選び、その記号を書きなさい。

<u>①の選択肢</u>

ア. When did you do your homestay?
イ. How long will you be studying abroad?
ウ. What do you think about studying abroad?
エ. When are you leaving?

②の選択肢
ア. opportunity　イ. problem
ウ. responsibility　エ. system

③の選択肢
ア. I don't know what to do.　イ. That's too bad.
ウ. That's not true.　エ. That makes sense.

④の選択肢
ア. Accordingly　イ. Consequently
ウ. On the other hand　エ. Therefore

⑤の選択肢
ア. Oh no! Look at the time!
イ. Oh well. I have lots of time before class.
ウ. All right. Let's talk more about this right now.
エ. I've applied for a homestay already.

問2　次の英文の質問に対する答えとして最も適切な英語をア～エの中から選び、その記号を書きなさい。

(1) What makes John interested in Japan for a homestay?

ア. K-pop and new technology.
イ. The colorful festivals and diverse traditions.
ウ. The exciting festivals and delicious food.
エ. The traditional buildings and new technology.

(2) Which country does Eric think would be a "cultural adventure"?

ア. India.　イ. Japan.　ウ. South Korea.　エ. Spain.

(3) What does Eric mean by "reliving history"?

ア. Becoming a historian.
イ. Experiencing the past through exploration.
ウ. Learning history from textbooks.
エ. Applying for a homestay.

(4) How did John feel when he realized he might be late for his history class?

ア. Excited.　イ. Indifferent.　ウ. Relieved.　エ. Worried.

第4問　次の英文と図を読み、後の問いに答えなさい。

Figure 1 shows that there were 2.5 million passengers taking international flights involving Japanese airports in 2021, which was 15% of the total of (　①　) million in 2020.

Before the COVID-19 pandemic began, the number of passengers arriving from or departing for international flights in Japan had been rising, in part due to the steady increase in foreign tourists. In 2019, this number, which includes those making transfers, reached a record high of (　②　) million. In 2021 though, the figure had dropped to 2.5 million or just 2.4% of that. By contrast, Figure 2 shows that the volume of international [*1]freight passing through Japanese airports in 2021 saw a year-on-year increase of 26.6% to 4.0 million tons.

Figure 1. International Flight Passengers

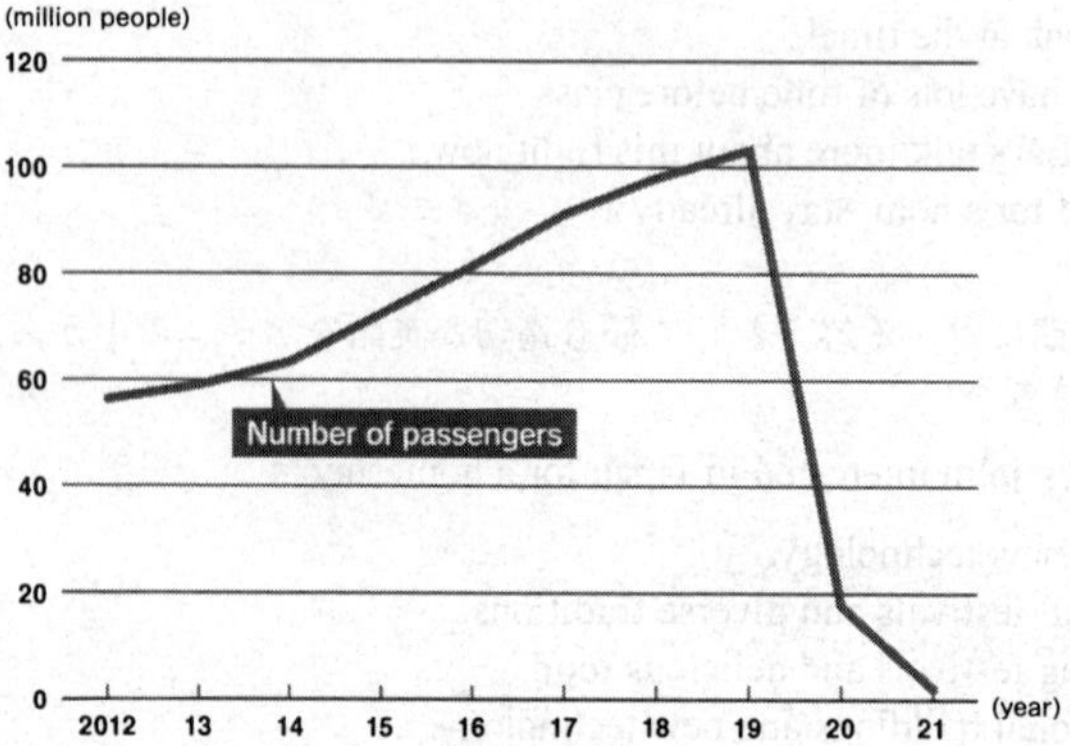

Figure 2. International [*2]Freight Volume

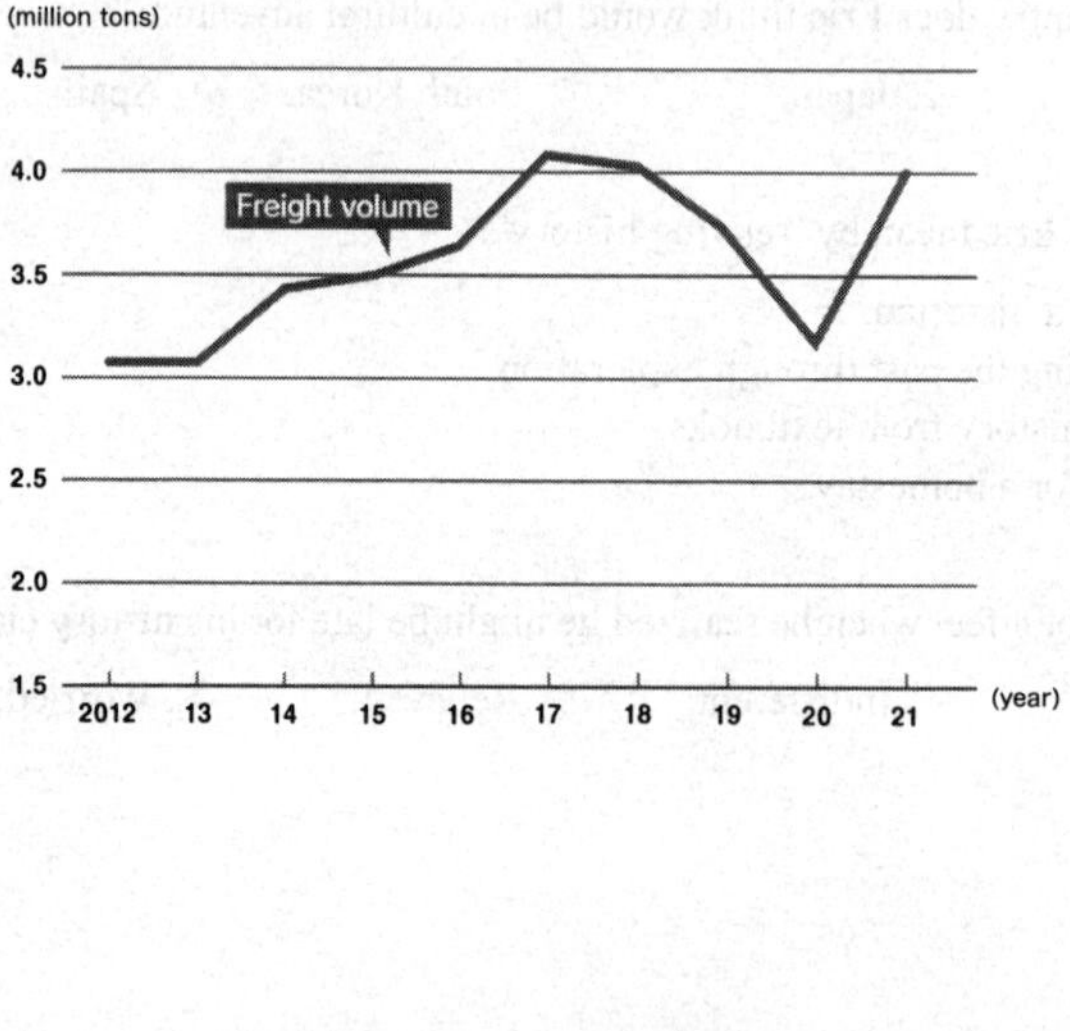

By airport in 2021, Narita accounted for the most international flight passengers with 58.2%, followed by Haneda with 29.0%, Kansai with 10.1%, and Chūbu with 1.7%. Prior to the pandemic, Kansai had the second highest number of international passengers, but as many of these were tourists, the big drop in tourism meant a diminished share compared with Narita and Haneda.

Narita had the highest share of international freight at 64.7%, compared with 20.1% for Kansai, and 10.8% for Haneda.

Figure 3 shows the top 10 airports for total passenger traffic in 2021, combining domestic and international figures. Haneda had the highest amount of traffic with (③) million, averaging 72,000 passengers a day.

Figure 3. Airports for Passenger Traffic in 2021 (Combining domestic and international figures)

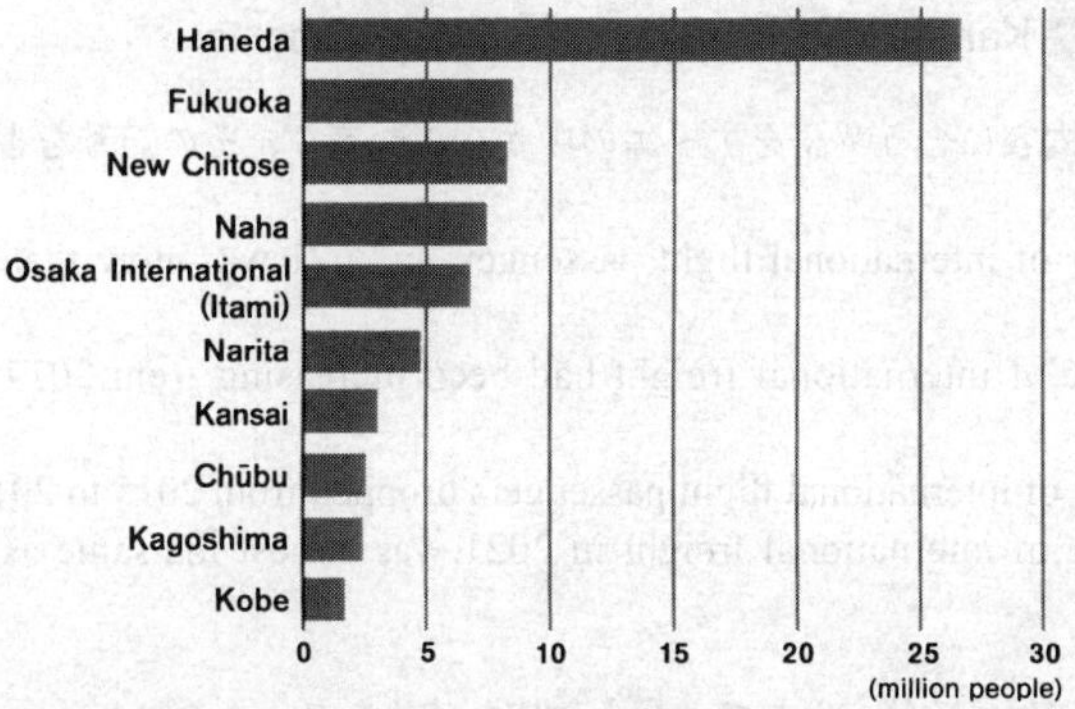

(Adapted from nippon.com, *Number of International Flight Passengers Using Japanese Airports Drops to* 2.5 *Million in* 2021, September, 2022, https://www.nippon.com/en/japan-data/h01435/, Retrieved on July 16, 2023　一部改変)

注）[*1]freight: 貨物　[*2]freight volume: 貨物量

問1　カッコ①～③に入る数字として最も適切なものをア～カの中から選び、それぞれ記号を書きなさい。

ア. 2.5　イ. 16.7　ウ. 26.6　エ. 58.7
オ. 82.4　カ. 103.3

問2　2021年の空港別の国際線旅客数の割合を表すグラフとして、本文の内容に合うものをア～ウの中から1つ選び、その記号を書きなさい。

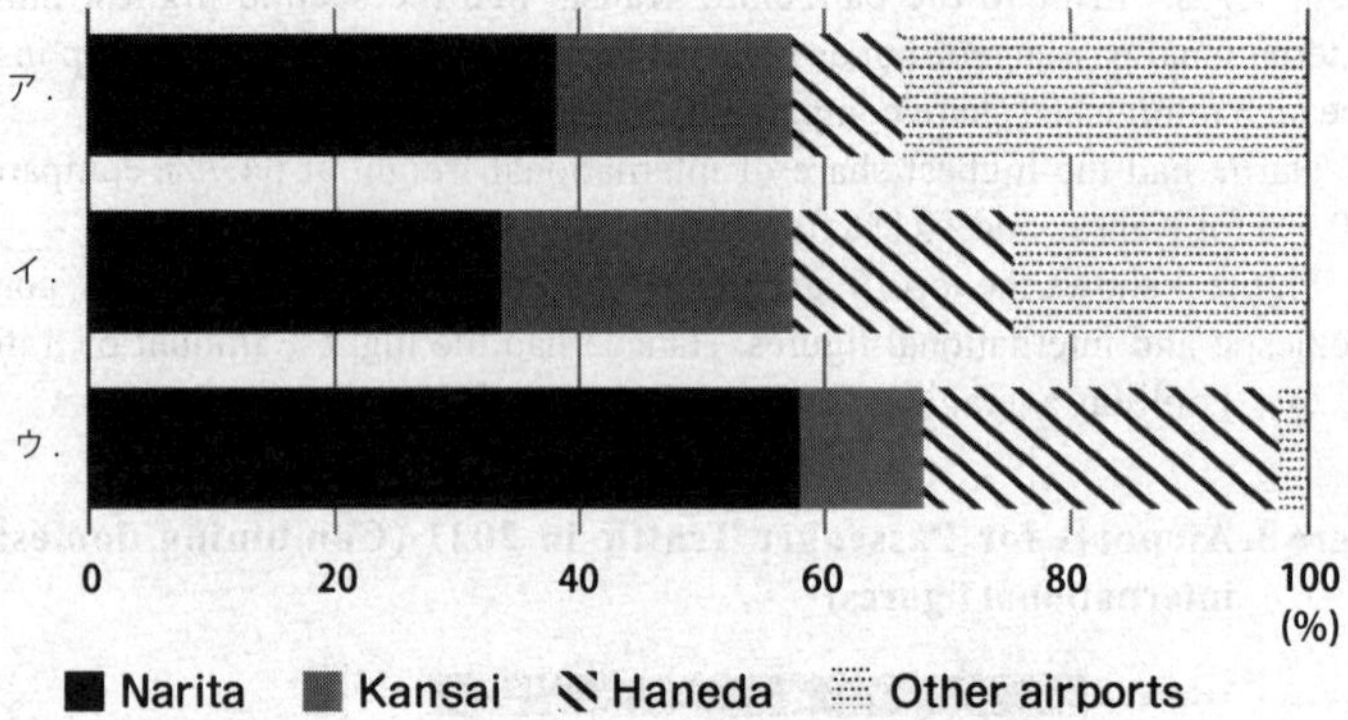

問3　Figure 1や2の内容に合う英語をア～エの中から1つ選び、その記号を書きなさい。

ア. The number of international flight passengers in 2021 was more than in 2020.

イ. The volume of international freight had been increasing from 2017 to 2019.

ウ. The number of international flight passengers dropped from 2015 to 2019.

エ. The volume of international freight in 2021 was almost the same as in 2018.

問4　次の英文の質問に対する答えとして、最も適切な英語をア～エの中から選び、その記号を書きなさい。

Why did the number of passengers at Kansai Airport drop dramatically during the pandemic?

ア. Because many users of this airport were tourists, and the pandemic reduced the visitors who had tourism purposes.

イ. Because the pandemic reduced the volume of international freight and reduced opportunities to use this airport.

ウ. Because the number of people using this airport decreased since Haneda Airport improved their services.

エ. Because Japanese tourism companies reduced tours in the Kansai area for foreign tourists in 2021.

第5問　次の英文を読み、後の問いに答えなさい。

Responsibility is something that is viewed slightly differently between cultures. Actions that are considered responsible in one country are sometimes not considered to be responsible in others. This divide is particularly obvious between Eastern and Western cultures, I believe. When I first arrived in Japan and saw on the news that another Japanese president had resigned to "take responsibility" for poor performance or some sort of scandal, I always thought, 'Huh?' To my mind, accepting responsibility meant to work every hour of the day to make things right; not pick up a large retirement payment and then spend the rest of one's life playing golf.

But my view of the Japanese sense of responsibility has changed over the course of the years. I now realize that the actions that I used to think not responsible are, in fact, the very height of responsibility.

An example of this occurred after we had lived in Japan for about 18 months; an incident that I call "The Affair of the [*1]Discarded Sock."

One morning, I discovered an [*2]Yves St. Laurent sock in the garden. I asked everyone in my family, but they all said it did not belong to them. I therefore suggested that we should throw it away. But my wife was deeply shocked, and said, "Oh, I couldn't do that. It might belong to the people who live near our house. They would be offended that I had imagined them to be the owner of a sock with a hole in it!" I replied, "Lots of people have holes in their socks. So what? I've got a few myself." "Yeah, I've noticed," she said drily.

However, it was finally decided that we should hang the sock over the fence so that the man or woman could come out in the middle of night and take it without (a). The next morning, I arrived in the garden with my coffee and newspaper, and the sock that was completely forgotten was still there. The more I tried to read my newspaper, the more it caught my eye. Feeling that things had gone too far; I took the sock from the fence and threw it into the trash. Peace at last!

In Britain, we are given the (b) that being responsible means coming to an immediate decision and putting that decision into immediate action. But in Japan, being responsible requires a collective decision. Could it be that the final decision takes people's feelings into (c)?

I questioned my wife on this one day, but she told me that she had never really thought about it. 'Being Japanese is not something that you can explain,' she said. 'It's a feeling. A state of mind.' I thought about this and realized how deep it was. Being born into any culture is being born into a state of mind. I can't explain why I act in my British way. Nor can I explain why I think the way I do or view situations the way I do. We are simply under the control of our state of mind.

Few days later, my wife asked me sweetly, "Will you go and pick up Shane from nursery school? I said, "Sorry, no time! I've arranged to meet my friends for drinks, and I need to get ready." She looked at me strangely, and with her head on one side, and she said, "You Englishmen are okay, but I do wish you would take a little more (d) around the house!"

(Christopher Belton, *A State of Mind*, IBC Publishing. Inc., 2014 一部改変)

注）[1]discarded: 捨てられた　　[2]Yves St. Laurent: イヴ・サンローラン

問１　本文の内容に一致するものをア～エの中から１つ選び、その記号を書きなさい。

ア．「責任」に対する考え方は、時代や文化によって異なるので、個々が自由に責任を取る方法を考えればよく、他者の考え方を取り入れる必要はない。

イ．「責任」を負うというのは、英国人にとって、毎日、一所懸命に物事が正常に進行するように働くことであり、高額な退職金をもらいゴルフに明け暮れることではない。

ウ．政府の政策の成果がほとんどなく、スキャンダルにまみれているのなら、「責任」を取って政治家は辞職するべきである。

エ．「責任」ある行動とは、どの国においても、どのような状況においても共通して世界中の人々に理解される最も勇敢な行動である。

問２　次の英文の質問に対する答えとして、最も適切な英語をア～エの中から選び、その記号を書きなさい。

Why did the author's wife refuse to throw away the discarded sock?

ア．Because there's some possibility that someone in their neighborhood lost it.

イ．Because she couldn't stand the smell of the discarded sock.

ウ．Because she didn't want to touch or carry the sock with so many holes.

エ．Because throwing away the sock seems to be selfish behavior without social graces.

問３　本文中の (a)～(d) に入る最も適切な英語の組み合わせをア～エの中から選び、その記号を書きなさい。

ア. (a) responsibility　(b) consideration
(c) impression　(d) embarrassment

イ. (a) consideration　(b) responsibility
(c) embarrassment　(d) impression

ウ. (a) impression　(b) embarrassment
(c) responsibility　(d) consideration

エ. (a) embarrassment　(b) impression
(c) consideration　(d) responsibility

問４　本文中の下線部を日本語訳にするとき、次のカッコ内に入る最も適切なものをア～エの中からそれぞれ選び、それらの記号を書きなさい。

「新聞を読もうとすれば（　①　）、その（　②　）は私の目に留まりました。」

（　①　）：ア. 以外にも　イ. それに反して　ウ. するほど　エ. どういうわけか

（　②　）：ア. 記事　イ. 靴下　ウ. ゴミ箱　エ. 誤字

問５　本文の表題となるように、カッコ内に入る最も適切な英語をア～エの中から選び、その記号を書きなさい。

<Title> A State of Mind in (　　　　　　)

ア. Different Cultures
イ. America and Japan
ウ. Japanese Neighborhood
エ. Fashion of Sock

化　学

（60 分）

（注意）必要があれば、次の数字を使用しなさい。
原子量 H：1.00、C：12.0、O：16.0、Ca：40.0、Cu：63.5　アボガドロ定数 6.02×10^{23} mol^{-1}

第1問　日常生活の中でよく利用される物質に関する次の文章を読んで、以下の問い（問1～問4）に答えなさい。

プラスチックは、軽くて強く、腐らず、さびないという有益な特徴を持つ。しかし、その廃棄には、廃棄場所の限界や有毒ガスの発生、①海洋汚染といった問題が存在する。

SDGs（持続可能な開発目標）の中には、プラスチックの廃棄問題と深く関連する項目もあり、持続可能な社会を目指すうえで、その廃棄問題の解決は必要不可欠である。そこで、使用後のプラスチックを廃棄するのではなく、化学の力を利用して、②衣料品などの工業製品への③再利用が行われている。また回収が難しく、廃棄される可能性が高いプラスチック製品には、④土壌や水中の微生物によって分解されるプラスチックが使われつつある。

問1　下線①を引き起こす海洋プラスチックごみが、波や紫外線の影響で 5 mm 以下の大きさに砕かれて生じたプラスチック片のことを何というか。その名称を答えなさい。

問2　下線②を作るためにさまざま繊維が使われている。次の(a)～(h)の繊維のうち合成繊維に分類されるものをすべて選び、(a)～(h)の記号で答えなさい。

(a) シルク　(b) コットン　(c) ナイロン　(d) カシミヤ
(e) ポリウレタン　(f) ポリエステル　(g) レーヨン　(h) ウール

問3　下線③に関して、(a)～(d)の再生方法の名称をそれぞれ答えなさい。

(a) 回収されたプラスチックを加熱融解して、もう一度成形し直して用いる。
(b) 燃料として利用し、発生する熱エネルギーを電気エネルギーなどに変換して用いる。
(c) 回収されたプラスチックを原料になる物質まで分解して、再び合成して用いる。
(d) 製品をそのまま洗って再利用する。

問４　下線④の名称を答えなさい。

第２問　塩酸と炭酸ナトリウム水溶液を用いた実験に関する次の文章を読んで、以下の問い（問１～問４）に答えなさい。

［実験］

① 空のビーカーを電子てんびんに乗せて、その質量を測定した。

② 電子てんびんに乗せたままのビーカーにうすい塩酸を注ぎ、全体の質量を測定した。

③ ビーカー中のうすい塩酸に炭酸ナトリウム水溶液を加え、気体が発生する様子を観察した。

④ 気体が完全に発生しなくなったあと、溶液も含めビーカー全体の質量を測定した。

問１　上の実験において、ビーカー内で起こった反応の化学反応式を答えなさい。

問２　実験①の結果、電子てんびんの表示は 150.000 g であった。その後、実験②を行うと、電子てんびんの表示が 170.000 g に変化した。このときに、ビーカーに入れられたうすい塩酸の質量（g）を計算し、有効数字３桁で答えなさい。

問３　実験③で加えた炭酸ナトリウム水溶液の質量は 100.000 g であり、実験④での電子てんびんの表示は、269.934 g であった。この実験によって発生した気体の物質量（mol）を計算し、有効数字２桁で答えなさい。ただし、発生した気体のうち、水に溶解したものやビーカーの壁などに付着したものの質量は無視するものとする。

問４　問３において、炭酸ナトリウム水溶液中の溶質が残らず反応を起こしていた場合、加えた炭酸ナトリウム水溶液のモル濃度（mol/L）はいくらになるか、計算して有効数字２桁で答えなさい。ただし、炭酸ナトリウム水溶液の密度は 1.00 g/cm^3 とする。

第3問　酸と塩基について、以下の問い（問１～問５）に答えなさい。

問１　アレニウスの酸・塩基の定義において、酸とは何か、また塩基とは何かを簡潔に答えなさい。

問２　次の酸と塩基の組合せ(a)～(c)について、完全な中和が起こった時の化学反応式を答えなさい。

(a) 塩酸と水酸化ナトリウム
(b) 硫酸と水酸化カリウム
(c) 硝酸と水酸化カルシウム

問３　次の(a)～(c)について、それぞれ計算して答えなさい。

(a) 0.180 mol/L の塩酸 15.0 mL を完全に中和するのに必要な 0.250 mol/L の水酸化ナトリウム水溶液の体積（mL）。

(b) 0.20 mol/L の硫酸 12 mL を完全に中和するために、濃度未知の水酸化カリウム水溶液 7.5 mL が必要であった。この水酸化カリウム水溶液のモル濃度（mol/L）。

(c) 0.300 mol/L の硝酸 20.0 mL を完全に中和するのに必要な水酸化カルシウムの質量（g）。

問４　ブレンステッド・ローリーの酸・塩基の定義において、酸とは何か、また塩基とは何かを簡潔に答えなさい。

問５　次の電離式(a)～(c)について、左向きの反応において塩基としてはたらく物質の名称を答えなさい。

(a) $CH_3COOH + H_2O \rightleftarrows CH_3COO^- + H_3O^+$
(b) $NH_3 + H_2O \rightleftarrows NH_4^+ + OH^-$
(c) $H_3PO_4 + H_2O \rightleftarrows H_2PO_4^- + H_3O^+$

第4問　酸化還元に関する次の文章を読んで、以下の問い（問１～問５）に答えなさい。

陽極、陰極の双方に白金電極を用いて、硫酸銅(Ⅱ)水溶液の電気分解を行った。結果として、陰極では（　ア　）を受け取る（　イ　）反応が起きて銅が析出し、陽極では（　ア　）を失う（　ウ　）反応が起きて酸素が発生した。

問１　上の文章の（　ア　）～（　ウ　）にあてはまる最も適切な語を答えなさい。

問２　この実験において、陰極で起きた反応を半反応式で答えなさい。

問３　この実験において、陽極で起きた反応を半反応式で答えなさい。

問４　電気分解前の硫酸銅(Ⅱ)水溶液中の溶質の物質量は0.100 molであった。このうちの50.0%がすべて電気分解された場合、陰極で析出する銅の物質量（mol）と質量（g）をそれぞれ計算し、有効数字３桁で答えなさい。

問５　問４の反応条件において、陽極で生じた酸素の物質量(mol)と標準状態(0℃、1.013×10^5 Pa)での体積(L)をそれぞれ計算し、有効数字３桁で答えなさい。

第5問　有機化合物について、以下の問い（問１～問５）に答えなさい。

問１　次の文章(a)～(f)の中から、有機化合物の主な特徴として適切なものをすべて選び、(a)～(f)の記号で答えなさい。

(a) 有機化合物は、人工的には合成できない。
(b) 飽和炭化水素は、鎖状構造だけでなく環状構造もとる。
(c) 有機化合物は、無機化合物に比べて融点や沸点が低い。
(d) 炭素原子は、炭素骨格を構成し、その原子価は４である。
(e) 不飽和炭化水素は、環状構造を形成しない。
(f) 有機化合物は、リンや硫黄、ハロゲンを含むこともある。

問２　次の有機化合物(a)～(f)が持つ官能基の名称を答えなさい。

(a) $C_2H_5COCH_3$　(b) CH_3CHO　(c) $C_2H_5OCH_3$
(d) $CH_3COOC_2H_5$　(e) C_2H_5COOH　(f) CH_3CH_2OH

問３　次のアルコール(a)～(f)が、それぞれ第一級、第二級、第三級アルコールのどれに分類されるか(a)～(f)の記号で答えなさい。

(a) CH_3CH_2OH　(b) $CH_3C(CH_3)(OH)CH_3$　(c) $CH_3CH(OH)CH_3$
(d) $CH(CH_3)_2OH$　(e) $CH_2(OH)CH_2CH_3$　(f) $CH_3CH_2C(CH_3)_2OH$

問4　次の有機化合物(a)〜(f)の中から、ヨードホルム反応を起こすものをすべて選び、(a)〜(f)の記号で答えなさい。

(a) CH_3OH　(b) CH_3COCH_3　(c) CH_3CH_2CHO
(d) $CH_3CH(OH)CH_3$　(e) CH_3CH_2COOH　(f) $CH_3COOC_2H_5$

問5　化学組成を調べるために未知の有機化合物 66.0 mg を完全燃焼させると、およそ 96.8 mg の二酸化炭素と 39.6 mg の水を生じた。この有機化合物が炭素、水素、酸素のみから構成され、分子量がおよそ 120 であった場合の組成式と分子式を答えなさい。

第6問　ベンゼンに関する次の文章を読んで、以下の問い（問1〜問6）に答えなさい。

ベンゼンは分子式（　ア　）で表される化合物である。ベンゼンの炭素原子と水素原子はすべて同一平面上にあり、ベンゼン環を持つ炭化水素を（　イ　）という。通常の条件下では、（　イ　）は付加反応よりも（　ウ　）反応を起こしやすいことが知られている。

問1　文中の（　ア　）〜（　ウ　）にあてはまる最も適切な分子式または語を答えなさい。

問2　ベンゼンの性質として誤っているものを以下の(a)〜(e)からひとつ選び、(a)〜(e)の記号で答えなさい。

(a) 発がん性がある。
(b) 水によく溶ける。
(c) 空気中では、多量のすすを出しながら燃える。
(d) 水よりも軽い。
(e) 特有のにおいを持つ無色で揮発性の物質である。

問3　鉄（鉄粉）を触媒として、ベンゼンと塩素を反応させたときの化学反応式を答えなさい。

問4　紫外線を照射しながら、ベンゼンと塩素を反応させたときの化学反応式を答えなさい。

問5　ニッケル（または白金）を触媒として、ベンゼンと水素を反応させたときの化学反応式を答えなさい。

問6　上の問3〜問5の反応の中で、文中の（　ウ　）反応であるものについて、その生成物の構造式をすべて答えなさい。

生　物

（60分）

第1問　次の文章を読み、以下の問い（問1～7）に答えなさい。

多くの生物の遺伝情報はDNAにより担われている、という知見は、19世紀後半以降の様々な研究によってもたらされた。特に、生物の遺伝子の本体がタンパク質かDNAのいずれかであると考えられてから、それが後者であると判明するまでに重要な研究として次の3つが挙げられる。

【グリフィスによる研究】

グリフィスは肺炎球菌に注目した。この細菌には、マウスに感染させると肺炎を発病させるS型菌と感染させても発病に至らないR型菌の2種類がある。

グリフィスは加熱により殺菌されたS型菌を調製し、以下の実験を行なった。まず、殺菌されたS型菌のみをマウスに注射してもマウスは肺炎を発病しなかった。しかし、殺菌されたS型菌を生きているR型菌と混ぜてマウスに注射したところ、そのマウスは肺炎を発病して死ぬことがわかり、また死んだマウスからは生きているS型菌が多数検出された。

【エイブリーらによる研究】

やはり肺炎球菌を用いたエイブリーらは、S型菌をすりつぶして得た抽出液を用いて実験を行なった。(ア)S型菌抽出液をR型菌に混ぜて培養すると、R型菌の一部がS型菌に[A]し、その後はS型菌として安定的に増殖した。

そこで、(イ)S型菌抽出液をタンパク質分解酵素で処理したものをR型菌に混ぜて培養したところ、R型菌からS型菌への[A]が見られた。一方で、(ウ)DNA分解酵素で処理したS型菌抽出液をR型菌に混ぜて培養したが、R型菌からS型菌への[A]は起こらなかった。

ただし、この研究が行われた当時では、用いられた酵素の品質に疑いがもたれることもあった。

【ハーシーとチェイスによる研究】

ハーシーとチェイスによる実験では、大腸菌に感染して増殖するウイルス（T_2ファージ）が用いられたが、これはタンパク質とDNAからなる。T_2ファージのタンパク質とDNAをそれぞれ異なる目印で標識し、このファージを大腸菌に感染させた。その結果、感染するファージは自身のDNAのみを大腸菌内に侵入させ、ファージのタンパク質は大腸菌外に残ることがわかった。それにもかかわらず、ファージが感染した大腸菌内では、まずファージのDNAが、続いてファージのタンパク質が合成され、最終的に「子」ファージが多数作られることもわかった。

以上のような遺伝子の本体を明らかにする研究に加え、1900年代中盤からはDNAの構造についての研究も進展した。

シャルガフは様々な生物から単離したDNAについて、それらに含まれる塩基A、塩基C、塩基G、塩基Tの割合を調べ、表1のような結果を得た。ここから各塩基について大まかに成り立つ関係を見出し、シャルガフの法則を提案した。

表1

生物名	DNAに含まれる塩基の数の割合（%）			
	A	C	G	T
トウモロコシ	26.8	23.2	22.8	27.2
ヒト	29.3	20.0	20.7	30.0
酵母	31.3	17.1	18.7	32.9

また、X線結晶構造解析という方法により、DNAの立体構造が決定され、これが二重［B］構造であることが明らかになった。この発見によりジェームズ＝ワトソン、フランシス＝クリック、モーリス＝ウィルキンソンは1962年のノーベル生理学・医学賞を受賞したが、1958年に早逝したロザリンド＝フランクリンの貢献も重要である。実際、DNAの2本のヌクレオチド鎖を区別する際、従来は「ワトソン鎖」と「クリック鎖」という呼称が用いられてきたが、最近では「ロザリンド鎖」と「フランクリン鎖」として区別する研究者も増えてきている。DNAは、(エ)2本のヌクレオチド鎖が相補的に結合し、全体的にねじれて二重［B］構造を形成する。この構造において、隣りあう塩基対間の距離は平均で0.34 nm、すなわち0.34×10^{-6} mmである。

DNAの分子構造は、生物種を問わず保存されているが、各生物の配偶子がもつ全遺伝情報、すなわち［C］のサイズ、［C］に含まれる遺伝子数、［C］に占める遺伝子領域の割合は種によって大きく異なる。例えば、酵母とヒトの［C］の総塩基対数はそれぞれおよそ1200万塩基対、およそ30億塩基対と推定されており、酵母のもつ推定遺伝子数は6,000でヒトのそれは20,000である。また、全DNAのうち遺伝子の占める部分は、酵母の場合は約70%、ヒトの場合は約1.5%と見積もられている。

問1　文章中の空欄［A］～［C］に当てはまる最も適切な語句を答えなさい。

問2　(1) 文章中で述べられた【グリフィスによる研究】の結果から考えられる結論として適切なものを下の①～⑤からすべて選びなさい。

(2) 文章中で述べられた【エイブリーらによる研究】について次の問いに答

えなさい。研究で用いられた酵素の品質にまったく問題がなかった、すなわちDNA分解酵素はDNAのみを完全に分解し、タンパク質分解酵素はタンパク質のみを完全に分解したとする。この場合、下線部（ア）～（ウ）の結果から考えられる結論として適切なものを下の①～⑤からすべて選びなさい。

(3) 文章中で述べられた【エイブリーらによる研究】について次の問いに答えなさい。研究で用いられたタンパク質分解酵素の品質に問題があり、タンパク質を完全に分解しきれなかったとする。この場合、下線部（ア）と（イ）の結果から考えられる結論として適切なものを下の①～⑤からすべて選びなさい。

① 遺伝子の本体はDNAのみであると考えられる。
② 遺伝子の本体はタンパク質のみであると考えられる。
③ 遺伝子の本体はDNAではないと考えられる。
④ 遺伝子の本体はタンパク質ではないと考えられる。
⑤ 遺伝子の本体がDNAとタンパク質のいずれか一つとは結論できない。

問3　文章中で述べられた【ハーシーとチェイスによる研究】から、遺伝子の本体はDNAであるという結論が得られる。この結論を導くために必要な前提条件として適切なものを下の①～⑤からすべて選びなさい。

① 大腸菌DNAの配列情報とファージDNAの配列情報は完全に解明されている。
② ファージのタンパク質は大腸菌の細胞内に入らない。
③ ファージのタンパク質とDNAは互いに結合している。
④ ファージDNAに含まれる塩基Aと塩基Gの数の割合がともにわかっている。
⑤ 大腸菌DNAに含まれる塩基Aと塩基Gの数の割合がともにわかっている。

問4　下線部（エ）について、「2本のヌクレオチド鎖が相補的に結合」とは塩基レベルではどういうことか、塩基A、塩基C、塩基G、塩基Tという語句をすべて用いて、句読点を含め60字以内で説明しなさい。

問5　ある生物の塩基Aの含量はa (%) であった。下線部（エ）とシャルガフの法則を手がかりとして、この生物における塩基C、塩基G、塩基Tの含量 (%) について、それぞれaを用いて表しなさい。ただし、答えには分数が含まれてはならない。

問6　全長30億塩基対の二重［B］DNAを考える。このDNA分子の長さを文章中の情報に基づいて計算しなさい。ただし、塩基対の厚さ（太さ）は

0nm としてよい。また、答えの単位は m とし、小数第２位まで求めなさい。

問７　文章中の情報に基づいて、酵母がもつ遺伝子の長さの平均長を以下のように概算した。遺伝子領域は 1,200 万塩基対の約 70% となるので、その長さは 12,000,000 × 0.7 = 8,400,000（塩基対）となる。これが 6,000 遺伝子に担われているので、遺伝子の平均長は 8,400,000 ÷ 6,000 = 1,400（塩基対）となる。これを手がかりにして、ヒトがもつ遺伝子の平均的な長さは、酵母のそれの何倍か、小数第３位を四捨五入し、小数第２位まで求めなさい。

第２問　次の文章を読み、以下の問い（問１～２）に答えなさい。

生体に細菌などの微生物やウイルス、aアレルギーを引き起こす物質などの異物が侵入すると、自然免疫と獲得免疫（適応免疫）とよばれる仕組みが異物を排除するように働く。自然免疫を担当する細胞は【　①　】によって異物を細胞内に取り込んで分解する。獲得免疫の仕組みは複雑であるが、その1つに、【　②　】とよばれるタンパク質が、多様な異物に対して特異的に作用する抗体として働く反応がある。【　②　】は２本のＨ鎖（重鎖）と２本のＬ鎖（軽鎖）が結合して図１のような高次構造を形成する。Ｈ鎖（重鎖）とＬ鎖（軽鎖）には抗体によってアミノ酸配列が異なる部分があり、これを【　③　】という。【　③　】には【　④　】が結合する。【　③　】以外の部分を【　⑤　】という。

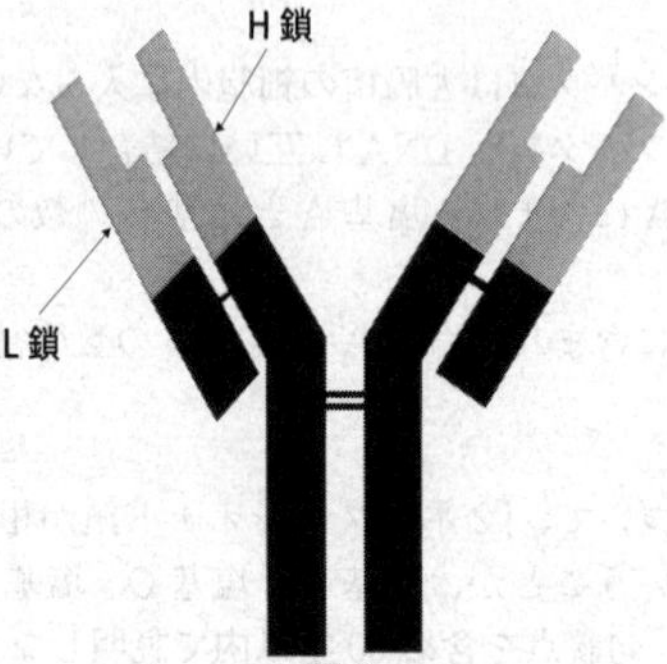

図１

問１　下線部 a のアレルギーについて、以下の問いに答えなさい。

(i)　アレルギーを引き起こす異物を一般的に何とよぶか。その名称を答えなさい。

(ii)　アレルギーは、血圧低下や呼吸困難など命に関わる重篤な症状を呈することがある。その症状を表す名称をカタカナで答えなさい。

問２　文章中の空欄【　①　】～【　⑤　】に当てはまる最も適切な語句を答えなさい。

第3問　次の文章を読み、以下の問い（問１～５）に答えなさい。

顕微鏡は、肉眼では観察不可能なほど微小なものを拡大して観察する機器であり、生物学の発展に多大な貢献を果たしてきた。顕微鏡にはさまざまな種類があるが、中でも観察対象物のもつ光の吸収差を利用する光学顕微鏡は非常に多くのケースで用いられる。

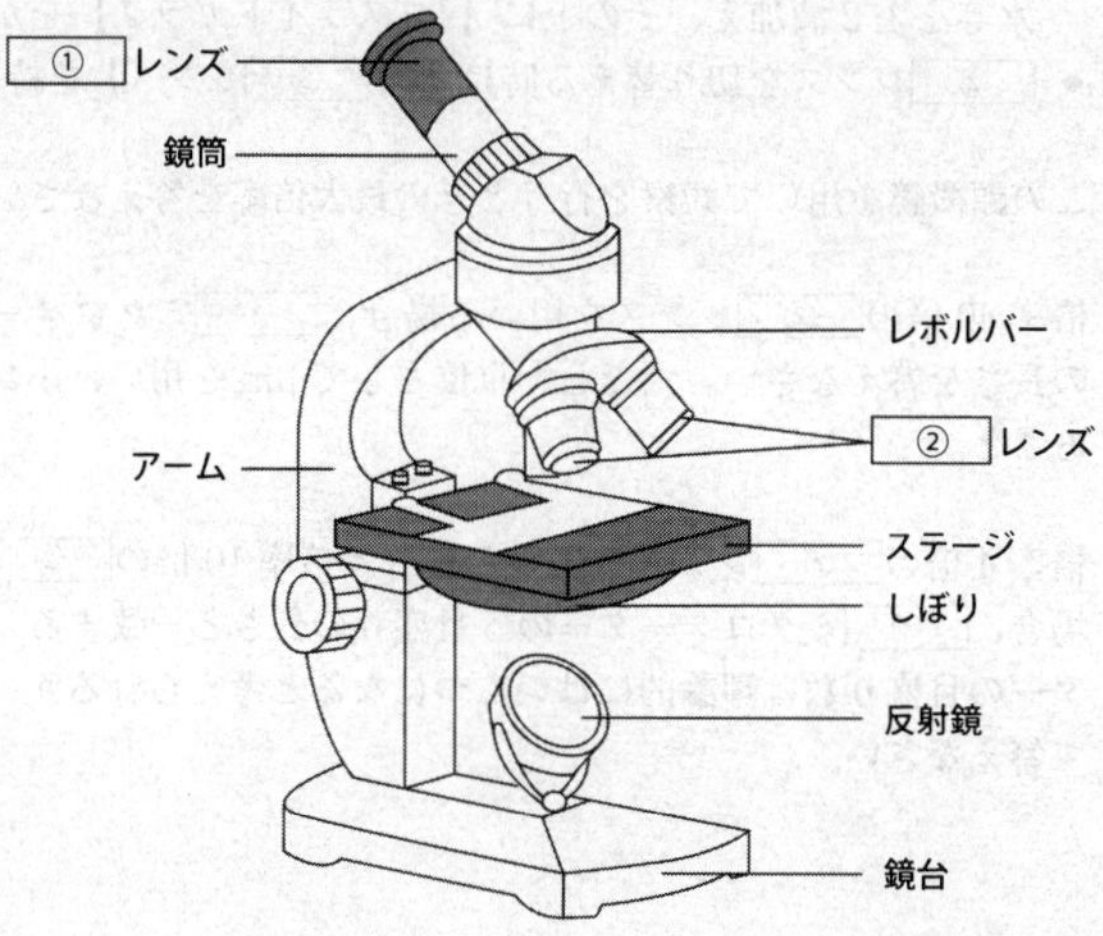

図１

ここで、図１に示した光学顕微鏡について説明する。この顕微鏡には、 ① レンズとして倍率 15 倍のもの１種類が、 ② レンズとして倍率４倍、10 倍、40 倍のもの３種類が取り付けられており、３段階の倍率での観察が可能である。

図１の光学顕微鏡を用いて観察対象物の大きさを測定することを考えよう。この目的のため、顕微鏡には ③ ミクロメーターとよばれる「ものさし」が内蔵されているが、顕微鏡にはわずかではあるが個体差があるため、顕微鏡ごとに ③ ミクロメーターの１目盛りの長さを正確に決める必要がある。この操作で必要となるものが ④ ミクロメーターで、これには１ mm を正確に 100 等分した目盛りがついている。倍率 40 倍の ② レンズを用いて ④ ミクロメーターと ③ ミクロメーターとを比較したところ、前者の５目盛りと後者の 20 目盛りが一致していた。

問１　文章中の空欄 ① ～ ④ に当てはまる最も適切な語句を答えなさい。ただし、 ① と ② は図１中のそれらと同じである。

問2　次の4つの各文は顕微鏡観察の際の操作を述べているが、内容が正しいとは限らない。各文が正しい内容を表すためにⅰ～ⅵの【　】内を訂正する必要があれば、どのように訂正すれば良いか、適切な語句を答えなさい。【　】内を訂正する必要がなければ「正しい」と答えなさい。

◆ 顕微鏡を持ち運ぶ時は【ⅰ：鏡筒】の部分を持つ。
◆ 観察対象のピントをあわせる際は、②レンズとプレパラートをできるだけ【ⅱ：遠ざけて】から、調節ネジを使って慎重に両者を【ⅲ：近づける】。
◆ プレパラートを作る際は、【ⅳ：カバーガラス】に観察試料を置いてから水等を1, 2滴加え、その上に【ⅴ：スライドガラス】をかける。
◆ ②レンズを切り替える時は【ⅵ: ②レンズ】を持って切り替える。

問3　この顕微鏡を用いて観察を行うときの最大倍率を答えなさい。

問4　倍率40倍の②レンズを用いる場合、③ミクロメーターの1目盛りの長さを答えなさい。ただし、単位としてμmを用い、小数第1位まで答えること。

問5　倍率4倍の②レンズを用いる場合と倍率10倍の②レンズを用いる場合、④ミクロメーターの5目盛りの長さと一致する③ミクロメーターの目盛り数は理論的にはいくつになると考えられるか、それぞれについて答えなさい。

第4問　次の文章を読み、以下の問い（問1～4）に答えなさい。

　聴覚とは、空気や水などの媒質の振動である音波のうち、ある範囲の周波数のものを刺激として受け取り、音として感じる感覚のことである。ヒトの耳には、(1)そのような音刺激を受け取り、さまざまな細胞等を経て生じた興奮を大脳に伝える仕組みがある。

問1　下線部(1)について、音刺激が信号化された情報として大脳に伝えられるまでの流れを次のボックス内のように示した。

音刺激 → A → B → C → D → E → F →大脳

A～Fに当てはまる最も適切な語句を、次の(ア)～(カ)のうちから1つずつ選び、記号で答えなさい。

(ア) 鼓膜　(イ) 聴神経　(ウ) うずまき管のリンパ液
(エ) コルチ器　(オ) 基底膜　(カ) 耳小骨

問2　問1の選択肢(カ)は何個の骨からなっているか、数字で答えなさい。

問3　問1の選択肢(ア)～(カ)のうち、物理的な振動を電気的な信号に変換するものはどれか、記号で答えなさい。

問4　耳の働きには、聴覚以外に平衡覚がある。平衡覚には、(2)体の傾きを感知することと、(3)体の回転運動を感知することの2つの要素がある。

(i) 下線部(2)、(3)に関与する平衡受容器の名称をそれぞれ答えなさい。
(ii) 下線部(2)、(3)に関与する平衡受容器の中を移動して感覚細胞を刺激する役割をもつものの名称をそれぞれ答えなさい。
(iii) 下線部(2)、(3)に関与する平衡受容器のうち、重力を利用しているものはどちらか、(2)または(3)の番号で答えなさい。

第5問 次の文章を読み、以下の問い（問1～6）に答えなさい。

コーヒー豆は、アカネ科のコーヒーノキの(Ⅰ)種子が原料である。コーヒーノキは(Ⅱ)熱帯多雨林の低木であり、(Ⅲ)常緑広葉樹である。カフェインが含まれ嗜好品として飲用に供されるコーヒーを供給するため、単一栽培（プランテーション農業）が行われてきた。近年、熱帯多雨林の保全を目的として、森林を過度に伐採せず、多様な樹種の(Ⅳ)木陰での栽培（木陰栽培）が取り組まれている。単一栽培に比べ、木陰栽培では、観察される【　X　】がわかっている。

コーヒーノキに含まれるカフェインは、【　Y　】が近年の研究で示されている。また、2014年にロブスタ種、2017年にアラビカ種のコーヒーノキの全遺伝情報が解明された。2種の遺伝子を比較することで、温度環境変化や害虫に耐性のある品種改良が期待されている。

問1　文章中の下線部（Ⅰ）について、コーヒーノキの種子は、発芽に利用される栄養分を蓄えるカキやイネと同じような種子である。(a) このような種子を一般的に何とよぶか答えなさい。一方、(b) マメやアブラナの仲間のように子葉に栄養分を蓄えるような種子を一般的に何とよぶか答えなさい。

問2　文章中の下線部（Ⅱ）の熱帯多雨林の年降水量と年平均気温に関する説明文として適切なものを次の(ア)～(オ)より1つ選び、記号で答えなさい。

(ア) 年降水量が200mm未満で、年平均気温は－5～30℃と幅があるバイオームである。
(イ) 年降水量が1000～2000mmほどであり、年平均気温が20～30℃のバイオームである。
(ウ) 年降水量が2000mmを超え、年平均気温が20～30℃のバイオームである。
(エ) 年降水量が500～2500mmで、年平均気温が5～10℃のバイオームである。
(オ) 年降水量が1000～2500mmで、年平均気温が10～20℃のバイオームである。

問3　文章中の下線部（Ⅲ）について、日本列島に分布するバイオームのうち、常緑広葉樹が優占するバイオームを次の①～⑧からすべて選び、番号で答えなさい。

① 熱帯多雨林　② 雨緑樹林　③ 夏緑樹林　④ 針葉樹林
⑤ 照葉樹林　⑥ 硬葉樹林　⑦ 亜熱帯多雨林　⑧ サバンナ

問4　文章中の下線部（Ⅳ）について、木陰の弱い光環境でも発芽し生育する樹木を何とよぶか、答えなさい。

問5　文章中の【　X　】について、次の文のようにまとめた。空欄（　i　）～

（　iv　）に当てはまる適切な語句をそれぞれについて語群㋐〜㋒、㋓〜㋕、㋖〜㋘、㋙〜㋛の中から1つずつ選び、記号で答えなさい。

鳥類の種数、密度、個体数が（　i　）、森林生態系の保全において効果が（　ii　）こと、またコーヒーノキの実を食害する昆虫類などの（　iii　）を（　iv　）する効果

i　㋐ 少なく　㋑ 多く　㋒ 等しく
ii　㋓ 低い　㋔ 高い　㋕ 見られない
iii　㋖ 減少　㋗ 増加　㋘ 競争
iv　㋙ 抑制　㋚ 促進　㋛ 媒介

問6　文章中の【　Y　】について、次の文のようにまとめた。空欄（　i　）〜（　iv　）に当てはまる適切な語句をそれぞれについて語群㋐〜㋒、㋓〜㋕、㋖〜㋘、㋙〜㋛の中から1つずつ選び、記号で答えなさい。

葉を食害する昆虫を（　i　）役割がある一方で、花の（　ii　）に含まれるカフェインには、ミツバチなどの短期記憶を向上させ、コーヒーノキの花を次々と訪問し、（　iii　）の効率を（　iv　）効果があること

i　㋐ 集める　㋑ 弱める　㋒ 強める
ii　㋓ めしべ　㋔ 子房　㋕ 蜜
iii　㋖ 受精　㋗ 受粉　㋘ 吸蜜
iv　㋙ 低くする　㋚ 高くする　㋛ 等しくする

第6問　次の文章を読み,以下の問い（問1～7）に答えなさい。

休眠状態にある植物の種子の発芽には、植物ホルモンの[①]と[②]が関与する。多くの植物の種子では[①]により休眠が維持され、発芽が抑制されている。しかし、吸水や他の刺激等により条件が整うと[②]が合成され始めるとともに、[①]の含有量が減少する。[②]が[①]の働きを上回ると、発芽に必要な反応が誘起される。

特に光により発芽が促進される種子は[③]とよばれ、発芽の研究によく用いられる。[③]の代表例はレタスの種子で、これをまいて暗所で2時間吸水させた後、そのまま暗所に置くと発芽しないが、明所に移すと発芽する。興味深いことに、暗所で吸水させたレタス種子に、赤色光（波長が660 nm程度の光）を照射してから暗所に移しても発芽するのに対し、遠赤色光（波長が730 nm程度の光）を照射してから暗所に移すと発芽しない。

この赤色光と遠赤色光に対する種子の応答において、重要な働きを担っているのがフィトクロムというタンパク質であり、これはPr型とPfr型の二つの異なる構造を取り得る。Pr型は赤色光を吸収するとPfr型に、Pfr型は遠赤色光を吸収するとPr型に、それぞれ可逆的に変化する。Pr型、Pfr型のうち、Pr型は細胞質に局在するが、Pfr型は遺伝子発現の制御を介して[②]の合成を促進する。

発芽に必要な反応の一つは、オオムギなどを用いた研究から以下のように明らかになっている。胚で合成された[②]は胚乳を囲む糊粉層にはたらきかけ、ここでの(a)アミラーゼの合成を促進する。このアミラーゼは胚乳に分泌され、胚乳中で(b)働いて栄養素を作り出し、この栄養素が最終的に胚に供給されることで胚の成長が促進される。

問1　文章中の空欄[①]～[③]に当てはまる最も適切な語句を答えなさい。

問2　次の図1に示した4つの線（ア）～（エ）はタンパク質の吸収スペクトル（各波長の光をどの程度吸収するかを示したもの）を示している。これらのうち、Pr型フィトクロム、Pfr型フィトクロムを示していると考えられるものは（ア）～（エ）のうちどれか、それぞれ一つずつ選び、記号で答えなさい。

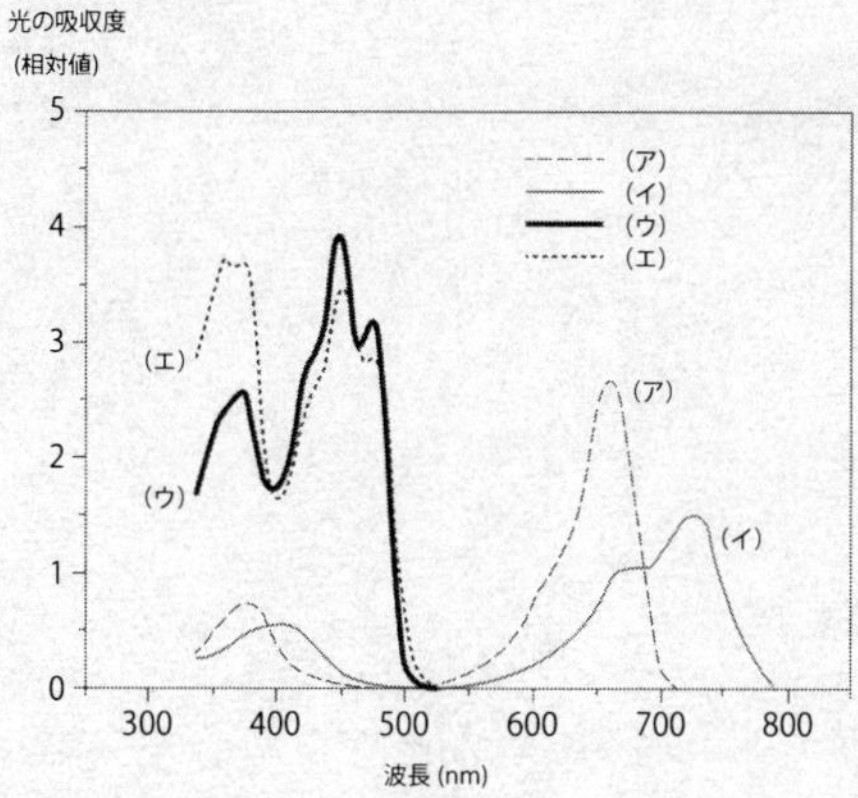

図1

問3　Pfr 型フィトクロムが局在すると考えられる細胞小器官の名称を、文章を手がかりにして答えなさい。

問4　レタス種子をまいて暗所で2時間吸水させた後、次のような処理を施した。それぞれの場合について、種子が発芽する場合は「発芽する」、発芽しない場合は「発芽しない」と答えなさい。

(i) 波長 730nm の光を当てた後、波長 660 nm の光を当て、暗所に置いた場合

(ii) 波長 660 nm の光を当てた後、波長 730 nm の光を当て、暗所に置いた場合

(iii)「波長 660 nm の光を当てた後、波長 730 nm の光を当てる」処理を2回繰り返した後、波長 660 nm の光を当て、暗所に置いた場合

(iv)波長 500 nm の光を当て、暗所に置いた場合

(v) ［　②　］を与えて暗所に置いた場合

問5　下線部 (a) で示されたアミラーゼと同じ働きをもつ酵素はヒトの消化液中にも含まれる。そのような消化液の名称を一つ答えなさい。

問6　下線部 (b) について、アミラーゼが働いて栄養素を作り出すとはどういうことか、具体的な物質名を二つ挙げて説明しなさい。

問7　低温に置かれた種子は発芽しないことが多い。その理由について考えられる可能性の一つをアミラーゼに注目して説明しなさい。

　そうそう、当日は、C先輩が浄妙寺のカフェに②まいります。」

Aさん「前にB先輩が③おっしゃっていたアフタヌーンティーがあるところですね。お話を④うかがったときから行きたくて仕方ありませんでした。C先輩に私達後輩も⑤お目にかかりたいです。今日はありがとうございました。」

④　後生《こうせい》畏《おそ》るべし

問3　次の場面は、二年生のAさんが鎌倉研究部のB先輩と話しているところである。(1)・(2)の各問いに答えなさい。

(1)　傍線部①〜⑤のうちから敬語表現として**誤っているもの**を一つ選んで、番号で答えなさい。

(2)　(1)で選んだものを適切な敬語表現に直しなさい。

Aさん「B先輩、おはようございます。今日は四月の鎌倉散策についてご相談いたします。」
B先輩「ええ、どうぞ。」
Aさん「今回は浄妙寺が目的地です。私は家が近いので直接①<u>うかがい</u>ます。他の方々は当日、鎌倉駅からバスに乗る予定です。」
B先輩「わかりました。鎌倉駅の集合場所には、リーダーの私がいるので大丈夫というお話でしたね。」
Aさん「はい、そのとおりでございます。おそれいります。新入生も楽しみにしています。」
（B先輩がAさんの携帯電話の配信資料を確認する。）
B先輩「浄妙寺の歴史についてよく調べていますね。」
Aさん「はい、ありがとうございます。浄妙寺は鎌倉五山、第五位のお寺ですので、行ってみたいです。画像や動画で記録し、実習先の生徒に見せたいと考えております。」
B先輩「よいですね。卒業生のC先輩は学生のときに実習先の生徒に画像を紹介して喜ばれたそうですよ。

【三】次の問1～問3の各問いに答えなさい。

問1　次の(1)～(3)の意味を表す言葉として、最も適当なものを後の①～④のうちからそれぞれ一つずつ選んで、番号で答えなさい。

(1)　人間にとって普遍的な真理を確実にとらえることは不可能だとする立場。

①　虚無主義　②　芸術至上主義　③　懐疑主義　④　実証主義

(2)　自然の形態の忠実な真似《まね》を離れて強調、変形して表現すること。

①　デフォルメ　②　エスプリ　③　ペシミズム　④　リリシズム

(3)　すぐれた人につき従って行動をすること。また、すぐれた人の行なった仕事などを見習ってすること。

①　株を守る　②　三顧《さんこ》の礼　③　覆水盆に返らず　④　驥尾《きび》に付す

問2　「若い者は、将来、どこまで伸びていくかわからないほどの可能性に満ちていること。」を表す言葉として、最も適当なものを次の①～④のうちから一つ選んで、番号で答えなさい。

①　柳に雪折れなし

②　学問に王道なし

③　花も実もある

② 渡り鳥が本能でするようにまたもとの古巣に舞い戻り、復活の声を聴いたように地に倒れたときの衝撃を想起している。

③ 終局の目的は永遠の中に没してしまうが、気落ちから恢復して凡俗に返り、詩生活と日常生活の平衡を保つことに気づいた。

④ 一穂の燈明をかかげようとしたはかない夢が危機に襲われて、弱所が一時に現れ、孤独に悩んで敗れたことを悟った。

問10 次の文章の空欄［ i ］・［ ii ］に当てはまるものを後の①～⑥のうちからそれぞれ一つ選んで、番号で答えなさい。

上田敏の訳詩集『海潮音』の影響のもとに生まれたのが薄《すすき》田《だ》泣菫《きゅうきん》、蒲原有明の［ i ］である。明治末期には北原白秋がその新境地を開いた。北原白秋の詩集に『［ ii ］』がある。

① 新体詩　② 象徴詩　③ 明星派　④ 抒情小曲集　⑤ 邪宗門　⑥ 青猫

ある。」の説明として、最も適当なものを次の①～④のうちから一つ選んで、番号で答えなさい。

① 蓮弁が一弁一弁離れて彫りこまれていて、彫刀の冴えがあり、鶴見には空中に浮いているように感じた。

② 鶴見が暗闇に眼をつぶっていると、明るさとの対照で蓮弁が風にさそわれて散ってゆくように思えた。

③ 鶴見が蓮弁を掌に受けようとしたが、蓮弁の影が薄くなって元通りにならないという夢から醒めた。

④ 蓮弁の散る様子が象徴的で、奥が知られぬほど深く、せつないものが胸に迫ってくる夢を見た。

問8 傍線部H「無常迅速」・I「千変万化」の意味として、最も適当なものを次の①～④のうちからそれぞれ一つ選んで、番号で答えなさい。

① この世はさまざまに次々と変化すること。

② 人として存在しているときが尊いこと。

③ 人の世の移り変わりが非常にはやいこと。

④ 喜んで仏に従って、厚く信仰すること。

問9 傍線部J「きこえぬ霹靂の大きな音」の説明として、最も適当なものを次の①～④のうちから一つ選んで、番号で答えなさい。

① 言葉の修練をつむに従って、詩の天地が開闢し、刹那の面に現れる修行の道には浪漫的精神が育まれることを思い知った。

たところにいる蓮の花のような浮世離れした人間。

問4　傍線部E「詩の両極をなす思想が、かれを中軸として旋回しはじめる」という様子を言い換えている部分を、本文中から五字で抜き出して答えなさい。

問5　空欄［ア］・［イ］に共通して入る言葉として、最も適当なものを次の①〜④のうちから一つ選んで、番号で答えなさい。

①　あるいは　②　だから　③　および　④　さて

問6　傍線部F「体のどこか急所に石鍼をかけられたような感じに打たれた」の理由として、最も適当なものを次の①〜④のうちから一つ選んで、番号で答えなさい。

①　仏像の作者の神経が仏像に一貫して活きて動き、全体が金色に輝いて眩しくなるから。
②　様式が変った仏像は、特殊な製作によって技巧が極めて繊細であり、動いたように見えるから。
③　仏像の表情がありきたりではなく、見る人がはっとするような風格があり、精神を新たにするから。
④　いきなり現れた仏像がまるで腕をひろげて自分を迎えたような、来訪を予期したように思えるから。

問7　傍線部G「台座から離れたその一弁一弁が、ふわりと浮んで、落ちもせずに、空間にただよっているので

③　そのとき。

④　片面にかかる。

C　「魁」

①　他より先にすること。

②　第一に必要となること。

③　のちになるほど衰えること。

④　予定を先にのばすこと。

問3　傍線部D「この鶴見というのは一体どういう人間なのであろうか。」とあるが、「鶴見」の人物の説明として、最も適当なものを次の①～④のうちから一つ選んで、番号で答えなさい。

①　若木から自分も年をとったことに思いを馳《は》せ、対応があっさりしている妻を気にせず、心が朗らかである。澄んだ心の持ち主で安心感を求める人間。

②　静かな振舞いもあれば、急に何か行動することもある。風趣を享受し、妻を優しい眼差しで見つめ、引込み思案であり、詩人としての感性が優れた人間。

③　鎌倉に引っ越したことは、必然の道に導かれたと理解し、因縁の繋がりのある場所で胸中の蟠りを超越している。自由な行動で境界を打開した哲学的な人間。

④　孤立して支えるものもなく、浮世の波に押し寄せる道にたどりつき、精神に弛みがない。俗世間と離れ

注12　おぎろなき……広大であること。
注13　つと……急に。
注14　如法……文字通りの。如法の闇は真の闇のこと。
注15　パウロ……聖書によると、初期キリスト教会時代の大伝道者。初めキリスト教を迫害したが、ダマスコ（シリアの首都、ダマスカスのこと。）付近で、復活したイエス・キリストに接して改宗した。

問1　傍線部A「春が近づいた」とあるが、「鶴見」が鎌倉に来てからの季節の移り変わりとして、最も適当なものを次の①～④のうちから一つ選んで、番号で答えなさい。

①　春が近づく　→　秋のすえ　→　冬　→　夏　→　冬を越す　→　梅見
②　去年の秋　→　冬　→　春が近づく　→　梅見　→　夏　→　秋のすえ
③　去年の秋　→　冬を越す　→　梅見　→　冬　→　秋のすえ　→　春が近づく
④　春が近づく　→　冬　→　梅見　→　秋のすえ　→　冬を越す　→　夏

問2　傍線部B「しな」・C「魁」の本文中の意味の説明として、最も適当なものを次の①～④のうちからそれぞれ一つ選んで、番号で答えなさい。

B「しな」
①　からだの動かし方。
②　品のよさ。

気をひき立てた。もともと異教徒であった[注15]パウロがダマスコの町へ入る途中、大きな光に繞《めぐ》り照らされて地に倒れた。パウロも今わたくしが感じたきこえぬ霹靂を聴いたのでもあったのだろう。パウロは眼には何も見ず、ただ復活のイエスの声を聴いた。［イ］わたくしは気落ちから恢復して何を知ったろう。わたくしは自分の卑小を知って、その素質である凡俗に立返《たちか》えるのを見た。

詩生活と日常生活の平衡がそこに保たれてゆく。詩生活を日常生活に及ぼしたくないのである。それでよい。ことさらに求めた中庸をわたくしは嫌う。

昭和二十二年九月、鎌倉にて　　有明しるす。

――蒲原有明『夢は呼び交す――黙子《もくし》覚書《おぼえがき》』――

注1　老刀自……「刀自」は家事をつかさどる婦人。老婦人。
注2　開闢……天地創造のとき。始まり。
注3　清寧……静かでやすらかなこと。
注4　龕……仏像を納める厨子《ずし》（箱）。
注5　浄明寺の出陣……寺名は浄妙寺で、地名が浄明寺。出陣は展覧会などに所蔵品を陳列すること。
注6　顫動……小刻みにふるえ動くこと。
注7　蓮弁……蓮《はす》の花びら。
注8　開敷……一面に花が咲いていること。
注9　まします……いらっしゃる。
注10　立たせたまう……立っていらっしゃる。
注11　迷惑……本文では、仏教用語で迷いとまどうこと。

鶴見はその注12おぎろなき慈悲に身を染めて、他念なく随喜渇仰《ずいきかつごう》していたものである。その時である。ふと、ちらちらする動きを感じた。かれは夢の中で、心の散乱を拒《ふせ》ごうとして努力する。それにもかかわらず、ちらちらする感じがつづいて起《おこ》る。目をあげてよく見れば、それは尊像の台座から離れた蓮弁である。G台座から離れたその一弁一弁が、ふわりと浮《うか》んで、落ちもせずに、空間にただよっているのである。かれは勿体《もったい》ながって腕を伸《の》ばして、その蓮弁を掌《たなごころ》にお受けしようとした。どういうわけかそれだけのことがどうしてもできない。あせればあせるほどその蓮弁の影が滅《き》え失せるように薄らいで、骨を折っても手には取られない。そうかと思うと、注13つと逸《そ》れていって、向こうできらりと閃《ひら》めく。せつない思いをしてあせっているうちに、手足は痺《しび》れ目はくらんでくる。とうとう注14如法《にょほう》の闇がかれを掩《おお》うてしまった。もう一度阿弥陀仏をおがみたいと思って目をあげると、闇は開いて、尊像は何事もなかったように金色の光を放って立たせたまう。台座を見ると、蓮弁はこれももとのままに合《あわ》さっている。かれはこれを見て驚くとともに安心した。そのはずみにまた夢がさまされた。夢から醒《さ》めた鶴見には、生死事大《しょうじじだい》、H無常迅速という言葉のみが、夢のあとに残されている。まだどこやら醒《さ》めきらぬ心のなかで、平凡な思想だとおもう。そんな平凡な思想が、言葉がどうしてあのような不可思議な影像を生み出したかと追尋《ついじん》してみる。奥が知れぬほど深い。今更のように、せつないものが胸に迫ってくるのである。

人生は永遠の眼から見れば、単調な、さして取柄《とりえ》もない一平面に見えもしよう。そうはいうもののその単調は絶えず刹那のきざみによって克服されねばならない。輪廻《りんね》は終局の目的でもあり同時に手段でもある。そこで終局の目的は永遠の中に没してしまう。刹那の面に現われるものはI千変万化の方便、修行の道である。

わたくしは老年の手《て》習《ならい》をはじめるつもりでこの文章を書いた。書いてゆくうちに、不思議なちからがわたくしを促した。魔性のさそいというようなものが加わってきたのかも知れない。そしていよいよこれが書きじまいになると急に気落ちがしてがっくりした。と思うと共に、Jきこえぬ霹靂《へきれき》の大きな音がわたくしを振り揺《ゆる》がして見の面前に、いきなり等身大の仏像が立ち現《あら》われる。やれやれと思うひまもなかったのである。その仏像のひろげた腕があたかもかれを迎えて、かれの来るのを予期してでもいたように見える。鎌倉期の阿弥陀如来《あみだにょらい》の座像である。それにしても例の中性的な弱々しい表情もなく、そんなマンネリズムから遠く離れて、しっかりした顔面や四肢の肉附《にくづ》けが男性的であるところなど、見る人の目を牽き、精神を新《あらた》にさせずにはおかないという風格がある。鶴見はおもわず身づくろいをした。F 体のどこか急所に石鍼《いしばり》をかけられたような感じに打たれたからである。

こういう阿弥陀像はこの外《ほか》にも二、三あったが、それとは様式の変った如来の立像が一体ある。それがまた鶴見を感動させた。物々しくはないが特殊な製作ぶりを示している。注5浄明寺《じょうみょうじ》の出陣である。舟型光背《ふながたこうはい》につつまれた、明快で優に妙《たえ》なる御姿である。技巧は極めて繊細であるが、よく味《あじわ》ってみれば作者の弛《ゆる》みなき神経が仏像を一貫して、活《い》きて注6顫動《せんどう》している。そして全体は金色にかがやいている。眩《まばゆ》いようである。おかしなことをいうようであるが、この像をながめた後で目をつぶると、鶴見にはその台座の注7蓮弁《れんべん》が危うげに動いて、今にも散ってゆくかのように見える。事実この蓮弁はその一つ一つが離れてでもいるらしく彫り込んである。そこに彫刀の冴《さ》えが見せてある。せいいっぱい注8開敷《かいふ》したかたちであろう。そよとの風にもさそわれて散ってゆかぬでもないように思われるのである。

たまにおもてに出て、ここの国宝館を見て来たということが、鶴見に取っては、かれの生活に、その単調を破る一つの刺戟《しげき》をもたらした。しかし家に帰りついてみると、精神にまた弛みを生じて、しばらく忘れていた疲労が体をくずおれさした。かれはなさけないと思ったが、悩む脚をなげだして、吐息をついた。

その夜、夢を見た。夢にあらわれたのは、あの浄明寺の阿弥陀如来にて注9ましますす。尊体は昼間見てきたように、蓮座を軽く踏まえて注10立たせたまうおん姿そのままである。そして身じろぎもしたまわずに伏せがちのおん眼《まな》ざしから無量の慈愛がこぼれでるままに、そのおん眼《め》を注11迷惑する衆生の上にそそがれている。

大胆になって、その成りゆきを見戍《みまも》ることが出来るようになった。それと同時に、好奇と驚異、注3清寧と冷徹E詩の両極をなす思想が、かれを中軸として旋回しはじめるのを覚える。慣らされぬ境界に置かれたかれはその激しい渦動のなかで、時としては目が眩《くら》まされるのである。

こういう経験をかれは全く予期しなかった。あとから思量すれば、そういう経験のなかに、近代ロマンチック精神の育くまれつつあった実証が朧《おぼろ》げながら見られる。

鶴見はとにかく不毛な詩作の失望から救われた。言葉の修練を日々の行持《ぎょうじ》として、どうやら一家をなすだけの途《みち》をひたむきに拓《ひら》いていった。孤立であったかれは、譬《たと》えば支えるものもない一本の杭《くい》のごときものであった。その杭の上にささやかな注4龕《がん》を載せて、浮世《うきよ》の波の押寄《おしよ》せる道の辻《つじ》に立てて、かすかな一穂《いっすい》の燈明《とうみょう》をかかげようと念じていたことも、今となってはそれもはかない夢であった。かれには夢が多すぎた。しかもその夢はいつしか蝕《むしば》まれていた。危機に襲われて、これまで隠していた弱所が一時に暴露したことを、かれは不思議とは思っていない。それがためにかれは独《ひとり》で悩み、独で敗れることになったのである。

秋もすえのころである。鶴見は夏の季に入ってからどこへも出ずに籠《こも》っていたので、久しぶりで、長谷《はせ》の方へ出掛けてみた。古本屋をあさって、雑書を五、六冊手に入れて、それを風呂敷に包んで持っていた。［ア］引き返《か》えそうとすると、ひどく疲れがでて、歩行もはかどらない。弾力を失った脚はまだ十分に恢復《かいふく》していないのである。それにかかえている風呂敷も重かった。

そんなありさまで八幡社《はちまんしゃ》の境内までたどりついた。池の中央にはちょっとした出島《でじま》がある。そこにはもと弁天堂があった。その跡が空地《あきち》になっているのである。その空地でゆっくり休んだ。弁当も出して使ってみた。少し元気がついたので、予定していたことでありすぐ近くにある国宝館はやはり見てゆくことにした。

観覧料を払って、いざ本館へと石の階段を昇ろうとすると、足があがらない。やっとのことで館内に入った鶴する手を心地よく見つづけながら、また話しだした。

「あの梅を植えたときのことを覚えているかい。まだずぶの若木であったよ。それがどうだろう、あんな老木になっている。無理もないね。二十年以上にもなるからな。」

そういって感慨に耽《ふけ》っているようであるが心は朗らかである。鶴見は自分の年とったことは余り考えずに、梅の老木になって栄えているのを喜んでいる。

鶴見は静岡へ行って、そこで居ついていたが、ちょうど渡鳥《わたりどり》が本能でするように、またもとの古巣に舞い戻って来たのである。かれにはそうするつもりは全くなかったのであるが、ふとしてそういうことになったのを、必然の筋道に牽《ひ》かされたものとして解釈している。安心のただ一つの拠《よ》りどころが残されてある。彼はそこを新たに発見した。そういう風に考えているのである。ただし当今はどこにいたとて不如意なことに変《かわ》りはない。それにしても古巣は古巣だけのことはある。因縁の繋《つな》がりのある場所に寝起きをするということが、鶴見をその生活のいらだたしさから次第に落ち著《つ》けた。殊に今日は梅の老木に花が匂い出したのを見て、心の中でその風趣をいたわりながら、いつまでもその余香を嗅いでいるのである。

Dこの鶴見というのは一体どういう人間なのであろうか。かれは名を正根《まさね》といって、はやくから文芸の道にたずさわっていたので、黙子《もくし》なんぞという筆名で多少知られている。知友にも乏しかったかれは、いつでも孤立のほかはなかった。勝気ではあっても強気なところが見えない。世間に出てからは他に押され気味で、いつとはなしに引込《ひっこ》み思案《じあん》におちいることが慣《なら》いとなった。彼はしょっちゅうそれを悔しがり寂しがるのみで、その境界《きょうがい》を打開する方法はあっても、それに対する処置を取り得なかった。またそうさせぬものが胸中に蟠《わだかま》っていて自由な行動を制していたのである。

言葉の修練をつむに従って詩の天地が注2開闢《かいびゃく》する。鶴見はおずおずとその様子を垣間見《かいまみ》ていたが、後には少し

【二】次の文章は、詩人・蒲原有明《かんばらありあけ》の小説『夢は呼び交《かわ》す』の一節である。これを読んで、後の問いに答えなさい。なお、設問の関係上、文章の一部を改めている。

二月も末のことである。A春が近づいたとはいいながらまだ寒いには寒い。老年になった鶴見には寒さは何よりも体にこたえる。湘南《しょうなん》の地と呼ばれているものの、去年の秋やっとこの鎌倉へ移って来たばかりか、静岡地方と比べれば気温の差の著《いちじ》るしい最初の冬をいきなり越すことが危ぶまれて、それを苦労にして、耐乏生活を続けながら、どうやら今日まで故障もなく暮らして来たのである。珍《めず》らしく風邪一つひかない。好《い》いあんばいに、おれも丈夫になったといって、鶴見はひとりで喜んでいる。

「梅がぽつぽつ咲き出して来たね。」

鶴見は縁側をゆっくり歩いて来て、部屋に這入《はい》りBしなに、注1老刀自《ろうとじ》に向《むか》って、だしぬけにこういった。静かに振舞《ふるま》っているかと見れば性急に何かするというようなのが、鶴見の癖である。

「梅がね。それ何というかな。花弁を円く畳み込んでいる、あの蕾《つぼみ》の表の皮。花包とでもいうのかな。紫がかった褐色の奴《やつ》さ。あれが破れて、なかの乳白な粒々が霰《あられ》のように枝一ぱいに散らかって、その中で五、六輪咲き出したよ。C魁《さきがけ》をしたが何かまだおずおずしているというような風情だな。それに今朝まで雨が降っていたろう。しっとりと濡《ぬ》れていて、今が一番見どころがあるね。殊《こと》に梅は咲き揃《そろ》うと面白くなくなるよ。」

鶴見はいっぱしの手柄でもした様子で、言葉を多くして、はずみをつけて、これだけの事を語り続けた。

「そうですか。だんだん暖《あたた》かくなって来ます。もう少しの辛抱でございますね。」

刀自はあっさりとそういったきりで、縫針《ぬいばり》の手を休めない。

しかしこの日はどうしたことか、鶴見は妙にはしゃいでいる。いつもの通り机の前に据わって、刀自の為事《しごと》を

② 生徒B――私がいつも登校するのは南側の正門なので、立面図で学校を他の方向から見ると、普段は見えていない姿があると感じられました。立面図と平面図と見比べていると、まだ行ったことのない教室がありました。図面をもとに学校の中を探検してみようと思いました。

③ 生徒C――二十年前の立面図と現在の立面図を見比べてみると、壁面の様子にほとんど変化がなく、手入れが行き届いていることが分かります。学校は人々の記憶に残される建物であり、断面図からは多くの人々が過ごしてきた時間を読み取ることができます。

④ 生徒D――学校の断面図を見ると、地下のかなり深いところまで杭を打っていることが分かります。立面図からもコンクリート製の頑丈な建物であることは分かりますが、私が考えていたよりももっと安全性が考慮されて、強度が高くなるように設計されていると感じられました。

⑤ 生徒E――平面図をよく調べてみると、教室は全部同じ大きさになるように設計されていることが分かりました。立面図から窓の大きさを調べてみましたが、一般的な建物よりも窓が大きく、多くの生徒がいる教室が明るくなるように採光の工夫がされていることが読み取れます。

建築物	図面	読み取れる内容
工場	平面図	「ものをたくさんつくる」という用途に最適化されている。
	［Ⅰ］	美しさの要素はあまり必要とされていない建物である。
美術館	［Ⅱ］	空間の大きさやカタチが、［Ⅳ］工夫されている。
	立面図	光について工夫されており、美しさを表現するための建物となっている。
鴨長明の方丈庵	［Ⅲ］	移動できるモバイルハウスであり、［Ⅴ］。
	平面図	自分の住む場所を限定しないという生き方に適した簡素な作りである。

問9　次に示すのは、本文を読んだ後に、五人の生徒が自分たちの学校の図面を見ながら意見を述べ合っている場面である。本文の趣旨とは**異なる発言**を、次の①～⑤のうちから一つ選んで、番号で答えなさい。

①　生徒A――私たちの学校の平面図を見ると、それぞれの教室が使いやすいように用途によって場所を考えて配置されていることが分かります。二十年前の平面図と現在の平面図では異なる用途で使われている教室がありました。時代によって教室の用途も変化しているようです。

問7　傍線部D「何を美しいと感じるかは、人によって異なり、美しさの基準は曖昧なもの」とあるが、本文中には人々にとっての「美しさの基準」の例がいくつか示されている。その例として、**誤っているもの**を次の①～④のうちから一つ選んで、番号で答えなさい。

① 大理石、コンクリート、木材等、素材の新しさを活用することが、美しさの基準となっている例。

② 誰にとっても美しいと感じられる自然が、美しさの基準となっている例。

③ 芸術の世界では人と違うことが価値を持っており、美しさの基準となっている例。

④ 建築の寸法が左右対称や点対称など幾何学的に調和を保っていることが、美しさの基準となっている例。

問8　本文中の建築物について、本文を踏まえ、その建築物の図面から読み取れる内容について表にまとめた。次の⑴～⑶の各問いに答えなさい。

⑴ 空欄［Ⅰ］～［Ⅲ］に当てはまる図面の種類を次の①～③のうちからそれぞれ一つ選んで、番号で答えなさい。

① 平面図　② 断面図　③ 立面図

⑵ 空欄［Ⅳ］に当てはまる内容を本文を踏まえて十五字以上二十字以内で考えて書きなさい。

⑶ 空欄［Ⅴ］に当てはまる内容を本文を踏まえて二十字以上二十五字以内で考えて書きなさい。

② 建築には人間の意図が表現されており、人間がそこで暮らすことではじめて意味が与えられる空間であるということ。

③ 建築はユーザーである住人の生活の場であり、長く暮らすことではじめて作り手の意図を読み取ることができるということ。

④ 建築は人間の生活を豊かにするものであり、人間のたゆまぬ努力によって工夫され発展してきたものであるということ。

問6　傍線部C「ここでは、建築の古典と呼ばれる本を紐解いてみます」とあるが、ここで「建築の古典」を参照したのはなぜか。その説明として最も適当なものを次の①～④のうちから一つ選んで、番号で答えなさい。

① 二〇〇〇年以上前のローマの建築家の言葉は、現代の建築にもそのまま通ずる内容であり、この理論は過去にすでに語られたものであって、筆者による新説ではないことを明確にするため。

② ウィトルウィウスの述べていることは、現代の建築にそのまま通ずる内容であり、二〇〇〇年以上前からそのことに気づいていた彼の先見の明について、再評価を与えるため。

③ ウィトルウィウスの述べていることは、現代の建築にそのまま通ずる内容であり、建築という分野は二〇〇〇年以上大きな変化がなく、同じことを繰り返してきたという事実に説得力を与えるため。

④ 二〇〇〇年以上前のローマの建築家の言葉は、現代の建築にもそのまま通ずる内容であり、建築についての理論は普遍的であるという本論の主旨を補強し、説得力を与えるため。

①

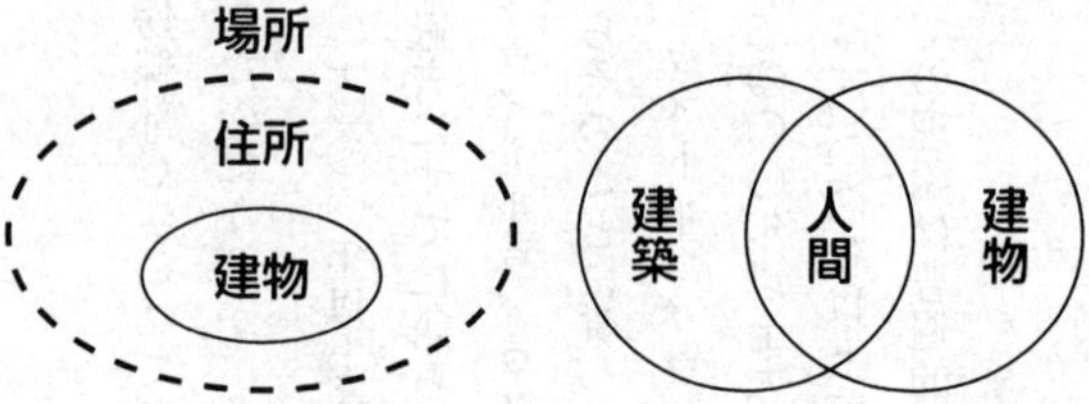

②

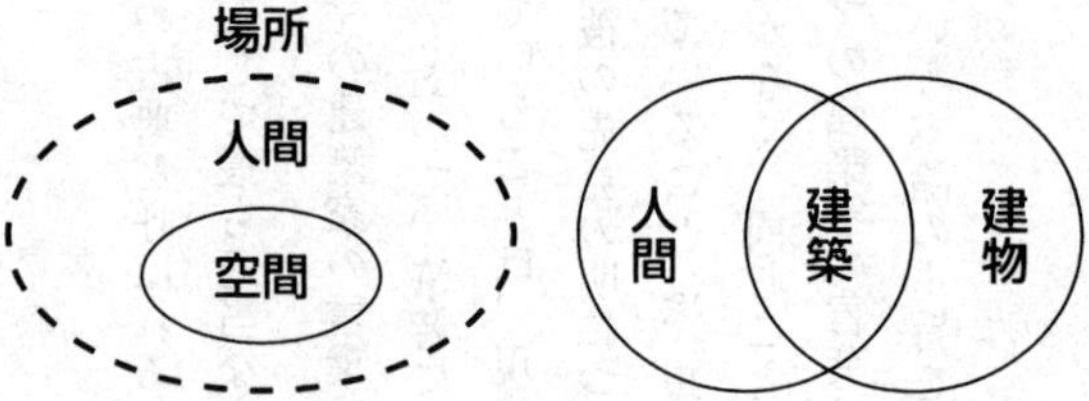

③

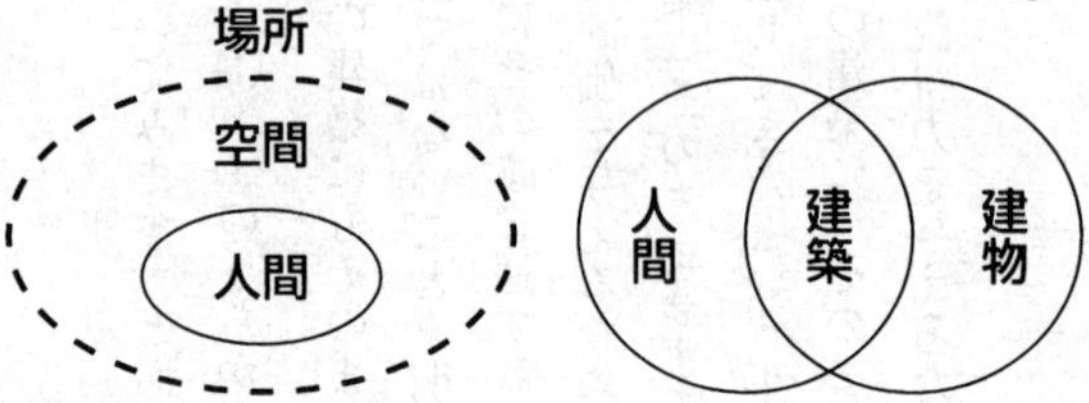

④

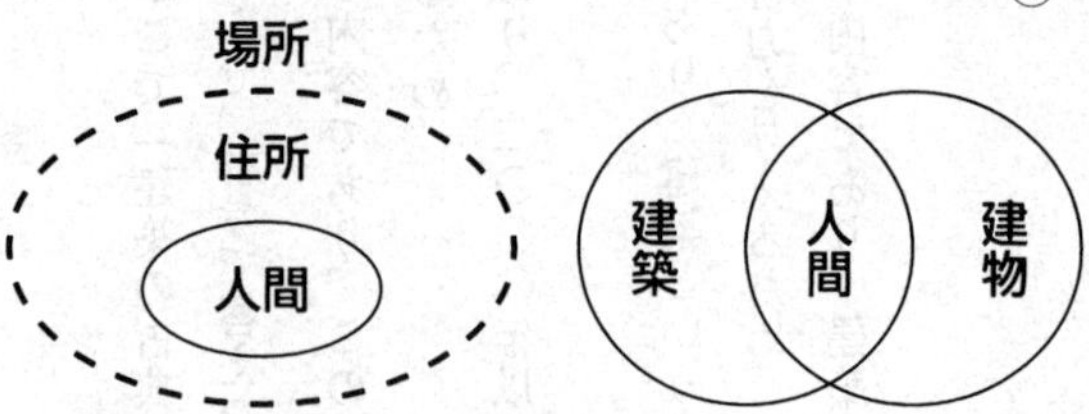

問５　傍線部Ｂ「人間を主役とした器」とあるが、それはどういうことか。その説明として最も適当なものを次の①～④のうちから一つ選んで、番号で答えなさい。

①　建築は作り手による意図が込められているものであり、最も人間の生活に密接した芸術であるということ。

問1　傍線部①～⑤については、漢字は読みをひらがなで書き、傍線部(a)～(e)については、カタカナを漢字（楷書で書くこと）で書きなさい。

問2　空欄 ア ・ エ ・ オ に共通して入る言葉として、最も適当なものを次の①～④のうちから一つ選んで、番号で答えなさい。

①　あるいは
②　ところが
③　すなわち
④　そのうえ

問3　空欄 イ ・ ウ に入る言葉として、最も適当なものを次の①～④のうちからそれぞれ一つ選んで、番号で答えなさい。

イ　①内在化　②顕在化　③潜在化　④局在化

ウ　①個体　②本体　③実体　④媒体

問4　傍線部A「建築に関する言葉の定義」について、本文の内容を踏まえて図式化して示した。その図式として最も適当なものを次の①～④のうちから一つ選んで、番号で答えなさい。

いうルールに則って描かれた図面です。平面図は部屋の大きさや配置を表すとともに用途を示しています。

　断面図は建物の強度、すなわち構造を表します。断面図とは、建物を縦にパカンと割って、その切断面を真横から見たときの図面です。断面図を見ると、たとえば、地面と建物がどう接しているのかがわかります。どのくらい地面を掘っているのか、コンクリートの基礎はどうなっているのか。[エ]、どのくらいの太さの柱がどこに立っているのか、屋根はどのような角度でつくられているのかなど、建物の技術的なことがよくわかる。平面図では必ずしも建物の構造はわかりませんが、断面図を見ればそれがわかります。

　立面図とは、建物が建っている姿の図面です。四角い建物であれば、面は東西南北の四つありますから、立面図も四面分になります。立面図に描かれるのは建物の外観、つまり、建築の顔です。その建物が外部に向けてどう見えているかを描く。

　立面図が描かれる理由は、美しさを示すためです。外壁は大理石でできているとか、打ち放しコンクリートであるとか、[オ]木を張っているといった素材の美しさ。窓や壁はどんなカタチでどこにあるのかといった造形の美しさ。そうした、建物の美に関わることを指し示すのが立面図です。

　このように、ウィトルウィウスが⑤唱えた用・強・美は、じつは図面と対応しています。建物の用途は平面図で考える。強度は断面図で考える。美しさは立面図で考える。もちろん、建築にはほかにもいろいろな図面があるのですが、基本的にはこの三種類の図面が中心にあります。それは、昔から変わらない建築の三つの側面に、それらが対応しているからなのです。

――光嶋裕介『ここちよさの建築』――

頭で理性的に科学して、心で感性的に芸術するとも、とらえられるかもしれません。

このように科学である「用」と「強」、そして芸術である「美」をどのように組み合わせていくか。ここに設計者としての考え方が表れるのです。使い手としても、この建物はどのような用途が意図されているのか、どのような構造によって成立しているのか、どういう美が表現されているのか、という切り口から建築を見ることで自分なりに建築を読み取ることができます。そしてこの用・強・美の側面から見ていくことで、自身の建築に対する読み取り方を常にアップデートすることができるのです。

たとえば、工場は「ものをたくさんつくる」という用途に最適化するようにつくられた建物です。そこには美の要素はあまり必要とされません。逆に美術館という建築は、どのような空間がアートをもっとも美しく見せるのか、その大きさやカタチ、光について深く考えてつくられています。

また、鴨長明の方丈庵《ほうじょうあん》を例にしてみると、あれは移動できるモバイルハウスですので、強度はそれほど高くはありません。地面にしっかりと杭《くい》を打ち込んだ頑丈な家ではなく、移り変わる世と同じように、自分も住む場所に④執着しないという用途に叶った家だと言えるのです。

建築の世界では、建物の用・強・美が一目でわかるものがあります。それは建築の図面です。建築において、建物の用途は平面図で、強度は断面図で、美しさは立面図で表されます。

平面図から説明しましょう。デパートなどに行くと、よくエレベーターやエスカレーターの横にフロアマップがありますね。「ここに〇〇というショップがあります」「トイレはここです」など、フロア全体の中で何がどこに配置されているかがわかるようになっている。これが平面図です。

平面図とは、建物を一メートルほどの高さで横に切り、それを真上から鳥瞰《ちょうかん》的に見たらどのように見えるかと誰がどう計算しても、まったく同じ答えが出ることを求めます。

まず「強」についてはわかりやすいでしょう。建築における強度の計算（構造計算）は、科学的なルールに則《のっと》って厳密におこなわれます。「この太さのヒノキの柱は、どれだけの②荷重を支え得るか」「柱と柱のあいだが二メートルのとき、杉材の梁《はり》の太さはどのくらい必要か」。こうした計算は、ドイツで計算しても、日本で計算しても、結果は同じです。地球の重力を考慮し、それを根拠にして計算するからそうなります。

では「用」はどうでしょうか。ここでは人間の「身体機能」から考えてみましょう。二足歩行をする。ごはんを食べる。排泄《はいせつ》する。こうした基本的な身体機能は、たとえ国が違ってもそれほど変わりません。ですから、ある程度科学的に検証することができます。たとえば排泄というトイレの用途は、アルゼンチンでも、日本でも同じです。

一方で、「美」についてはどうでしょうか。「美」は芸術の世界に属するものです。D何を美しいと感じるかは、人によって異なり、美しさの基準は曖昧なもの。一方で、たとえば自然のように誰にとっても美しいと感じられるものもあります。海も山も、森も川も、雲も雪も、雨も木も、美しい。だから、私たちは何かをつくるとき、意識的にも無意識的にも、自然をお手本としたり(e)モホウしたりします。

建築の美において中心的な役割を果たしているのは、自然の光の存在です。さきほど空間という言葉を定義する際に「人間が知覚することで成立」すると述べましたが、太陽の光が建築を照らし出すことで、空間が立ち上がるのです。美しさは光によって導かれる。太陽という自然の恵みなのです。建築が「光の彫刻」と言われるのは、そのためです。

また、芸術の世界においては、人と違うことが③唯一の価値をもつという側面もあります。ですので、反復して同じことを確認する科学と違って、「美」はもっと感覚的で自由な価値観の中にあるのです。言い換えると、この本の中でウィトルウィウスは、建築には「用・強・美」という三つの根本的な側面があると言っています。彼は、建築とは「強さと用と美の理《ことわり》が保たれるようになさるべきである」と述べ、次のように記しています。

　強さの理は、基礎が堅固な地盤まで掘り下げられ、材料の中から惜しげなく十分な量が注意深く選ばれている場合に保たれ、用の理は、場が(c)ケッカンなく使用上支障なく配置され、その場がそれぞれの種類に応じて方位に叶《かな》い工合《ぐあい》よく配分されている場合に保たれ、美の理は、実に、建物の外観が好ましく優雅であり、かつ肢体の寸法関係が正しいシュムメトリア（対称）の理論をもっている場合に保たれるであろう。

（『ウィトルーウィウス建築書〈普及版〉』森田慶一訳註、東海選書）

建築をつくるにあたっては、それが何をするための建築なのか、その用途を成立させるためにはどのような構造や強度をもたせるのか、それを美しくつくるにはどうすればよいのかを考えなければならない。用・強・美をいかに編み込んでいくのかが、建築家が建築をつくるときに解決しなければならないことであると、ウィトルウィウスは言っています。

ウィトルウィウスは二〇〇〇年も前のローマの建築家ですが、彼の述べていることは、現代の建築にそのまま通ずる重みがあります。

僕は、この用・強・美という三つの側面があることが、建築のおもしろさだと感じています。どういうことかと言うと、建築には「科学」に属している部分と、「芸術」に属している部分の両方があるということです。

科学に属しているのは「用」と「強」の側面です。科学の(d)メイダイは反復性や再現性があること。科学は、図を読み取るのはユーザーである住人になります。建築と人間は常にセットとしてあり、この建築の意図を交換することによって建築というものは存在しています。建築は人間の意図を伝達する［ウ］なのです。だから建築はモノであると同時に考え方でもあるということです。

また建築は、そこに住む人の日々の(a)イトナみの記憶が(b)チクセキされるものでもあります。そのため、建築とは「記憶の器」である、とも言うことができるでしょう。

「空間」と「場所」についてはどうでしょうか。「空間」は簡単に言うと、主体である人間のまわりを包み込むようにあるもので、それを人間が知覚することで成立します。人間が生きているあいだ、空間は常にその人にまとわりついています。人間が中心にあるものなので、「ここからここまでが空間だよ」というふうに客観的な線引きをすることは困難です。人間がいることではじめて空間が立ち上がるのです。

これに対し「場所」とは、単位として二次元で計測するものです（緯度・経度）。x軸とy軸の座標上の点のように二次元で示すことができるため、人間が不在でも成り立ちます。人がいなくても「○丁目○番地」と指し示すことができる「住所」が、これにあたります。

このように言葉を定義してみると、建築とは何かが少しずつ具体的に考えられるようになります。目に見えない「意図」や「価値」といった考え方が、人間を通して物質としての建物と結びつくことで、そこに意味が生まれ、「建築」や「空間」が立ち上がる。つまり建築は、「B人間を主役とした器」なのです。

では、人間を主役とした器である建築とは、どのような要素から成り立っているのでしょうか。

Cここでは、建築の古典と呼ばれる本を紐解《ひもと》いてみます。現存するヨーロッパ最古の建築書に、紀元前一世紀に活動したローマの建築家ウィトルウィウス（生没年未詳）が①著した『建築書』という本があります。

国語

（六〇分）

【二】次の文章は、光嶋裕介《こうしまゆうすけ》『ここちよさの建築』の一節である。これを読んで、後の問いに答えなさい。なお、設問の関係上、文章の一部を改めている。

まずは、A建築に関する言葉の定義を整理しておきましょう。

僕はここまで、「建築」や「空間」という言葉を特に定義せずに使ってきましたが、これらの言葉の意味を改めて考えてみたいと思います。考えたいのは、「建築（architecture）」と「建物（building）」、「空間（space）」と「場所（place）」の違いです。

そんなことは意識したことがないという人が多いかもしれませんが、「建築」と「建物」は同じようで、同じものではありません。

「建物」は、物質としての建物そのもののことです。一方で「建築」は、ある価値を実現するために意図をもってつくられた建物、［ア］そうした意図によって［イ］する考え方のことです。

意図を込めるのは建築をつくる建築家や職人であったり、発注するクライアントであったりしますが、その意

解答編

英語

1 解答

問1. ア　問2. エ　問3. ア　問4. イ　問5. イ
問6. エ　問7. ウ　問8. イ　問9. ウ　問10. ア

2 解答

問1. ア　問2. イ　問3. エ　問4. エ　問5. ウ
問6. ウ　問7. ア　問8. イ　問9. ウ　問10. ア

3 解答

問1. ①―ウ　②―ア　③―エ　④―ウ　⑤―ア
問2. (1)―エ　(2)―ア　(3)―イ　(4)―エ

4 解答 《日本における国際線旅客数・貨物量の推移》

問1. ①―イ　②―カ　③―ウ　問2. ウ　問3. エ　問4. ア

5 解答 《文化によって異なる精神構造》

問1. イ　問2. ア　問3. エ　問4. ①―ウ　②―イ　問5. ア

化 学

1 解答 《高分子，身のまわりの化学》

問1． マイクロプラスチック

問2． (c)，(e)，(f)

問3． (a)マテリアルリサイクル　(b)サーマルリサイクル

(c)ケミカルリサイクル　(d)リユース

問4． 生分解性プラスチック

2 解答 《反応式と量的関係，溶液の濃度》

問1． $Na_2CO_3+2HCl \longrightarrow 2NaCl+CO_2+H_2O$

問2． 20.0〔g〕

問3． 1.5×10^{-3}〔mol〕

問4． 1.5×10^{-2}〔mol/L〕

3 解答 《酸と塩基》

問1． 酸：水溶液中で水素イオンを生じる物質。

塩基：水溶液中で水酸化物イオンを生じる物質。

問2． (a) $HCl+NaOH \longrightarrow NaCl+H_2O$

(b) $H_2SO_4+2KOH \longrightarrow K_2SO_4+2H_2O$

(c) $2HNO_3+Ca(OH)_2 \longrightarrow Ca(NO_3)_2+2H_2O$

問3． (a) 10.8〔mL〕　(b) 0.64〔mol/L〕　(c) 0.222〔g〕

問4． 酸：水素イオンを他に与える物質。

塩基：水素イオンを他から受け取る物質。

問5． (a)酢酸イオン　(b)水酸化物イオン　(c)リン酸二水素イオン

4 解答 《酸化と還元》

問1. (ア)電子　(イ)還元　(ウ)酸化

問2. $Cu^{2+} + 2e^- \longrightarrow Cu$

問3. $2H_2O \longrightarrow O_2 + 4H^+ + 4e^-$

問4. 物質量：5.00×10^{-2}〔mol〕　質量：3.18〔g〕

問5. 物質量：2.50×10^{-2}〔mol〕　体積：0.560〔L〕

5 解答 《有機化合物の特徴と反応，官能基，元素分析》

問1. (b)，(c)，(d)，(f)

問2. (a)カルボニル基（ケトン基）　(b)ホルミル基（アルデヒド基）

(c)エーテル結合　(d)エステル結合　(e)カルボキシ基　(f)ヒドロキシ基

問3. 第一級：(a)，(e)　第二級：(c)，(d)　第三級：(b)，(f)

問4. (b)，(d)

問5. 組成式：CH_2O　分子式：$C_4H_8O_4$

6 解答 《ベンゼンの特徴と反応》

問1. (ア) C_6H_6　(イ)芳香族炭化水素　(ウ)置換

問2. (b)

問3. $C_6H_6 + Cl_2 \longrightarrow C_6H_5Cl + HCl$

問4. $C_6H_6 + 3Cl_2 \longrightarrow C_6H_6Cl_6$

問5. $C_6H_6 + 3H_2 \longrightarrow C_6H_{12}$

問6. 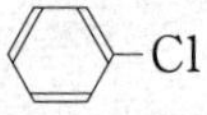

生　物

1　解答　《遺伝子の本体の研究，DNA の構造》

問1． **A．** 形質転換　**B．** らせん　**C．** ゲノム

問2． (1)—⑤　(2)—④　(3)—⑤

問3． ②

問4． 塩基Aは塩基Tと，塩基Cは塩基Gと水素結合によってそれぞれ特異的に結合し，2本のヌクレオチド鎖を形成すること。(60字以内)

問5． 塩基C：50－a〔%〕　塩基G：50－a〔%〕　塩基T：a〔%〕

問6． 1.02〔m〕

問7． 1.61倍

2　解答　《免疫とアレルギー》

問1． (i)アレルゲン　(ii)アナフィラキシーショック

問2． ①食作用　②免疫グロブリン　③可変部　④抗原　⑤定常部

3　解答　《顕微鏡の使用方法》

問1． ①接眼　②対物　③接眼　④対物

問2． **i．** アームと鏡台　**ii．** 近づけて　**iii．** 遠ざける
iv． スライドガラス　**v．** カバーガラス　**vi．** レボルバー

問3． 600倍

問4． 2.5〔μm〕

問5． 4倍：2目盛り　10倍：5目盛り

4　解答　《耳の構造，聴覚と平衡覚》

問1． **A**—(ア)　**B**—(カ)　**C**—(ウ)　**D**—(オ)　**E**—(エ)　**F**—(イ)

問2． 3個

問3． (エ)

問4． (i)下線部(2)：前庭　下線部(3)：半規管

(ii)下線部(2)：平衡石（耳石）　下線部(3)：リンパ液

(iii)—(2)

5 解答 《コーヒーノキの栽培と環境，バイオーム》

問1． (a)有胚乳種子　(b)無胚乳種子

問2． (ウ)

問3． ⑤，⑦

問4． 陰樹

問5． i—㋑　ii—㋔　iii—㋗　iv—㋙

問6． i—㋑　ii—㋕　iii—㋗　iv—㋚

6 解答 《種子の休眠と発芽》

問1． ①アブシシン酸　②ジベレリン　③光発芽種子

問2． Pr 型フィトクロム：(ア)　Pfr 型フィトクロム：(イ)

問3． 核

問4． (i)発芽する　(ii)発芽しない　(iii)発芽する　(iv)発芽しない　(v)発芽する

問5． 唾液，膵液，から1つ

問6． 胚乳中のデンプンを分解し，最終的にグルコースを得る。

問7． アミラーゼの活性は温度に依存しており，低温の場合にはアミラーゼの活性が低下するために，胚に供給される栄養素が不足し，発芽しないと考えられる。

二

出典　蒲原有明『夢は呼び交す―黙子覚書』（岩波文庫）

解答

問1　②

問2　B―③　C―①

問3　②

問4　激しい渦動

問5　④

問6　③

問7　④

問8　H―③　I―①

問9　③

問10　i―②　ii―⑤

三

解答

問1　(1)―③　(2)―①　(3)―④

問2　④

問3　(1)―②　(2)いらっしゃいます

国語

一

出典 光嶋裕介『ここちよさの建築』〈第2章 建築を読み取ろう〉（NHK出版）

解答

問1 ①あらわ ②かじゅう ③ゆいいつ ④しゅうじゃく（しゅうちゃく） ⑤とな
(a)営 (b)蓄積 (c)欠陥 (d)命題 (e)模（摸）倣

問2 ①

問3 イ―② ウ―④

問4 ③

問5 ②

問6 ④

問7 ①

問8 (1) Ⅰ―③ Ⅱ―① Ⅲ―②
(2) Ⅳ．アートをもっとも美しく見せるように（十五字以上二十字以内）
(3) Ⅴ．地面にしっかり杭を打つような強度を必要としない（二十字以上二十五字以内）

問9 ③

2023年度

問題と解答

■一般選抜（特待生チャレンジ）

問題編

▶試験科目・配点

学部・学科		教　科	科　　　目	配　点
家　政	家政保健	外国語	コミュニケーション英語Ⅰ・Ⅱ，英語表現Ⅰ	100点
		国　語	国語総合（古文・漢文を除く）	100点
	管理栄養	外国語	コミュニケーション英語Ⅰ・Ⅱ，英語表現Ⅰ	3教科受験 2教科判定※③ （各100点）
		国　語	国語総合（古文・漢文を除く）	
		理　科	「化学基礎・化学※①」，「生物基礎・生物※②」から1科目選択	
児　童		外国語	コミュニケーション英語Ⅰ・Ⅱ，英語表現Ⅰ	100点
		国　語	国語総合（古文・漢文を除く）	100点
教　育		外国語	コミュニケーション英語Ⅰ・Ⅱ，英語表現Ⅰ	100点
		国　語	国語総合（古文・漢文を除く）	100点
短　大		国　語	国語総合（古文・漢文を除く）	100点

▶備　考

調査書および上記の学力試験により選考される。

※①：「化学基礎・化学」の「化学」の出題範囲は，「無機物質の性質と利用・有機化合物の性質と利用」

※②：「生物基礎・生物」の「生物」の出題範囲は，「生物の生殖と発生・生物の環境応答」

※③：各教科を偏差値化して外国語と国語の高い教科の偏差値と理科の偏差値の合計で判定する。

英語

（60分）

第1問 次の各文のカッコ内に入る最も適切な英語をア～エの中から選び、その記号を書きなさい。

問1 I'm the only one ( ) can help her. She needs me.
ア. what イ. whose ウ. which エ. that

問2 I had my hair ( ) to make myself feel better today.
ア. cut イ. to cut ウ. was cut エ. cutting

問3 Now I want to decide ( ) to go hiking or to see a movie.
ア. until イ. if ウ. what エ. whether

問4 Each student ( ) to make a short speech next week. So, you need to prepare your script.
ア. have イ. are ウ. has エ. was

問5 Rob told me he found some money ( ) in the attic of his new house.
ア. hiding イ. hidden
ウ. were hiding エ. to have hidden

問6 The dance team gave an ( ) performance in the international competition. That's why they got first prize.
ア. unbearable イ. outstanding ウ. awkward エ. unfortunate

問7 When do we have to ( ) our final report?
ア. fall into イ. pull at ウ. turn in エ. sweep up

問8 The total fee for the dance school ( ) how many classes you take.
ア. depends on イ. walks into ウ. turns into エ. changes on

問9 The beautiful sunset at that beach was ( ).
ア. behind glasses イ. of deficiency
ウ. in elevation エ. beyond description

問10 Do you have any books about ( )? I'm interested in the main cause of air pollution.
ア. electric weapons イ. environmental problems

ウ. political issues　　エ. educational systems

第2問　次のカッコ①〜⑩に入る最も適切な英語をア〜エの中から選び、その記号を書きなさい。

問 1　A: Do you know what time the meeting will start tomorrow?

B: (①) Thanks for reminding me. I think it's scheduled to start at 2:00, but I'm not sure whether I'll be able to make it.

ア. I heard that it will be at conference room B.

イ. Oh, I totally forgot about that!

ウ. I'm sorry, but I can't attend it.

エ. It will take about two hours.

問 2　A: Excuse me. I left my bag on the Green Line this morning. It was the 8:00 express to Star Station, and I was sitting in Car No. 5, I think.

B: We have many bags. (②)

A: It's a blue paper bag with handles, from Sullivan Department store. It had my newspaper and a book in it.

ア. So, where did you get off?

イ. Do you remember how much that bag was?

ウ. I have no idea. Would you ask another staff member over there?

エ. What does your bag look like?

問 3　A: Kelly, I'm working on the seating chart for the business conference, and we have 60 people attending, but the tables we have only seat 59 people.

B: Oh, I see. (③)

A: Those are only for the executives and clients. I don't want them to feel uncomfortable.

ア. How about adding some round tables?

イ. Who will attend this conference?

ウ. Shall we ask our manager first?

エ. How many people can sit at the tables?

問 4　A: Hi, I'm looking for a book about Australia my friend told me about. It just came out and it has "Gold Coast" in the title. Could you help me?

B: Of course. I could do a key word search on our database.

A: (④)

B: OK, let's see. We have two recent books with "Gold Coast" in the title. *The History of the Gold Coast* or *The Gold Coast at Sunset.*

A: Yes, *The Gold Coast at Sunset.* That's it.

ア. I must have heard wrong.

イ. I see. I will come back tomorrow.

ウ. When will you get the book?

エ. If you wouldn't mind.

問5　A: Julia, we need to talk about the questionnaires on our 100-percent fruit juice series. (⑤)

B: Yes, the new ones aren't as popular as I hoped.

A: I'm not concerned about them since we just started them two months ago. Anyway, they are the least popular ones. I think we need to improve their flavor.

ア. Could you try drinking them?
イ. Can you tell me how to do them?
ウ. Did you see the survey results?
エ. Do you think they are very popular?

問6　A: I heard the Basketball World Cup is going to be held here in Maple City this year. Would you like to go to one of the games with me?

B: I'd love to, but I think it's too late. I read in the newspaper that the tickets were already sold out. (⑥)

A: No problem. I found a website that is still selling tickets to some of the matches at the normal price.

ア. Let's go to the theater with my family.
イ. What do you think we should do?
ウ. Have you checked the update on the internet?
エ. I am worried about which team will win.

問7　A: That'll be 61 dollars and 40 cents. Do you have a point card?

B: (⑦)

A: Well, if you fill out a point card application now, you'll get five dollars off your next purchase.

B: Oh really? Then maybe I should do that, just in case.

ア. Yes, I do. How many points do I have?
イ. Yes, I do. I got two points already.
ウ. No, I don't. I often use this point card.
エ. No, I don't. I don't usually use this shop.

問8　A: Can I get you anything for dessert?

B: I was thinking of chocolate cake. I had it before when I was here with friends, and it was delicious.

A: I'm so sorry, but we're out of the chocolate cake. It's our bestselling cake and it goes fast.

B: That's OK. I'll have the apple pie with ice cream. (⑧)

A: Sure. I'll bring some out if we do.

ア. Can you check if you have any?
イ. But I'm so full. I don't really need dessert.
ウ. I would like to pay in cash.
エ. What does that pie taste like?

問9　A: Uh, excuse me. I'm all finished unloading your order. Now I just need your signature on this form.

B: OK... Wait. (⑨)

A: Hmm, I don't know about that. That's all I have for you today.

B: Could you look again, please? It definitely says ten boxes of copy paper here.

A: Sure. I'd better call my manager so we can sort this out.

ア. I'm not sure that form is appropriate to sign.

イ. Just a moment. I will ask our manager to come here to check.

ウ. This says we should have ten boxes, but I only see nine.

エ. Can I confirm the number of boxes you brought?

問10 A: Hello, I'd like to book two seats on the rapid express from Bay City to Star Light Terminal this Friday.

B: OK. There are two times to choose from: 11:30 or 4:00.

A: Definitely the 11:30. (⑩)

B: Yes, of course. Those are $15 extra per ticket.

ア. Could I get the deluxe seats, please?

イ. Can I buy a ticket of later time?

ウ. What time will the train arrive there?

エ. I'll think of a different way to get there.

第3問　次の対話文を読み、後の問いに答えなさい。

Ms. Anderson and Steve are talking at a university campus.

Ms. Anderson: Hi, Steve. Long time no see. (①)

Steve: Not bad, but things have been so busy. I haven't been able to get all my tasks done yet.

Ms. Anderson: Oh, I'm sorry to hear that. ②(ア. you イ. busy ウ. what エ. so オ. makes)?

Steve: Just a lot of homework to do, and I have to draw some pictures for my presentation.

Ms. Anderson: I see. Let's grab a coffee and you can tell me all about it.

Steve: Sure. It's already in the afternoon. (③)

Ms. Anderson: Oh, that's odd. It's so dark out today. I thought it was later than it is.

Steve: Yeah, but it's still one o'clock in the afternoon. (④)

At a cafe

Ms. Anderson: What do you need to draw for your presentation?

Steve: Please take a look at this. (⑤) What do you think? Does it look like a real rabbit, or is it too childish?

Ms. Anderson: Hmm. The mouth is rather big, but it's still a pretty interesting image for children.

Steve: Should I make the mouth smaller? I don't want it to look too cartoonish.

Ms. Anderson: Don't worry about that. (⑥) An image with emotion always attracts children.

Steve: Thank you for your advice. I'll give it a try.

問１　カッコ①に入る最も適切な英語をア～エの中から選び、その記号を書きなさい。

ア. How's everything going with you?
イ. Why are you in a such hurry?
ウ. When did you finish your work?
エ. What's wrong with your bag?

問２　下線部②を正しい順番に並べ替え、２番目と５番目に来る英語をそれぞれ記号で書きなさい。

問３　カッコ③に入る最も適切な英語をア～エの中から選び、その記号を書きなさい。

ア. Shall we have dinner together?
イ. How can I invite you to dinner?
ウ. How about having breakfast now?
エ. Why don't we have lunch instead?

問４　カッコ④に入る最も適切な英語をア～エの中から選び、その記号を書きなさい。

ア. It's very late in the day.
イ. It looks like it's going to rain soon.
ウ. The sun is just going down.
エ. The sunny day keeps the clouds away.

問５　カッコ⑤に入る最も適切な英語をア～エの中から選び、その記号を書きなさい。

ア. I've taken a picture of a rabbit.
イ. I wonder how I can catch the eye of a rabbit.
ウ. I wonder how I can take care of a rabbit.
エ. I've drawn an illustration of a rabbit.

問６　カッコ⑥に入る最も適切な英語をア～エの中から選び、その記号を書きなさい。

ア. You should make your drawing look like a photograph.
イ. If I were you, I would make the body a little bigger.
ウ. Try to express what you feel with your subject.
エ. Rabbits can be very difficult to take care of.

問７　アンダーソン先生の考えと合うものをア～エの中から１つ選び、その記号を書きなさい。

ア. 発表があるため、今日はスティーブと話す時間が取れないと考えていた。
イ. スティーブと久しぶりに出会った時、まだお昼ごろだと考えていた。
ウ. スティーブの描いたネズミの絵は、あまりにも大きすぎると考えた。
エ. スティーブの描いた絵は、子どもが興味を示しそうなものだと考えた。

第4問　次のグラフと英文を読み、後の問いに答えなさい。

著作権の都合上，省略。

出典追記：Describing charts, British Council LearnEnglish

(Adapted from British Council,

https://learnenglish.britishcouncil.org/skills/writing/b1-writing/describing-charts, retrieved on July 23, 2022 一部改変)

問1 本文中のカッコ①～④に入る最も適切な英語をア～エの中から選び、その記号を書きなさい。

① ア. writes　イ. handles　ウ. adds　エ. illustrates

② ア. decreased slowly　イ. stayed the same　ウ. increased steadily　エ. went up and down

③ ア. less likely　イ. more likely　ウ. least likely　エ. most likely

④ ア. 65 to 74　イ. 45 to 54　ウ. 25 to 34　エ. 16 to 24

問2 英文の内容に一致するように、次の文のカッコ⑤～⑦に入る最も適切な選択肢をア～オの中から選び、その記号を書きなさい。

スマートフォンの所有率としては、(⑤)ほど高く、また、2011年から2016年にかけて所有率の伸び率は(⑥)のグループが、(⑤)を上回っていることが示されている。また(⑥)のグループの中で見た場合、年齢が(⑦)、所有率の伸び率が高いことが示されている。

ア. 若い世代　イ. 中高年世代　ウ. 上がるほど
エ. 下がるほど　オ. 上がる下がるに関わりなく

第5問 次の英文を読み、後の問いに答えなさい。

TOKYO – The 2020 Tokyo Olympic and Paralympic Games were memorable for the messages female athletes sent to eliminate gender (①), along with their great performances. However, when it comes down to the way the media tells the story, some reports focus on factors outside the competition itself, such as "lookism," or evaluating people based on their appearance.

For example, at the Tokyo Olympics, there was much discussion about the German female [*1]gymnastics team (A)shunning [*2]leotards to compete in full-body suits that cover down to their ankles, as a protest against being watched based on their appearance.

At a regular news conference during the Games, Naoko Imoto took part as a member of the Gender Equality Promotion Team of the Tokyo 2020 Organizing Committee. She (B)criticized sports reporting, saying, "Even in media reports, female athletes are sometimes referred to as 'too beautiful' and are not seen as pure athletes."

It is also a challenge for sports organizations to address these issues. At the European Beach Handball Championships in July, the Norwegian women's team was fined for refusing to wear bikini bottoms and playing in shorts, which are allowed for men.

A professor of sociology of sports who studies the relationship between sports and gender, said, "In the past, the focus of clothing for female athletes may have been appearance rather than function. The decision should be made according to the wishes of the athletes, with emphasis on function."

This professor also pointed out the problem of media reporting on athletes based on gendered views that persist in society. Questions such as, "Do you have children?" and "Who ② (ア. children イ. of ウ. care エ. your オ. taking カ. is)?" are directed at women, and there is a strong tendency to assume that the power of men, including husbands, is behind their success in competitions.

In addition, during the 2018 Pyeongchang Winter Olympics, the Japanese media repeatedly covered scenes where female curling athletes consumed sweets during competition, labeling it "mogumogu time," or munch munch time. The professor said this is an example of how women tend to be portrayed as "cute." For men, on the other hand, their "tough" appearance tends to be emphasized.

A study published in 2016 by Cambridge University Press in the U.K. analyzed the English used in news and social media about sports. It found that expressions such as "older," "pregnant" and "married" were commonly used for female competitors, while "fastest," "strong" and "real" were used to describe their male counterparts.

"If we only take a stereotypical view that *3instills social roles for men and women, it will hinder women's advancement in society. We should try to find expressions that are the same for men and women," the professor suggested to the media.

(Adapted from Ken Aoshima, Hiromi Nagano, *Time to end appearance-driven, sexist sports reporting as seen at Tokyo Olympics, The Mainichi,* November 2, 2021 https://mainichi.jp/english/articles/20211030/p2a/00m/0sp/012000c, retrieved on July 18, 2022　一部改変)

注）*1gymnastics: 体操　*2leotard: レオタード　*3instill: 植え付ける

問1　カッコ①に入る最も適切な英語をア～オの中から選び、その記号を書きなさい。

ア. confusion　イ. discrimination　ウ. equality
エ. relations　オ. roles

問2　下線部（A）に最も近い意味の英語をア～エの中から選び、その記号を書きなさい。

ア. avoiding not to wear　イ. refusing to wear
ウ. deciding to wear　エ. wanting to wear

問3　下線部（B）に最も近い意味の英語をア～エの中から選び、その記号を書きなさい。

ア. encouraged　イ. praised
ウ. was happy with　エ. was angry with

問4　下線部②を正しい順番に並び替え、2番目と4番目に来る英語を記号で書きなさい。

問5 本文に述べている内容と一致するものをア〜オの中から1つ選び、その記号を書きなさい。

ア. メディアは男性アスリートにもっと妻や子どものことについて聞くべきである。

イ. メディアは男女のアスリートを性別に関係なく、平等に取り上げている。

ウ. 女性アスリートが大会の規定と異なるユニフォームを着用して罰せられたことがある。

エ. 女性アスリートのユニフォームは機能性だけでなく見た目も重視したものにすべきである。

オ. 女性アスリートのユニフォームは自国の文化を示すデザインにすべきである。

化学

(60 分)

(注意)必要があれば、次の数字を使用しなさい。
原子量　H：1.00、C：12.0、O：16.0、Na：23.0　アボガドロ定数　$6.02 \times 10^{23}\ \text{mol}^{-1}$

第1問　洗剤に関する次の文章を読んで、以下の問い(問1～問5)に答えなさい。

かつて人類はさまざまな天然資源を洗剤として利用していた。それらの物質に対して現在日常的に洗剤として使われている（　ア　）は、$_a$油脂と水酸化ナトリウム水溶液を熱しながら混合することで人工的に作られる。この反応は（　イ　）と呼ばれ、1 mol の油脂に対して 3 mol の水酸化ナトリウムが反応する。

（　ア　）は、お互いに弾き合う油汚れと水をなじませる作用を持つことから（　ウ　）とも呼ばれる。（　ア　）は水に溶けると、高級脂肪酸由来の陰イオンを生じる。この陰イオンは、水になじみやすい性質である（　エ　）を示す部分と、水と弾き合う性質である（　オ　）を示す部分の両方を持つ。水中において（　ア　）が生じる陰イオンは、（　エ　）の部分が外側、（　オ　）の部分が内側を向いて並ぶことで、油を中心とした（　カ　）を形成し洗剤としての役割を果たす。

問1　次の物質(a)～(f)の中で、汚れを落とす洗剤として利用されていた天然資源をすべて選び、(a)～(f)の記号で答えなさい。

(a) ロウ	(b) 粘土	(c) 植物の灰汁
(d) ボーキサイト	(e) 天然ソーダ	(f) コークス

問2　上の文章の（　ア　）～（　カ　）に当てはまる適切な語をそれぞれ答えなさい。

問3　上の文章中の下線 a の方法で、分子量が 500 の油脂 1.00 g から洗剤を作る場合に必要になる水酸化ナトリウムの質量(g)を計算し、有効数字3桁で答えなさい。

問4　上の文章中の下線 a の方法で作った洗剤は、硬水中で用いると洗浄力が落ちることが知られている。その理由を簡潔に答えなさい。

問５　高級アルコールと硫酸とのエステルである硫酸水素ドデシルと、水酸化ナトリウムからつくられる合成洗剤は中性洗剤とも呼ばれる。合成洗剤が中性洗剤と呼ばれる理由を簡潔に答えなさい。

第2問　化学の法則や考え方に関する次の①〜④の文章を読んで、以下の問い (問１〜問２) に答えなさい。

① 化学変化の前後において質量の総和は変わらない。

② ２種類の元素ＡとＢが化合していくつかの化合物をつくるとき、一定量のＡと化合するＢの量を化合物どうしで比べると簡単な整数比になる。

③ 気体どうしの化学反応では、反応に関係する気体の体積比は簡単な整数比になる。

④ 同一の化合物を構成する成分元素の質量比は、そのつくり方によらず常に一定である。

問１　上の文章①〜④に示した法則や考え方の名称を下の (a) 〜 (f) からそれぞれ１つ選び、(a) 〜 (f) の記号で答えなさい。

(a) 原子説　　(b) 質量保存の法則　　(c) 定比例の法則
(d) 倍数比例の法則　　(e) 分子説　　(f) 気体反応の法則

問２　上の文章①〜④に示した法則や考え方の提唱者を下の (g) 〜 (l) からそれぞれ１つ選び、(g) 〜 (l) の記号で答えなさい。

(g) ゲーリュサック　　(h) ドルトン　　(i) アボガドロ
(j) プルースト　　(k) ラボアジエ　　(l) ヘンリー

第3問　都市ガスの主成分であるメタンを燃やすと、二酸化炭素と水に変化することが知られている。メタンの燃焼について、以下の問い(問１～問４)に答えなさい。

問１　メタンの完全燃焼の化学反応式を答えなさい。

問２　0.10 mol のメタンの質量 (g) を計算し、有効数字２桁で答えなさい。

問３　0.25 mol のメタンの完全燃焼で生じる水の物質量 (mol) を計算し、有効数字２桁で答えなさい。

問４　0.30 mol のメタンを完全に燃焼させたときに生じる二酸化炭素の標準状態(0℃、1.013×10^5 Pa) での体積 (L) を計算し、有効数字２桁で答えなさい。

第4問　５種類の未知の金属イオン(　ア　)～(　オ　)を同定するために、次の実験①～実験⑤までをおこなった。未知の金属イオンをそれぞれ亜鉛イオン、銅(Ⅱ)イオン、鉄(Ⅱ)イオン、鉛(Ⅱ)イオン、銀イオンのいずれかとして、以下の問い(問１～問５)に答えなさい。

実験①　(　ア　)から(　オ　)までの５種類の金属イオンを酸性下で硫化水素と反応させたとき、(　ア　)、(　イ　)、(　ウ　)は黒色の沈殿物を生成した。

実験②　(　ア　)から(　オ　)までの５種類の金属イオンを中性から塩基性で硫化水素と反応させたとき、(　ア　)、(　イ　)、(　ウ　)、(　オ　)は黒色の沈殿物を生成し、(　エ　)は白色の沈殿物を生成した。

実験③　(　ア　)から(　エ　)までの４種類の金属イオンを過剰なアンモニア水と反応させたとき、(　ウ　)のみが沈殿した。

実験④　(　ア　)から(　オ　)までの５種類の金属イオンを塩酸と反応させたとき、(　ア　)と(　ウ　)は沈殿を生じた。(　ア　)と(　ウ　)の沈殿物を加熱すると、(　ウ　)の沈殿物は溶解した。

実験⑤　(　ア　)に過剰量の水酸化ナトリウム水溶液を加えると、沈殿物が生じた。

問１　(　ア　)～(　オ　)の金属イオンをそれぞれイオン式で答えなさい。

問２　実験②において、(　エ　)から生じた沈殿物を化学式で答えなさい。

問3　実験③において、(　ア　)、(　イ　)、(　エ　)は錯イオンを形成することで水に溶解している。(　ア　)、(　イ　)、(　エ　)のつくる錯イオンを化学式で答えなさい。

問4　実験③において、(　ウ　)から生じた沈殿物を化学式で答えなさい。

問5　実験⑤において、(　ア　)から生じた沈殿物を化学式で答えなさい。

第5問　次に示す実験①～実験④に従い、シュウ酸水溶液と水酸化ナトリウム水溶液を用いて中和滴定実験をおこなった。以下の問い(問1～問5)に答えなさい。

実験①　電子天秤を用いて正確にシュウ酸二水和物の結晶 0.630 g を 50 mL ビーカーにはかり取り、少量の蒸留水に溶かしてから、100 mL の(　ア　)に移した。この(　ア　)の標線まで正確に蒸留水を加えることで濃度既知のシュウ酸水溶液とした。

実験②　およそ 4.0 g の水酸化ナトリウムを蒸留水 1.00 L に溶解し、水酸化ナトリウム水溶液とした。

実験③　上の水酸化ナトリウム水溶液で、滴定に用いる(　イ　)の共洗いを行った。その後、水酸化ナトリウム水溶液を(　イ　)に入れ、滴定の準備を行った。そのときの水酸化ナトリウム水溶液の量を、下の表に(　イ　)の目盛として示した。

実験④　上で調製したシュウ酸水溶液を、(　ウ　)を用いて正確に 10 mL 計りとり、コニカルビーカーに移した。さらに、移したシュウ酸水溶液に、pH 指示薬として、ごく少量のフェノールフタレイン溶液を加え中和滴定を開始した。滴定中の溶液の色の変化と、その時点での水酸化ナトリウム水溶液の量を下の表に(　イ　)の目盛として示した。

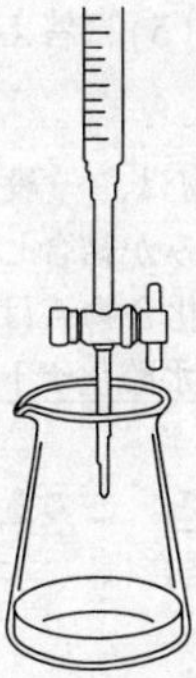

図　滴定実験

	開始前	滴定時			
（ イ ） の目盛	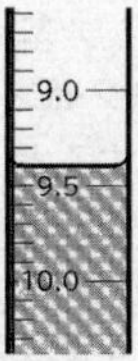	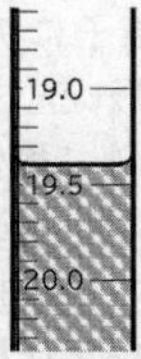		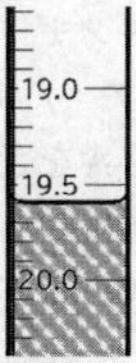	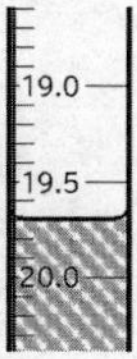
溶液の色	無色	無色	無色	薄い 赤色	濃い 赤色

問１　（ ア ）～（ ウ ）には、下の図の実験器具の名称が入る。それぞれの実験器具の名称を答えなさい。

ア

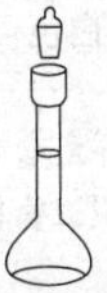

イ

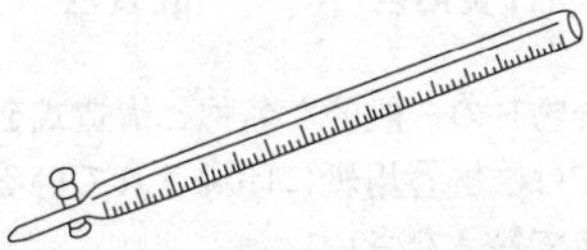

ウ

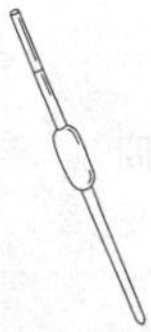

問２　実験①において調製したシュウ酸のモル濃度 (mol/L) を計算し、有効数字３桁で答えなさい。

問３　実験④において、完全な中和が起きたときの水酸化ナトリウム水溶液の滴下量 (mL) を目盛から読み取り、有効数字３桁で答えなさい。

問４　実験④における中和滴定の結果から、滴定に用いた水酸化ナトリウム水溶液のモル濃度 (mol/L) を計算し、有効数字２桁で答えなさい。

問５　実験④において、指示薬にメチルオレンジではなく、フェノールフタレインを用いた理由を簡潔に答えなさい。

第6問　次の有機化合物に関する文章を読んで、以下の問い(問１～問５)に答えなさい。

ベンゼン環の炭素原子にアミノ基が直接結合した化合物は、一般的に(　ア　)アミンと呼ばれる。ベンゼン環に１つのアミノ基のみが結合した化合物Ａをさらし粉水溶液で酸化すると(　イ　)を呈する。化合物Ａは、実験室では、$_a$ニトロベンゼンをスズと塩酸で還元し、$_b$これに水酸化ナトリウム水溶液を加えて遊離させて生成される。

$_c$化合物Ａに無水酢酸を作用させると、化合物Ｂが生成する。この置換反応は、一般的に(　ウ　)反応と呼ばれ、この反応で生じた結合は(　エ　)結合と呼ばれている。

問１　(　ア　)にあてはまる最も適切な語句を答えなさい。

問２　(　イ　)にあてはまる最も適切な色を下の(a)～(h)から１つ選び、(a)～(h)の記号で答えなさい。

(a) 黒色	(b) 黒褐色	(c) 赤紫色	(d) 淡赤色
(e) 緑色	(f) 黄褐色	(g) 黄色	(h) 白色

問３　化合物Ａと化合物Ｂの一般的な名称と構造式をそれぞれ答えなさい。ただし、構造式については、解答用紙に印刷されているベンゼン環に官能基または置換基を書き加えて答えなさい。

〔解答欄〕

構造式：

問４　下線ａ～ｃの各反応の化学反応式をそれぞれ答えなさい。また、化学反応式中の化合物はすべて示性式で書きなさい。

問５　(　ウ　)、(　エ　)にあてはまる最も適切な語を答えなさい。

生物

（60分）

第1問　次の文章を読み，以下の問い（問1～5）に答えなさい。

神奈川県三浦半島では大型で中太りの三浦大根が生産されてきたが，現在では青首大根が多く生産される。青首大根は根と茎にある胚軸とよばれる部分が太陽光にあたり緑色になる大根である。胚軸の表皮細胞には［　A　］をおこなう細胞小器官である［　B　］が含まれる。［　B　］は植物の葉に多く含まれ，葉の裏面の(ア)気孔から取り込まれた［　C　］と根から吸い上げた［　D　］から［　A　］によってグルコースなどの有機物や［　E　］を合成する。有機物は呼吸によって分解され，生物のエネルギー通貨とよばれる［　F　］に蓄えられる。

ダイコンには，私たちの［　G　］や膵《すい》液に主に含まれデンプンなどを分解する〔　Ⅰ　〕や，また私たちの［　H　］や膵《すい》液に主に含まれ脂質を分解する〔　Ⅱ　〕といった(イ)消化酵素が含まれ，餅と一緒に食べたり，サンマやハンバーグにのせて食べたりして利用してきた。

近年，(ウ)ダイコンゲノムが調べられ，世界のダイコンが4つの大きなグループに分けられ，日本のダイコンは1つのグループを作ることがわかった。また，さまざまな国産ダイコンの品種の違いをもたらす遺伝子の研究が期待される。たとえば，辛み成分をつくりだす遺伝子が発見されたことで，保存時のたくあん臭や黄変を防ぐ品種が育成された。

問1　文章中の空欄［　A　］～［　H　］に入る最も適切な語句を答えなさい。

問2　文章中の空欄〔　Ⅰ　〕と〔　Ⅱ　〕に入る消化酵素として最も適切なものを1つずつ答えなさい。

問3　文章中の下線部（ア）について，気孔を閉じる作用をもつ植物ホルモンの名称を答えなさい。

問4　文章中の下線部（イ）について，生体内の化学反応の前後で変化せず，反応を促進する消化酵素のもつ作用を何というか。漢字で答えなさい。

問5　文章中の下線部（ウ）について，ダイコンゲノムの75％にあたる4.05億塩基対の塩基配列に62100個の遺伝子が発見できたとして，残り25％のゲノムに同じ割合で遺伝子が含まれると仮定したとき，9本あるダイコンの染色体について，染色体1本あたりに平均した，塩基対数と遺伝子数を計算しなさい。

第２問　次の文章を読み、以下の問い（問１～５）に答えなさい。

ある細胞Ｘは、周辺の栄養状況が良好であると、体細胞分裂、すなわち ① 細胞において染色体が複製され、それが２つの ② 細胞に均等に分配される過程、を繰り返すことで増殖する。したがって、増殖中のＸでは、DNAの複製の準備をおこなう ③ 期（DNA合成準備期）、DNAの複製をおこなう ④ 期（DNA合成期）、分裂の準備をおこなう ⑤ 期（分裂準備期）、DNAが２つの細胞に分配され、細胞分裂のおこなわれる ⑥ 期（分裂期）の４つの時期が周期的に繰り返されている。これらのうち ③ 期、 ④ 期、 ⑤ 期は、まとめて ⑦ 期とよばれることもある。一方、 ⑥ 期は、さらに前期、中期、後期、終期などに区別することができる。

栄養が豊富な培養液中で増殖中の細胞Ｘの細胞集団（以下、細胞液とする）について、次の３つの実験をおこない、それぞれに述べる観察結果を得た。

【実験１】

増殖中の細胞液の一部を２時間ごとに取り出し、その1mL中の細胞数（細胞濃度）を計測した。各時間（0、2、4、6時間）での細胞濃度を片対数にプロットしたところ、図１のような結果を得た。

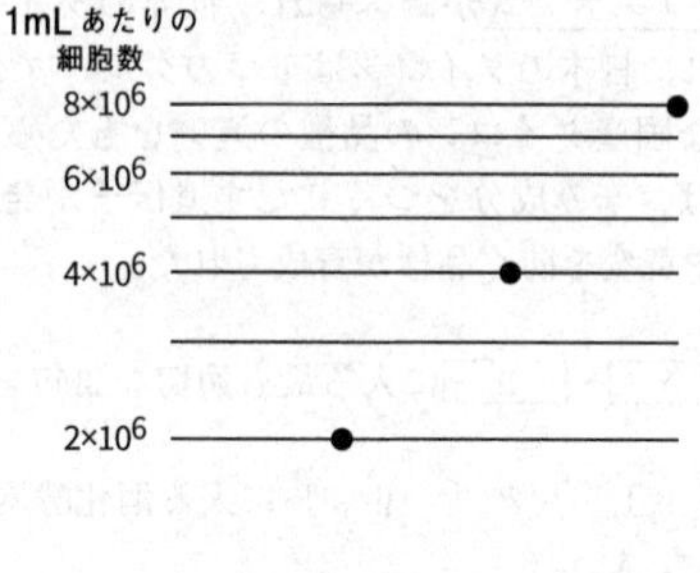

図１

【実験２】

増殖中の細胞液の一部を取り出し、DNAと結合すると蛍光を発する色素を用いて各細胞を染色した。このとき、各細胞が発する蛍光の強度は、それぞれの細胞内の染色体DNA量を反映している。その結果、細胞あたりのDNA含量の値（相対値）と細胞数との間に、図２のようなグラフが得られた。この結果から、増殖中の細胞Ｘはグラフ中の領域Ⅰ、Ⅱ、Ⅲに大別できることがわかった。

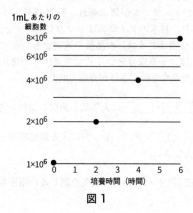

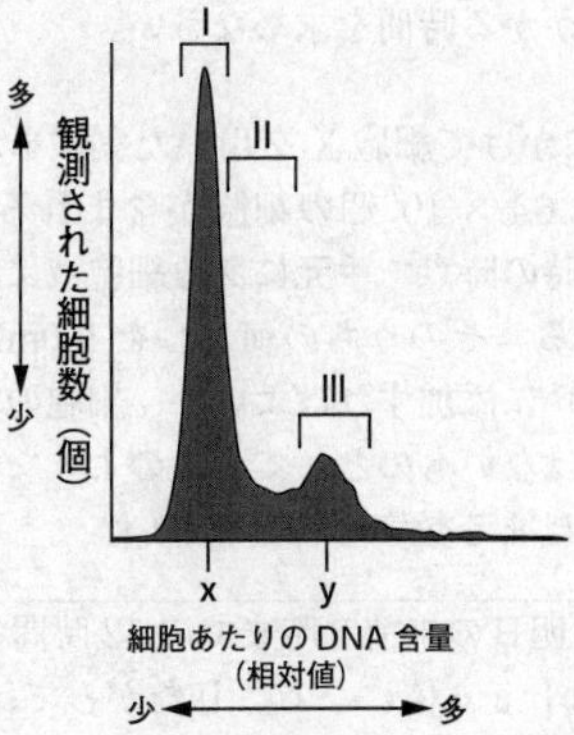

図２

【実験３】

増殖中の細胞液中にDNA合成をその最も初期で阻害する薬剤Hを添加し、一定時間培養を続け、細胞周期を完全に停止させた。同様に、細胞分裂を阻害する薬剤Nを用いて細胞周期を完全に停止させた。その後、【実験２】と同様の実験をおこなったところ、図３のグラフを得た。

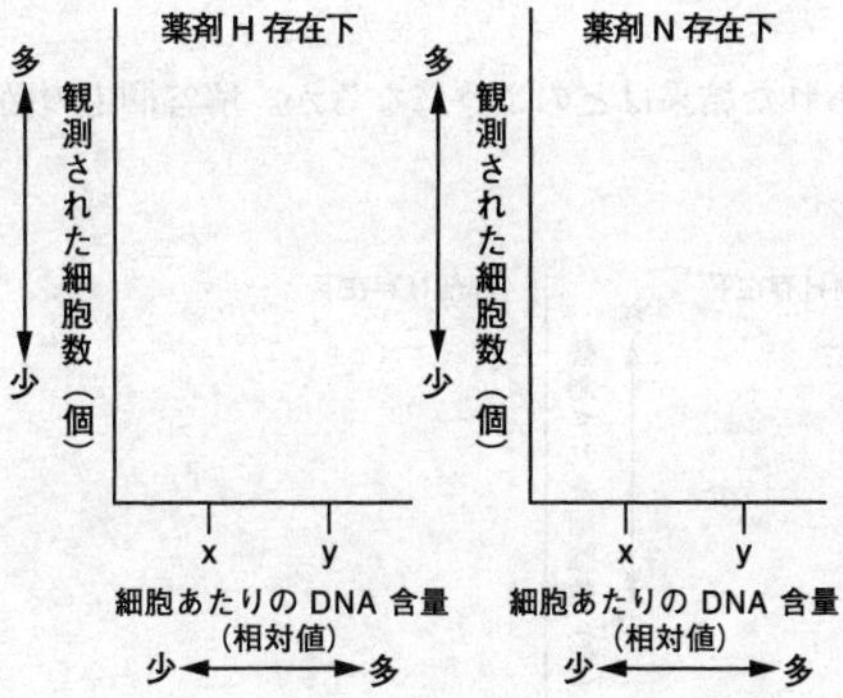

図３

問１　空欄 ① ～ ⑦ にあてはまる最も適切な語句を答えなさい。ただし、 ③ ～ ⑥ については、アルファベット大文字、またはアルファベット大文字と数字の組み合わせで答えなさい。

問２　細胞分裂のおこなわれる ⑥ 期の、とくに中期について、染色体DNAの挙動に見られる特徴を、句読点を含め25字以内の一文で説明しなさい。

問３　（Ⅰ）実験１の結果から、この培養液中で増殖中の細胞Xについて、細胞濃度が2倍になるのにかかる時間を求めなさい。

(Ⅱ) 今日から明日にかけて細胞Xを用いた実験をおこなうため、明日の午前9時に、1mL中に6.4×10^7個の細胞が含まれる細胞液を100mL準備したい。今日の午後9時の時点で手元にある細胞液には、1mL中に2×10^8個の細胞が含まれている。そのうちの何mLを100mLの培養液（細胞はまったく含まれていない）に添加すればよいか、細胞の増殖速度は常に一定であり、培養液量に変化はないものとして、次のような概算をおこなった。空欄[ⅰ]〜[ⅳ]にあてはまる数字を答えなさい。

今日の午後9時から明日の午前9時までの12時間で細胞は[ⅰ]回分裂するので、細胞濃度は[ⅱ]倍になる。したがって、今日の午後9時の培養開始時には100mLの培養液に$6.4 \times 10^7 \times 100$ / [ⅱ] = [ⅲ]個の細胞が含まれていればよい。手元の細胞液が1mLあたり2×10^8個の細胞を含むので、これを[ⅲ] / (2×10^8) = [ⅳ] mL加えればよい。

問4　(Ⅰ) 実験2で得られたグラフについて、xとyとの間に成り立つ等式を答えなさい。

(Ⅱ) 実験2の結果において、DNA合成期の細胞と分裂期の細胞は領域Ⅰ、Ⅱ、Ⅲのどれに属するか。最も適切な領域を答えなさい。

問5　実験3で得られた結果はどのようになるか。解答欄中の図に概形を記しなさい。

〔解答欄〕

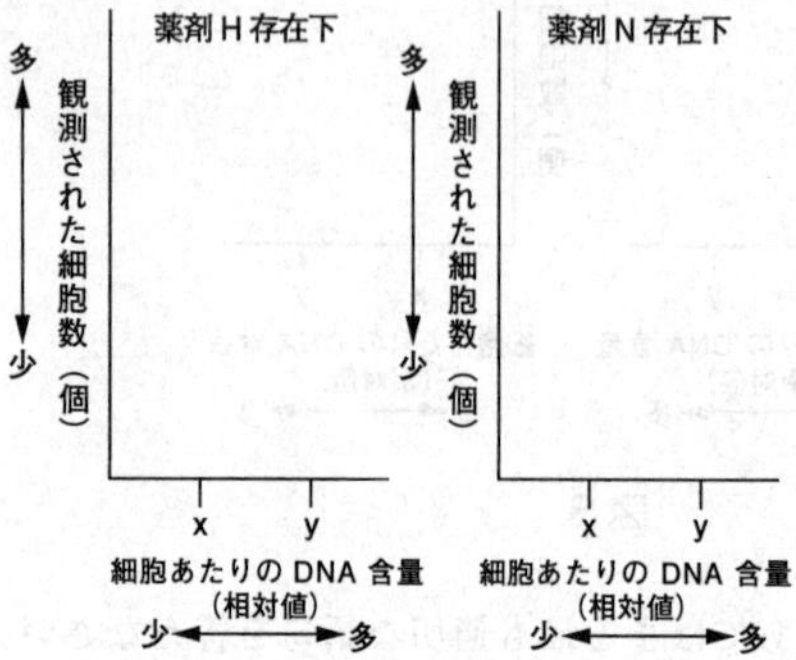

第3問　次の文章を読み、以下の問い（問１～４）に答えなさい。

ホルモンは、内部環境の[①]の維持に重要な役割を果たしている。ホルモンは、[②]という器官や組織の細胞で作られ、血液中に分泌される。分泌されたホルモンは血液循環によって全身をめぐり、特定の組織や器官に作用する。たとえば、(1)<u>脳下垂体前葉から甲状腺刺激ホルモンが分泌されると、甲状腺は[③]を分泌する。[③]は代謝を[④]するホルモンとして[⑤]細胞に働きかけるが、同時に視床下部と脳下垂体前葉では血液中の[③]の濃度を感知している。血液中の[③]濃度が上昇すると甲状腺刺激ホルモンの分泌量が減少し、逆に[③]濃度が低下すると甲状腺刺激ホルモンの分泌量が増加する。</u>

また、体の水分量が減少すると、体液の塩類濃度が上昇する。間脳の視床下部が体液の塩類濃度の上昇を感知すると、脳下垂体後葉から[⑥]の分泌量が増える。その結果、腎臓の[⑦]での水の[⑧]が促進され尿量が[⑨]し、体液塩類濃度は低下する。

問１　文章中の空欄[①]～[⑨]にあてはまる最も適切な語句を答えなさい。

問２　下線部 (1) について、ここで述べられているようなホルモン分泌の調節のしくみを一般に何とよぶか答えなさい。

問３　視床下部が脳下垂体にホルモンを分泌する際、前葉に分泌する仕方と後葉に分泌する仕方は異なる。その違いの説明として、解答欄の「脳下垂体前葉では、」「脳下垂体後葉では、」に続く２つの文を、それぞれ完成させなさい。なお、いずれの文も、２つの語句「毛細血管」「神経分泌細胞」を必ず使用し、それぞれ句読点を含む60字以内の一文にまとめること。

問４　バセドウ病を発症した人の体内では、甲状腺刺激ホルモンと同じ作用をもつ物質Tが作られ、甲状腺が過剰に刺激され、甲状腺ホルモンが過剰に分泌され続けてしまう。次の (1)、(2) に答えなさい。

(1) 物質Tは甲状腺ホルモンを分泌する細胞の何に結合して作用するか。最も適切な用語を答えなさい。

(2) このような状態になると、甲状腺刺激ホルモンの分泌はどうなるか。「促進される」「抑制される」「変わらない」のいずれかを選んで答えなさい。

第4問　次の文章を読み、以下の問い（問１～４）に答えなさい。

地球上にはさまざまな生態系があり、その中ではさまざまな生物が、互いに関わり合いながら共存している。そのような相互作用の代表例として、【①】―【②】の関係が挙げられる。生態系を構成する生物を【①】―【②】の関係で直線的に繋いだものを【③】という。しかし、実際には１つの【①】者は複数の【②】者を食べ、逆もまた然《しか》りであるため、【③】は複雑に絡まり合った【④】とよばれる関係として存在する。

興味深いことに、【①】―【②】の関係は生態系内の種多様性の増加と減少の両者に貢献している。まず前者については次のような観察結果が知られている。ある海岸では、フジツボ・イガイ・カメノテ・藻類は岩場にはりついて動かずに生活しており、カサガイ・ヒザラガイ・イボニシ（巻貝）・ヒトデは岩場を移動して生活している。ヒトデは、主にフジツボとイガイを、イボニシ（巻貝）は主にフジツボをそれぞれ食べている。また、カサガイとヒザラガイは藻類を食べているが、それ以外の生物は藻類を食べない。ここで人為的にヒトデを除去したところ、イガイが岩場のほとんどを占有してしまうほどにまで増加し、カメノテとイボニシ（巻貝）はわずかに散在するのみとなり、カサガイ・ヒザラガイ・藻類もほとんどいなくなってしまった。この観察結果は次のように解釈できる。ヒトデがいなくなることで［　A　］が爆発的に増加し、それによって［　B　］が生息場所を奪われて減少した。それにともない、［　C　］を食べていた［　D　］やカサガイも［　C　］を求めて他の場所へ移動しこの岩場からいなくなった。つまり、この岩場でのヒトデは［　E　］を食べることで種の多様性を増大させているといえる。ここでのヒトデのように生態系のバランスや多様性を保つのに重要な役割を果たす上位の【①】者を【⑤】という。

一方で、上位の【①】者が種多様性を低下させる例もあり、これは人間の活動によって本来の生息場所から別の場所に移され、そこで定着した生物、すなわち【⑥】が関与するケースで顕著である。たとえば、北米原産の淡水魚オオクチバスは、移入した先で本来生息していたさまざまな水生動物を食べ、これらの数を減少させている。このように、【⑥】の中でも、日本の生態系や人間の生活などに与える影響の大きなものは<u>ア特定【⑥】</u>として指定され、その取り扱いが規制されている。

近年では、【①】―【②】バランスの崩壊や<u>イその他の要因</u>により、生態系のバランスが乱れることが多くなっている。その結果、ある生物の全個体が死に至る【⑦】が危惧される種の数が増加している。このような【⑦】危惧種については、危険度に応じてランクづけされた【⑧】リストが作成され、それらの保護活動がおこなわれている。

問１　文章中の空欄【①】～【⑧】にあてはまる最も適切な語句を答えなさい。

問2　文章中の空欄［　A　］〜［　E　］にあてはまる最も適切な生物名を次の生物名の中から選び、答えなさい。ただし、同じ生物名を繰り返し使ってもよいものとする。

【生物名】

ヒトデ	ヒザラガイ	カサガイ	イガイ
フジツボ	カメノテ	イボニシ（巻貝）	藻類

問3　下線部(ア)について、2022年現在、特定【 ⑥ 】に指定されていないものを次の生物名の中から選び、すべて答えなさい。

【生物名】

ウシガエル	カミツキガメ	ニホンアマガエル
ヒアリ	ジャイアントパンダ	

問4　下線部(イ)について、生態系を脅かす要因の1つとして森林の破壊が挙げられる。森林の破壊がなぜ生態系を脅かすのか、「森林に生息する生物」に関する理由（25字以内）と「二酸化炭素」に関する理由（40字以内）をそれぞれ1つずつ挙げて説明しなさい。なお、括弧内に示した字数制限には句読点が含まれる。

第5問　次の文章を読み、以下の問い（問1〜3）に答えなさい。

脊椎動物では、ほとんどのニューロンが脳と［　I　］に集中しており、まとめて中枢神経系という。これに対して、中枢神経系以外のニューロンは、まとめて［　II　］神経系とよばれる。［　II　］神経系は、体性神経系と自律神経系に分けられる。体性神経系には［　III　］神経や［　IV　］神経が含まれ、自律神経系には交感神経や副交感神経が含まれている。このような神経系は集中神経系とよばれるが、集中神経系を持たない無脊椎動物の中には、散在神経系とよばれる神経系をもっているものがある。

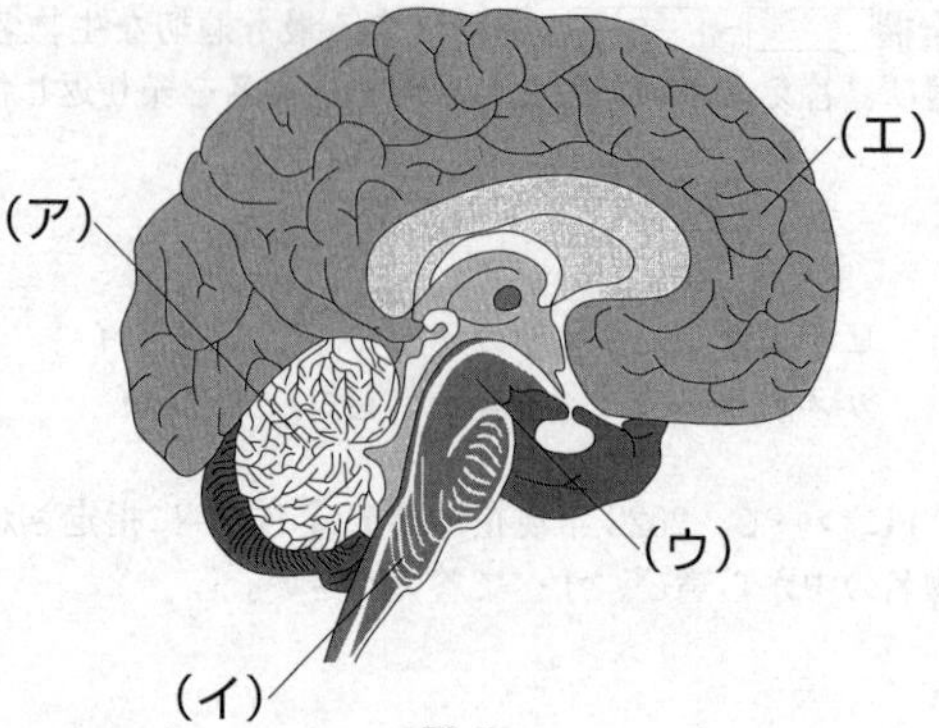

図１

問１　文章中の空欄 Ⅰ ～ Ⅳ にあてはまる最も適切な語句を答えなさい。

問２　図１はヒトの脳の断面図である。次の (1)、(2) に答えなさい。

(1) (ア)～(エ)の名称を答えなさい。

(2) (ア)～(エ)それぞれの部位の働きを、次の (a)～(f) のうちから選び、記号で答えなさい。

(a) 思考、感情、感覚の認知、随意運動等をつかさどる。
(b) 内臓の働き、体温、血糖濃度、摂食、睡眠等を調節する。
(c) 姿勢保持、眼球運動、瞳孔反射等を調節する。
(d) 排尿、排便、膝蓋腱反射の中枢となる。
(e) 筋肉運動を調節し、体の平衡を保つ。
(f) 呼吸運動、血液循環などを調節する。

問３　下線部に関して、次の (1)、(2) に答えなさい。

(1) 散在神経系は神経細胞がどのように分布しているか。句読点を含め20字以内の一文で答えなさい。

(2) 散在神経系を持つ動物はどれか。次のＡ～Ｆの動物のうちあてはまるものをすべて選び、記号で答えなさい。

Ａ　プラナリア　　Ｂ　ヒドラ　　Ｃ　ミミズ
Ｄ　イソギンチャク　　Ｅ　クラゲ　　Ｆ　バッタ

第6問　次の文章を読み、以下の問い（問1～5）に答えなさい。

春から初夏にかけてニホンミツバチが新しい巣を探す途中に群れて木の枝にぶら下がっていることがある。このとき、(ア)女王バチを中心に働きバチたちが集まり、(イ)外敵に襲われたときのようには反応しないので、養蜂家は巣箱に容易に捕獲することができる。またあらかじめ用意しておいた巣箱にこの群れを誘導するためにキンリョウヘンという植物を使うことがある。この花は花蜜を分泌せず、ある種の香り成分により、(ウ)ミツバチを誘引する働きがある。キンリョウヘンに誘引されたミツバチは花にもぐり、[i]を運搬し、他のキンリョウヘンの花を訪れ、[ii]させる。

新しい巣で暮らし始めると早朝から夕方まで働きバチが[i]や花蜜を集める。多くの植物では日中に開花しており、開花している間に花蜜を分泌する。植物には早春から初夏にかけて開花する[A]や、夏から秋にかけて開花する[B]、季節に関わらず成長に伴って開花する[C]がある。たくさんの蜜源をみつけた働きバチは巣に戻ると近場であれば円形ダンスを、遠い場所だと[iii]をおこなう。この[iii]には、腹部を左右に激しく振りながら羽音を立てて直進する尻振り走行が含まれる。(エ)フォン・フリッシュは1940年代にセイヨウミツバチを観察して、この(オ)尻振り走行には、蜜源の方角と距離を示す情報が含まれており、その情報が仲間に伝えられていることを明らかにした。

問1　文章中の空欄[i]～[iii]に入る最も適切な語句を答えなさい。

問2　文章中の空欄[A]～[C]に入る最も適切な語句を、次の語群からそれぞれ1つずつ選び答えなさい。

【語群】
日長植物　　短日植物　　中日植物　　長日植物　　中性植物

問3　下線部（ア）～（ウ）の行動に関わるとされるフェロモンの総称を、それぞれ答えなさい。同じ語を繰り返し答えてもよい。

問4　次の①、②は、下線部（エ）のフォン・フリッシュとともに1973年にノーベル医学生理学賞を受賞したローレンツとティンバーゲンが動物の行動について研究した内容を述べた文である。空欄[α]、[β]に入る最も適切な語句を答えなさい。

① 鳥のヒナが親鳥と同じくらいの大きさで動くものであれば後ろについて歩いていくことを発見し、[α]と名付けた。
② トゲウオの雄は産卵準備ができた雌が近づくと求愛ダンスをするが、腹部が赤い雄や下部を赤く塗っただけの模型に対しては[β]することを発見した。

問5　下線部（オ）について、ある初夏の日の午前中に巣内を観察したところ、1匹のミツバチが図1のように[iii]をおこなっていた。[iii]の直進部分である尻振り走行の回数は15秒あたり3回だった。このとき太陽は巣箱から見て真南から30°東寄りの位置にあった。このときダンスをおこなったミツバチが発見した蜜源の距離と方角を答えなさい。ただし、尻振り走行の15秒あたりの回数は図2のように、巣箱と蜜源の距離によって変化し、巣箱から5kmの距離に蜜源があれば、15秒あたり2回の尻振り走行が含まれる。方角は図3の16方位のいずれか1つを選んで答えなさい。

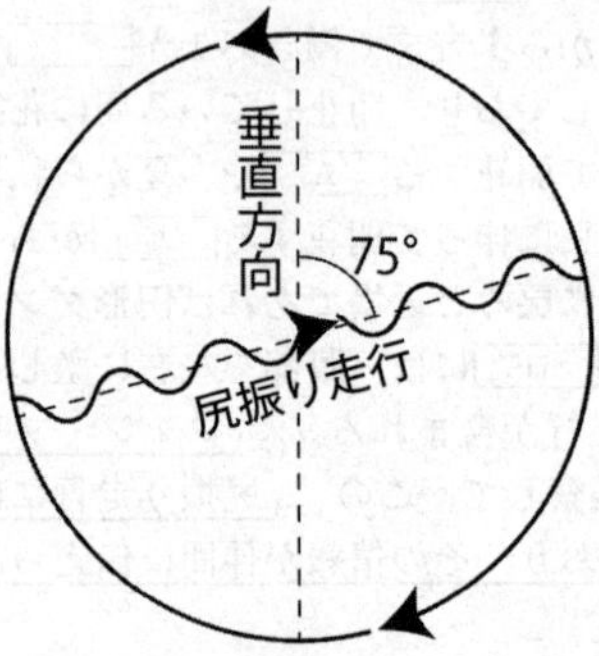

図1

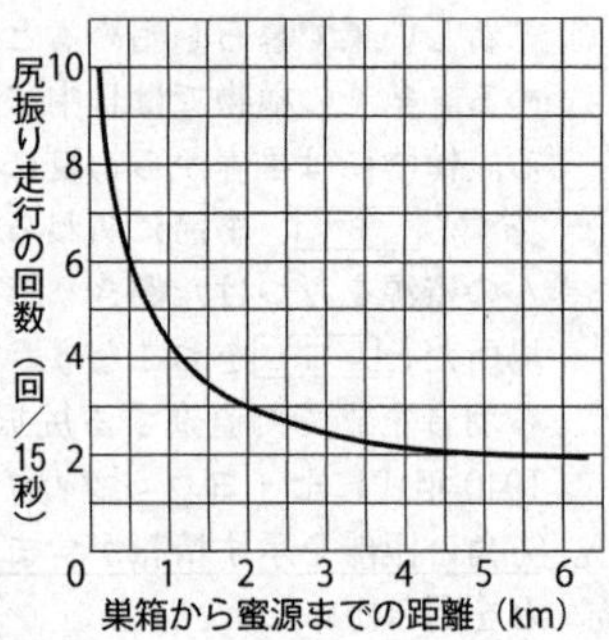

図2

図3

[i]は東京に生まれ、小説家・エッセイストであり、脚本家として第一線で活躍した。主な作品に『[ii]』や『思い出トランプ』『あ・うん』などがある。

① ねじまき鳥クロニクル
② 父の詫び状
③ 砂の女
④ 向田邦子
⑤ 樋口一葉
⑥ 角田光代

【三】次の問1・2の各問いに答えなさい。

問1　次の(1)・(2)の言葉の意味として、最も適当なものをそれぞれ①〜④のうちから一つ選んで、番号で答えなさい。

(1)　啖呵《たんか》を切る。

①　権力をふるって、人を従わせること。
②　年が若くて威勢がよく、血気盛んであること。
③　勢いよくまくしたて、言い負かして勝敗をつけること。
④　胸がすくような、鋭く歯切れのよい口調で話すこと。

(2)　虚を衝《つ》く。

①　相手の弱点をねらって、攻撃すること。
②　奇抜な行動で、注目をひこうとすること。
③　奇妙で、風変わりなこと。
④　無計画で、恐れを知らないこと。

問2　次の空欄［ i ］・［ ii ］に当てはまるものをそれぞれ後の①〜⑥のうちから一つ選んで、番号で答えなさい。

ら一つ選んで、番号で答えなさい。

「近代説話」に発表したものに最後の一編を書加《かきくわ》えたこの[注]四編は、それぞれ長編の一章でもなく、独立した短編でもありません。一台の馬車につけられた数頭の馬が、思い思いの方向に車を引張《ひっぱ》ろうとするように、一人一人が□のつもりでひしめきあい傷つけあううちに、いつの間にか流れが変えられてゆく――そうした歴史というものを描くための一つの試みとして、こんな形をとってみました。

注　四編……『炎環』は四編からなり、源頼朝、阿野全成《あのぜんじょう》、梶原景時、北条時政、阿波局《あわのつぼね》、北条義時らが描かれている。

① 主役
② 英雄
③ 脇役
④ 演者

主戦論→[a]→主戦論→主戦論と慎重論との対立→慎重論への反論→主戦論決定→[b]

① a 主戦論　b 一座の決裂
② a 一座の決裂　b 主戦論
③ a 一座の団結　b 慎重論
④ a 慎重論　b 一座の団結

問8 空欄[オ]に当てはまる最も適当な言葉を次の①～④のうちから一つ選んで、番号で答えなさい。

① 巨人
② 才人
③ 麗人
④ 達人

問9 傍線部G「その確信は次第に並みいる武将の間に拡がって行った」という様子を言い換えている部分を、本文中から四字で抜き出して書きなさい。

問10 次の文章は作者のあとがきである。二重空欄[　]に当てはまる最も適当な言葉を後の①～④のうちか

① 五郎が千騎を率いて上洛した日
② 源家三代のなし得なかった対決を決めた日
③ 九郎義経殿に鎌倉追討の院宣を賜わった日
④ 鎌倉で公暁事件が起こった日

問6　本文中の登場人物である「四郎」の説明として最も適当なものを次の①〜④のうちから一つ選んで、番号で答えなさい。

① 鎌倉幕府の頭脳として歳を重ね、都での経験によって底から盛り上がってくる厳しい力で一座を支える信頼感のある人物。
② 政治的、軍事的に事実を慎重に把握し、諸将が心のどこかでひっかかっていた意見を率直に述べる勇気のある人物。
③ 鋭い視線や無言の肯きで一座の意見を導き、適切な折に最も重要な意見を力強く述べ、冷静な判断力がある人物。
④ 影のように目立たなく行動していたが、一座がはっとするような意見を何者よりも強い響きを以て人々の胸に伝える人物。

問7　傍線部F「評定」の流れの説明として、次の文章の空欄 a ・ b に入る言葉の組み合わせとして、最も適当なものを後の①〜④のうちから一つ選んで、番号で答えなさい。

③　北面、西面、叡山の僧兵と戦うということは、都方の兵力を弱体化させることになるが、今度は鎌倉幕府の速戦力を示す方を優先させる。

④　木曾や平家との戦さに比べて、今度は鎌倉幕府の兵によって都方にある精神的な恐ろしさ、くだらなさを滅ぼすことが何よりも求められている。

問4　傍線部C「一向に」・E「相剋」の本文中の意味として、最も適当なものを次の①〜④のうちからそれぞれ一つ選んで、番号で答えなさい。

C　一向に

①　少しも

②　ひたむきに

③　一方向に

④　対面して

E　相剋

①　物事の相反する要素が、互いに引き合うこと。

②　当事者同士が、相手と直接に向かい合うこと。

③　対立・矛盾するものの間に起こる争いのこと。

④　一方が変化すれば相手方も変化すること。

問5　傍線部D「今日の日」の内容として最も適当なものを次の①〜④のうちから一つ選んで、番号で答えなさい。

問２　傍線部Ａ「重苦しい梅雨の雲が突然切れた昼下り、俄かな熱気の中で油蟬が鳴き始めた以外は、樹々の緑にかこまれた尼御所はひどく静かである」の説明として、最も適当なものを次の①〜④のうちから一つ選んで、番号で答えなさい。

① 無言から始まる場面を提示し、自然の要塞といわれる鎌倉幕府の守りの強固さを前面に打ち出し、北条政子のもとで戦いに備えている。

② 自然の静寂が鎌倉幕府の沈黙につながり、熱気を帯びて抜き出た意見をいう鎌倉幕府の武士が一人いることをたとえている。

③ 深刻な状況で急に鎌倉幕府の武士が集まり、これから意見を交わす熱気、重要問題を前にした静寂を自然描写によって表現している。

④ 自然の静けさが協議の沈黙を「静」として象徴し、聴覚を強調することで鎌倉幕府に駆け付けた武士を「動」として象徴している。

問３　傍線部Ｂ「今度の戦さは兵力の問題ではない」の説明として最も適当なものを次の①〜④のうちから一つ選んで、番号で答えなさい。

① 都方の兵力は千七百、鎌倉幕府の兵力は数万であり、今度出撃すれば鎌倉幕府の勝利は目に見えているため兵力を議論することが必要だ。

② 都方の武士との戦さではあるが、今度は院宣がないため、実質、伝統の権威と戦うことになるという状況を考えなければならない。

理由で将軍として鎌倉に迎えられた。

注11　相模守……北条五郎（北条時房）。泰時の叔父。四郎の弟。ここでは「相州」と呼ばれている。

注12　すぐる……過ぎた。

注13　上洛……京都へ行くこと。

注14　眼窩……眼球の入っているくぼみ。

注15　顴骨……けんこつともいう。頬《ほお》の上部にある骨。

注16　其許……あなた。

注17　木蘭地……赤みのある黄を帯びた茶色の直垂（武士の装束）の布地。

注18　鎧直垂……鎧の下に着る特別な直垂。

注19　譎詐……けっさともいう。いつわり、あざむくこと。

注20　評定……鎌倉幕府の協議。

注21　源家三代……鎌倉幕府の将軍、頼朝・頼家・実朝三代のこと。

問1　空欄［ア］～［エ］に共通して入る言葉として最も適当なものを次の①～④のうちから一つ選んで、番号で答えなさい。

①　よって

②　すなわち

③　だから

④　が

て、何の意味も持たなくなってしまっていた。

　上皇御謀反、と激しく言い切ったその言葉には武家の世を支えて生きる四郎の確信がこめられていた。次の瞬間、Gその確信は次第に並みいる武将の間に拡《ひろ》がって行った。

――そうだ、俺達は、注21源家《げんけ》三代のなし得なかった対決を今敢てしようとしているのだ……。

四郎の言葉に支えられて、一座にうねりはじめた闘志の渦のなかで、善信ひとりは目を閉じている。死の影を漂わせたその頬には、このとき静かな微笑が湛《たた》えられていた。

――永井路子『炎環』――

注1　尼御所……北条政子の邸。

注2　三浦義村……鎌倉幕府の重責を担う御家人。

注3　胤義……三浦胤義。三浦義村の弟。

注4　後鳥羽……後鳥羽上皇のこと。

注5　四郎……北条義時。北条政子の弟。鎌倉幕府第二代執権。

注6　公暁事件……公暁（こうぎょうと読む説がある）は、鎌倉幕府第三代将軍源実朝の甥《おい》。父は鎌倉幕府第二代将軍源頼家。公暁事件とは、公暁が実朝を暗殺したことを指す。このとき公暁は乳母の夫である義村を頼ったが、逆に殺された。

注7　北面、西面……上皇を警護する武士。

注8　太郎泰時……北条泰時。四郎の長男。のちの鎌倉幕府第三代執権。

注9　院宣……上皇の意を受けて発行する文書。

注10　三寅君……九条三寅。将軍源実朝の暗殺後、左大臣九条道家の子の三寅が、源頼朝の遠縁にあたるという

かすれてきた善信の言葉を広元が引きとった。

「それゆえに我々は都を棄《す》てた。我々がこの鎌倉の府に来たとき、すでにD今日の日あるを予想していたと言ってもよい」

一座にむけて広元はきっぱりと言いきった。

京官出身の二人の老人によって主戦論に固まったというのは不思議なことだが、血気に煽《あお》られての決戦でないだけに、かえって底から盛上《もりあが》って来る厳しい力に支えられ、一同の決意はより固いものとなった。

「父上！」

太郎は遂《つい》にこれまで一言も発しなかった四郎をふり仰いだ。

「行って参ります」

四郎の視線は鋭く太郎を射た。無言で深く肯いてみせる彼に、

「直ちに出陣いたします。父上、たとえ謀反の汚名を被《こうむ》りましょうとも——」

言いかけたとき、

「謀反ではない」

はじめて四郎は口を開いた。重く力強い声であった。

「謀反ではないぞ、太郎。上皇こそ御謀反遊ばされたのだ」

注17木蘭地《もくらんじ》の注18鎧直垂《よろいひたたれ》を着た四郎の姿が俄かに大きくなったようだった。注19譎詐《きっさ》も権謀も敢《あえ》て辞せず、苛烈なE相剋《そうこく》の中を生きぬいて来た彼は、この瞬間、生命のすべてを凝結させて立ちはだかる［　オ　］であった。

長い注20F評定《ひょうじょう》の間、結局四郎が口にしたのはこの一言だけだった。すべてを義村、広元、善信等に任せて、言いたいことを言わせている間に、四郎のみを浮き上《あが》らせて追討するという都方の小細工はいつのまにか色あせ

「出撃、これあるのみ。院宣？　それが何と？」

歯のない口をあけて声もたてずに広元は笑った。

「院宣などというものは、勝ったものには後からいくらでも下されるものじゃ。各々方よもやお忘れはあるまい。九郎義経殿に鎌倉追討の院宣を賜わったすぐあと、鎌倉殿の力侮り難しとみるや、直ちに九郎殿追討の院宣を賜わったではないか？」

そこへもう一人の老臣、三善善信《みよしぜんしん》が人に支えられて入って来た。広元とともに草創以来幕府の頭脳となって働いて来た彼も老病の床にあった。善信の衰弱ぶりは広元よりもさらに激しかった。病み衰えて注14眼窩《がんか》はくぼみ注15顴骨《かんこつ》だけがとがり、たるんだ頰には死斑に近いしみが浮出《うきで》ている。

荒い息をしながら座についた彼は、広元の言葉を聞くと、衰えた頰に満足げな笑みをうかべ、太郎をふりむくと、

「総大将は、太郎殿、注16其許《そこもと》でしょうな」

孫を見るようなやさしい瞳でみつめた。まだそこまではきめていない、と太郎が言い出す前に、彼はひとりで肯いて、

「おやりなさい、太郎殿。堂々と出陣なさるがいい。躊躇《ちゅうちょ》は許されませんぞ。出陣はなるべく早くがいい」

いつかその老いた頰からは笑いは消えていた。善信はまっすぐ太郎をみつめると力をこめて言った。

「私は戦さのことは何も知りません。が、太郎殿、あなたお一人でも先《ま》ず出陣なさるべきです。大将軍が御出陣とあれば東国《とうごく》の侍は自然とついてゆくはずだ」

それから善信はゆっくりと一座を眺め渡した。

「年寄りの、戦さも知らぬ者たちが、とお思いかも知れませんな。が、失礼ながら私達は其許たちより都というものを知っている。都の恐ろしさも、くだらなさも……」

「そうだそうだ。いずれはっきりした形をつけねばすまぬ相手だ」

「［エ］、今は[注10]三寅君《みとらぎみ》も御幼少。もう少し武家の府を固めてからでは……」

「いや相手が挑んで来た今こそ好機」

このとき、隅の方でかすかなしわぶきがした。素枯《すが》れた体《てい》で影のようにうずくまっていた大江広元である。

「[注11]相模守《さがみのかみ》、北条五郎どの……」

彼はしわがれた声で五郎を呼んだ。

「さっきからC一向に何も仰せられぬが……」

言われて人々は五郎がこれまで一度も意見を述べていないのに気がついた。

「私ですか……」

微笑を泛《うか》べて五郎が初めて口を開いたとき、声の方に広元は目をむけた。

「左様《さよう》、相州《そうしゅう》の御意見が承りたい。いや、いま意見を申し述べる資格がおありなのは相州殿を措《お》いてないと思うが……」

沈黙の中に広元の声が続いた。

「[注12]すぐる承久元年、相州は千騎を率いて[注13]上洛《じょうらく》なされた。そのとき、今度の合戦は始まったと私は思っている。な、そうではござらぬか」

一座ははっとしたようである。

「相州はみごとそれを切抜《きりぬ》けられた。形はどうあれ、私は相州が勝ったのだと思っている。されば、なんでこの期に及んで論議の余地があろう」

息遣いも苦しげな切れ切れの声が、このとき、何者よりも力強い響きを以《もっ》て人々の胸に伝わって来た。

「多寡《たか》が千七百。何ほどの事があろう。直ちに出撃すればひとたまりもあるまい」

足利義氏や秋田景盛がこれに同調した。

「木曾《きそ》や平家に比べれば物の数ではない」

「こちらは、いざと言えば数万の軍兵がたちどころに集まりましょう」

四郎は無言で眼を光らせ、そのひとつひとつに強く肯きかえす。

「［ア］……しかし」

若い[注8]太郎泰時は意外に慎重だった。

「今度の戦いは今までと違うということです。これまで我々は[注9]院宣《いんぜん》を奉じて木曾、平家と戦って来ました。［イ］今度は院宣を下すそのひととの戦いです。今、本当にここで踏みきってよいものかどうか……」

彼が言葉を切ったとき、一座は沈黙した。たしかにそのことは、ここに集まった諸将の心のどこかにひっかかっていたことだった。B<u>今度の戦さは兵力の問題ではない</u>。それだけに限っていえば、こんな容易な戦いはあるまい。［ウ］、今度の戦いの相手は、実は、一掴《つか》みの北面の侍ではなく、その背後にある公家政権――伝統の権威なのだ。この戦いに踏みきることは歴史への挑戦でもある……。

彼等《かれら》はこの事実を率直に投出《なげだ》した泰時を勇気ある武士だと思った。それを四郎がどう受止《うけと》めるか……ひそかに彼等は四郎の顔を窺《うかが》った。が、四郎は眉ひとつ動かさない。むしろ彼等の反応をあますところなく吸いとろうとしているような鋭い視線に遭って、彼等はどぎまぎして目を逸《そ》らした。

ややあって、その沈黙を焦立《いらだ》たしげに破る声があった。

「かといって、このまま手をこまねいていてよいものか」

秋田景盛である。それをきっかけにふただび議論が沸騰した。

クによって文化的な距離の感覚は更新されました。新しい距離の感覚は、これからの都市文化や建築様式などにも影響を及ぼすと考えられます。

⑤　生徒E――説明を読んで、『かくれた次元』の口絵の写真は、当時の人々の距離の感覚を伝えていると思いました。私たちが日本社会で感じている距離の感覚とは違いがあるかもしれません。実際に『かくれた次元』を読んでみたいと思いました。

【二】次の文章は、永井路子《ながいみちこ》『炎環《えんかん》』の一節で、鎌倉時代がテーマの歴史小説である。これを読んで、後の問いに答えなさい。なお、設問の関係上、文章の一部を改めている。

A 重苦しい梅雨の雲が突然切れた昼下《ひるさが》り、俄《にわ》かな熱気の中で油蟬《あぶらぜみ》が鳴き始めた以外は、樹々の緑にかこまれた[注1]尼御所はひどく静かである。緊張しきった顔が並んだ所へ、一足遅れて[注2]三浦義村《みうらよしむら》がやって来た。彼は坐《すわ》るなり、無言で一通の書状を差出《さしだ》した。在京中の弟、[注3]胤義《たねよし》が、[注4]後鳥羽の誘いに乗せられて[注5]四郎追討をすすめて来た密書である。

四郎は無言でそれを受け取って開いた。尼御所は更に静かになったようだ。

四郎が書状から目をあげたとき、義村はかすかに肯《うなず》いてみせた。ほんの一瞬のことではあったが、このとき、義村は[注6]公暁《くぎょう》事件《じけん》のすべての負い目を返したのである。

人々はそのまま協議に移った。都方の兵力は千七百、[注7]北面、西面に叡山《えいざん》の僧兵などを加えたものであろう。まず出撃を主張したのは三浦義村である。

人間がつくり出した都市文化では、［Ⅰ　二十字以上二十五字以内］距離が決定される「間合い」が存在する。その距離に注目する観察と理論が「プロクセミックス」である。

プロクセミックスの実践としてホールらは、その「距離」を写真によって記録した。そのため、被写体だけでなく、［Ⅱ　二十字以上二十五字以内］も写真から読み取れることになり、写真を見る人にメッセージを伝える理論となっている。

問10　次に示すのは、本文を読んだ後に、五人の生徒が授業で意見を発表した場面である。本文の趣旨とは**異なる発言**を、次の①～⑤のうちから一つ選んで、番号で答えなさい。

①　生徒A――親しさの違いによって、人と人との距離の取り方が変化することは経験的によくわかります。あまり親しくない人が接触する距離まで近づくと不安になりますし、反対に仲の良い友達ならば接触する距離まで近づいてきても全然気になりません。

②　生徒B――「セイウチの群れ」は接触性の動物の代表とされていました。寒冷地において危険を回避するために接触した群れで行動するのではないでしょうか。人間も同じように、気候の違う場所ではお互いの距離の取り方に違いが出てくると思いました。

③　生徒C――マスクを付けているときと付けていないときの距離感の違いをよく感じています。審判に詰め寄る野球監督もマスクを付けることが習慣化されたように、コミュニケーションの方法も時代や文化によって変化することに気がつきました。

④　生徒D――「パンデミック以前の写真を見るとき」の印象の違いがとても興味深かったです。パンデミッ

保っている。人間も同様に、バス停では皆が経験的に身につけている前後に声が聞こえる程度の距離を基準として並ぶようになっている。

問8　傍線部F「もしそこに使用したレンズのデータが記載されていたら、と思う。」とあるが、レンズのデータが記載されていた場合、どのようなことが考えられるか。その例として**誤っているもの**を次の①～④のうちから一つ選んで、番号で答えなさい。

① 実際に撮影された時と同じ環境で、同じように写真を撮影して再現することができる。
② 実際に「密接距離」、「個体距離」、「社会距離」それぞれの距離感覚をつかむことができる。
③ 距離を変えずに画角を変えるだけで異なる写真を撮ることができるのか検証することができる。
④ 撮影者が実際に被写体とどのくらいの距離をとって撮影していたのかを知ることができる。

問9　次の文章は、本文を踏まえて、「プロクセミックス」についてまとめたものである。(1)・(2)の各問いに答えなさい。

(1) 空欄［　Ｉ　］に当てはまる内容を本文中から二十字以上二十五字以内で、抜き出して書きなさい。
(2) 空欄［　Ⅱ　］に当てはまる内容を本文を踏まえて二十字以上二十五字以内で、考えて書きなさい。

近接した空間における人間どうしの距離の取り方は、世界中に普及した「ソーシャル・ディスタンス」のように、一定の距離に定められたものではない。

D　面食らう顔

①　思いがけないことにあわてて驚いた表情。
②　美しい写真を見てほれぼれとした表情。
③　不安になってゆがめられた渋い表情。
④　その意味を理解したかのような得意気な表情。

問7　傍線部E「流木の上に等間隔に並んだ鳥と、一列になってバス停を待つ人の姿は、どちらもパーソナルな距離の、自然な発露なのである。」とはどのようなことか。その説明として最も適当なものを次の①～④のうちから一つ選んで、番号で答えなさい。

①　鳥は社会性を持つ動物なので、接触する距離まで近づかないように仲間同士で譲り合いをする習性がある。人間も同様に、バス停に並ぶ時のように公共性の高い行動では、皆が共通した一定の距離を保つことを習慣として身につけている。
②　鳥にとってのパーソナルな距離は、相手にぶつからず羽を広げて飛び立つことができる距離である。人間も同様に、バス停に並ぶ時のように見ず知らずの人と関わる場合は、手を広げてぶつからない程度の距離を経験的に保つようになっている。
③　鳥はお互いの動きを邪魔しないために、パーソナルな距離の取り方を自然に身につけている。人間も同様に、他人との距離の取り方を経験から身につけており、バス停に並ぶ行動では皆がほぼ共通の距離を保つようになっている。
④　鳥は鳴き声によってコミュニケーションを取る動物であるため、声の大きさを基準として一定の距離を

親密な空間を形成する距離である。

② 個体距離——五〇センチから一、二メートル程度の距離。パーソナルな空間を感じる距離であり、この範囲の接触は、個人的な話題が交わされる関係となる。

③ 社会距離——一・五メートルから三・六メートル程度の距離。手を伸ばしても相手に届かない程度の距離で、世界中に普及した「ソーシャル・ディスタンス」と共通した距離である。

④ 公衆距離——「社会距離」以上に離れた距離。親密なコミュニケーションは取りにくく、大きめの声で話さなければならないが、多くの人が集まると「密」状態が生まれる。

問5　空欄［エ］・［オ］に当てはまる二字の言葉を、それぞれ本文中から抜き出して書きなさい。

問6　傍線部C「うってつけ」・D「面食らう顔」の本文中の意味として、最も適当なものをそれぞれ①〜④のうちから一つ選んで、番号で答えなさい。

C　うってつけ

① なくてはならないこと。
② 似つかわしくないこと。
③ ぴったり合っていること。
④ 新しく洗練されていること。

問2　空欄［ア］～［ウ］に当てはまる言葉の組み合わせとして、最も適当なものを次の①～④のうちから一つ選んで、番号で答えなさい。

①　ア　しかし　　イ　もしくは　　ウ　そのうえ
②　ア　それでも　　イ　あるいは　　ウ　まさに
③　ア　たとえば　　イ　または　　ウ　しかし
④　ア　むしろ　　イ　たとえば　　ウ　つまり

問3　傍線部A「隠されている次元」とはどのようなことか。その説明として最も適当なものを次の①～④のうちから一つ選んで、番号で答えなさい。

①　人間と人間の間に存在するふだんは意識されない文化的な一定の距離。
②　人間と人間の間に設けられたウイルスの感染を防ぐための一定の距離。
③　人間と人間の間に存在する心理的な不安を与えないための一定の距離。
④　人間と人間の間に設けられた声の大きさを基準としている一定の距離。

問4　傍線部B「『密接距離』、『個体距離』、『社会距離』、『公衆距離』という四つ」について、それぞれの距離の説明として**誤っているもの**を次の①～④のうちから一つ選んで、番号で答えなさい。

①　密接距離――皮膚が接触する「距離ゼロ」から、数十センチ程の距離。視覚よりも触覚や臭覚が働き、

たのではないだろうか。一歩も動かずに、被写体との距離を変えずに、すべての画像を得ることは可能である。ズームレンズでもよいが、少なくとも画角[注3]を変える必要はあっただろう。

作品として撮影されたわけではないし、まして写真集でもないのだが、Fもしそこに使用したレンズのデータが記載されていたら、と思う。そう思って見返してみると『かくれた次元』は、写真にとって基礎的な事柄を語っているようにも読める。ヨーロッパの都市の広場、カフェのテーブルや椅子、広場で演説を聴く群衆といったカットを見ると、クオリティはさておき、主題としてはどれもが写真の歴史のなかに置かれていてもおかしくない絵柄なのだ。エドワード・ホールは意図せずして、写真と社会を考えるための基盤の部分を、「距離の理論」で語っているように見えてくる。

――港千尋『写真論――距離・他者・歴史』――

注1　キャプション……図版や写真についての説明のために付け加えられた文字情報のこと。

注2　小学生の発言……この文章の前に、テレビのニュースで小学生が「ソーシャル・ディスタンス」について発言し、小学生にも定着する言葉になったことに驚きを覚えたという記述がある。

注3　画角……カメラ・写真の用語で、写真に写る範囲の広さのこと。レンズの焦点距離が短ければ短いほど画角は広くなり、焦点距離が長ければ長いほど画角は狭くなる。

問1　傍線部①～⑤については、漢字は読みをひらがなで書き、傍線部(a)～(e)については、カタカナを漢字（楷書で書くこと）で書きなさい。

正直に言うと、わたしは『かくれた次元』に口絵があり、こういった写真が収録されていたことを、まったく覚えていなかった。ソーシャル・ディスタンスに気をつけたいという[注2]小学生の発言を聞いて、ようやくこれらの写真を見直し、驚いたのだ。誰もマスクをしていないし密な場面も少なくないという、時代錯誤《アナクロニック》な感想を抱いてしまったのである。でもそれがパンデミックで起きたことではないだろうか。パンデミック以前の写真を見るとき、そこに写し込まれている人びとの様子を、わたしたちはその時代とは異なる視点から見ることになってしまっているのである。

その次がいよいよ「社会距離」である。オフィスで立ち話をしている二人と、会議室のような部屋で椅子にかけて話をしている三人の写真で、キャプションには「個人的でないビジネスは、一般に社会距離（social distance）で行われる」とある。ホールらの観察によれば、「社会距離」は当の人たちの関わり合いの度合いによって変化するが、毎日一緒に仕事をしている場合には、どちらかというと短い距離を保つようになる。世界中に普及した「ソーシャル・ディスタンス」は、およそこの距離である。

これらの写真が誰によって撮られたのかは、残念ながらクレジットがないのでわからない。ホール自身か研究を共にした同僚や学生かもしれない。それらのなかでわたしがいちばん興味を惹《ひ》かれるのは、同一人物を撮った三枚のカットである。室内でこちらを向いて立っている男性の写真で、キャプションを要約するとそれぞれ「密接距離」、「個体距離」、「社会距離」で撮影した例である。男性の左目のアップの写真では、瞳に反射する室内の影がわかる。「個体距離」は上半身、「社会距離」では足元も含めた全身像になる。

写真の説明はそのとおりで不自然なところはないのだが、どんな風に撮られたのかを考えると、微妙な問題が浮かび上がる。三枚の写真は、実際に被写体から少しずつ遠ざかりながら（あるいは近寄りながら）撮影したのかもしれないが、当時のカメラでは単一の焦点距離で「社会距離」と「密接距離」の両方を撮影するのは難しかっホールらが会話の際の声の大きさや抑揚などに注意しながら、親密な距離からパブリックな距離にいたる分類を行ったことはすでに述べたとおりだが、おそらくレコーダーよりも活躍したのはカメラである。『かくれた次元』には口絵として二六枚の写真が掲載されている。本文との関係はもちろんだが、カメラは社会的距離の概念を理解するのに、Cうってつけのメディアだと納得する。まずそのセレクションが実に面白い。

最初はアラスカ州の沿岸に集まったセイウチの群れ、二枚めは公園の池を泳ぐ二羽の白鳥なのだ。④扉をめくった読者のD面食らう顔を想像しながら選んだのだろうか。三枚めは流木の上に止まっている一群の鳥。同じページに印刷された四枚めで、やっと人間が現れる。写真の[注1]キャプションでは、セイウチの群れは接触性、泳ぐスワンは非接触性の動物の代表として出てくる。流木に止まった鳥はきれいに等間隔に並んでいる。というのも『かくれた次元』でホールらが参照した先行研究は動物行動学であり、特に一九三〇年代に野生の動物と動物園の動物を比較研究した、スイスのハイニ・ヘディガーの仕事に、多くを負っている。E流木の上に等間隔に並んだ鳥と、一列になってバス停を待つ人の姿は、どちらもパーソナルな距離の、自然な発露なのである。

パーソナルな距離の例として、会話をしている人間の写真もある。ひとつはベースボールの試合中に審判に詰め寄り、鼻と鼻をつきあわせんばかりの監督である。怒鳴り声が聞こえてきそうな写真。もう一枚は立ち話をしている三人を頭上から撮ったもので、フォーマルな格好から劇場のロビーでの⑤挨拶の場面を感じさせる。パーソナルな距離にも遠近があることがよくわかる。写真のセレクションは見事で、現在でも似たような光景は日常的に見られるだろう。

審判に食ってかかる野球監督の姿は、コロナウイルス蔓延《まんえん》中に無観客で開催された大リーグでも見られた。もちろん両者ともに、マスクをしていた。劇場のロビーでも同様の挨拶は交わされた。だがみなマスクを付けている。停留所でバスを待つ人は、少なくとも東京ではこのくらいの距離は保っている……。

は五〇センチから一、二メートル程度で、わたしたちがふだんパーソナルな空間と感じている範囲である。オフィスや学校なら自分の机の周りで、手を伸ばせばだいたい触れることができる。最初のカテゴリーでは、家族や恋人同士、親しい友人といった関係が多く、個体距離ではより個人的な関係や話題が交わされる。コロナウイルス流行下で「密」とされたのは、まずこれらの範囲だろう。

これに対し「社会距離」と「公衆距離」は、文字どおり社会の領域をつくりだす。スケール上ではおよそ一・五メートルから三・六メートルが社会的距離となるが、[ウ]これが新型コロナウイルスの流行で世界中で採用されている「ソーシャル・ディスタンス」にあたる。ふつうの声で会話をすることは可能だが、このくらい離れると、通常は相手の体温や体臭を感じることはなくなる。ホールの分類では、それぞれの距離のカテゴリーのなかに、やや近いほう（近接相）とやや遠いほう（遠方相）があるのだが、たとえばウイルスの「飛沫《ひまつ》感染」を(d)フセぐには、「社会距離」の遠方相を取らねばならないことになる。興味深いことにホールは、「社会距離」の遠方相の特徴は、「人間を互いに隔離し、かつ②遮蔽すること」だと書いている。

この範囲を超えた距離が、四番目のカテゴリーである「公衆距離」＝パブリックである。文字どおりそれは公的な空間における人間同士の距離ということになり、ふだんよりも大きめの声で話さなければ聞こえない。それより離れると拡声器やマイクの登場ということになる。パブリック空間では声だけでなく[エ]的にも限界を超える。この距離では顔の表情の変化や(e)ミブりも明瞭ではなくなるので、コミュニケーションは③誇張や増幅を必要とする。それは話す内容にも影響し、声のテンポや文体も変化する。「密接距離」ではささやき声が、パーソナルな空間や「社会距離」では会話や議論が主だったとすれば、公衆距離ではお喋《しゃべ》りではなく、アナウンスや[オ]になるわけである。

（中略）

そのカクシン(c)にあるのが「距離」に注目する観察と理論である。幅の広い領域を横断しながら理論化してゆくために、ホールは新しい用語として自らの学説を「プロクセミックス」と呼んだ。プロクセミティ＝近接性を元にしているから、日本語では「近接学」、［イ］「空間近接学」と理解することもできる。人間は近接した空間において、他人とさまざまな距離を取る。その距離の取り方それ自体がコミュニケーションであり、それはお互いが属している文化や親密さの度合いによって変化する。日常的には「間合い」としての距離を対象にしているから、「間合い学」と呼んでもいいかもしれない。人間がつくりだした都市文化は、自然環境とは異なる新しい次元であり、プロクセミックスはその一部だというのがホールの基本的な認識である。自然界から出現した人間は少しずつ文化的な次元を生み出しながら、今度はその文化的次元によってつくられてゆく。人間と環境とが互いに互いの型を取りあうように変化しながら、人間がどのような動物になってゆくのか。プロクセミックスはそれを考える視座でもある。

さて、ホールが人間と人間との近接性を研究したいと思い始めた五〇年代には、まだ人間が何によって距離を区別しているのかを知るための、明確な基準はなかった。そこで彼が最初に手がかりとしたのは、声の大きさであった。わたしたちはふつう、①隣にいる人には小さな声で、遠くの人には大声で話しかける。彼は言語学者と共同で、二人のあいだでどのくらいの距離になったときに声が変化するかを観察した。その後、今度は都市空間のなかで同じような観察を行った結果、人間同士の距離をある程度一般化した型に分類できるのではないかと考えた。近いほうからB「密接距離」、「個体距離」、「社会距離」、「公衆距離」という四つで、それぞれに目安となるスケールを当てはめている。

「密接距離」は皮膚が接触する「距離ゼロ」から、数十センチ程度の親密な空間を形成する。そこでは視覚が働くには近すぎて、触覚や臭覚（これをホールは近接感覚と呼ぶ）のほうが働く。「個体距離」はスケール上で

国語

（六〇分）

【一】次の文章は、港《みなと》千尋《ちひろ》『写真論――距離・他者・歴史』の一節である。これを読んで、後の問いに答えなさい。なお、設問の関係上、文章の一部を改めている。

ソーシャル・ディスタンス――この言葉は、アメリカの文化人類学者エドワード・ホールが書いた『かくれた次元』という本に出てくる。一九七〇年に刊行された(a)ホウヤクは現在も版を重ねるロングセラーで、わたしがはじめて手にした七〇年代後半にも、新入生が読むべき図書のリストに入っていておかしくないほど、影響力があった。この半世紀のあいだに、都市も社会も激変したはずだが、［　ア　］この本は文化人類学の古典として読まれている。今日の社会常識からみれば批判されるべき点を含みながらも、ホールが考えたような、A「隠されている次元」の問いが、いまも有効だからに違いない。

『かくれた次元』は生物である人間が、自らつくりあげた環境――特に現代都市と建築において、いかに空間を利用しながらコミュニケーションを行っているかという視点から書かれている。タイトルが表すように人間の行動には、ふだんは意識されない次元で(b)キテイされている部分があり、それが文化の構造を支えていることが、著者自身の経験や観察、そして生物学、生態学から建築や庭園の設計論におよぶ、豊富な事例とともに示される。

解答編

英語

1　解答　問1．エ　問2．ア　問3．エ　問4．ウ　問5．イ
問6．イ　問7．ウ　問8．ア　問9．エ　問10．イ

2　解答　問1．イ　問2．エ　問3．ア　問4．エ　問5．ウ
問6．イ　問7．エ　問8．ア　問9．ウ　問10．ア

3　解答　問1．ア　問2．2番目：オ　5番目：イ　問3．エ
問4．イ　問5．エ　問6．ウ　問7．エ

4　解答　≪スマートフォンの普及について≫

問1．①―エ　②―ウ　③―イ　④―エ
問2．⑤―ア　⑥―イ　⑦―ウ

5　解答　≪性差別的スポーツ報道に終止符を！≫

問1．イ　問2．イ　問3．エ　問4．2番目：オ　4番目：イ
問5．ウ

化学

1 解答 ≪洗剤の性質≫

問 1．(c)・(e)

問 2．ア．セッケン　イ．けん化　ウ．界面活性剤　エ．親水性

ウ．疎水性　カ．ミセル

問 3．0.240〔g〕

問 4．硬水中に含まれる Ca^{2+} や Mg^{2+} などがセッケン分子と不溶性塩を形成するから。

問 5．強酸と強塩基の塩であり，塩の加水分解が起こらないため，水溶液は中性を示すから。

2 解答 ≪化学の基本法則≫

問 1．①―(b)　②―(d)　③―(f)　④―(c)

問 2．①―(k)　②―(h)　③―(g)　④―(j)

3 解答 ≪メタンの燃焼と量的関係≫

問 1．$CH_4 + 2O_2 \longrightarrow CO_2 + 2H_2O$

問 2．1.6〔g〕

問 3．0.50〔mol〕

問 4．6.7〔L〕

4 解答 ≪金属イオンの推定≫

問 1．ア．Ag^+　イ．Cu^{2+}　ウ．Pb^{2+}　エ．Zn^{2+}　オ．Fe^{2+}

問 2．ZnS

問 3．ア．$[Ag(NH_3)_2]^+$　イ．$[Cu(NH_3)_4]^{2+}$　エ．$[Zn(NH_3)_4]^{2+}$

問４．$Pb(OH)_2$

問５．Ag_2O

5　解答　≪中和滴定≫

問１．ア．メスフラスコ　イ．ビュレット　ウ．ホールピペット

問２．5.00×10^{-2}〔mol/L〕

問３．10.2〔mL〕

問４．9.8×10^{-2}〔mol/L〕

問５．中和点の水溶液は塩基性となり，メチルオレンジでは中和前に変色するから。

6　解答　≪窒素を含む芳香族化合物の性質≫

問１．芳香族

問２．(c)

問３．（化合物 A）名称：アニリン

構造式：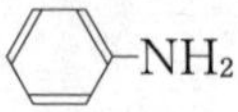

（化合物 B）名称：アセトアニリド

構造式：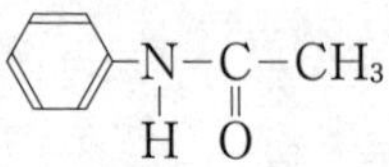

問４．ａ．$2C_6H_5NO_2 + 3Sn + 14HCl \longrightarrow 2C_6H_5NH_3Cl + 3SnCl_4 + 4H_2O$

ｂ．$C_6H_5NH_3Cl + NaOH \longrightarrow C_6H_5NH_2 + NaCl + H_2O$

ｃ．$C_6H_5NH_2 + (CH_3CO)_2O \longrightarrow C_6H_5NHCOCH_3 + CH_3COOH$

問５．ウ．アセチル化　エ．アミド

生物

1　解答　≪光合成，細胞，消化≫

問1．A．光合成　B．葉緑体　C．二酸化炭素　D．水　E．酸素　F．ATP（アデノシン三リン酸）　G．唾液　H．胃液

問2．Ⅰ．アミラーゼ　Ⅱ．リパーゼ

問3．アブシシン酸

問4．触媒作用

問5．塩基対数：6千万塩基対　遺伝子数：9200個

2　解答　≪体細胞分裂≫

問1．①母　②娘　③G_1　④S　⑤G_2　⑥M　⑦間

問2．凝縮した染色体が，細胞の赤道面上に並ぶ。(25字以内)

問3．(Ⅰ)2時間

(Ⅱ)ⅰ．6　ⅱ．64　ⅲ．1×10^8　ⅳ．0.5

問4．(Ⅰ)$y=2x$

(Ⅱ)DNA合成期の細胞：領域Ⅱ　分裂期の細胞：領域Ⅲ

問5．

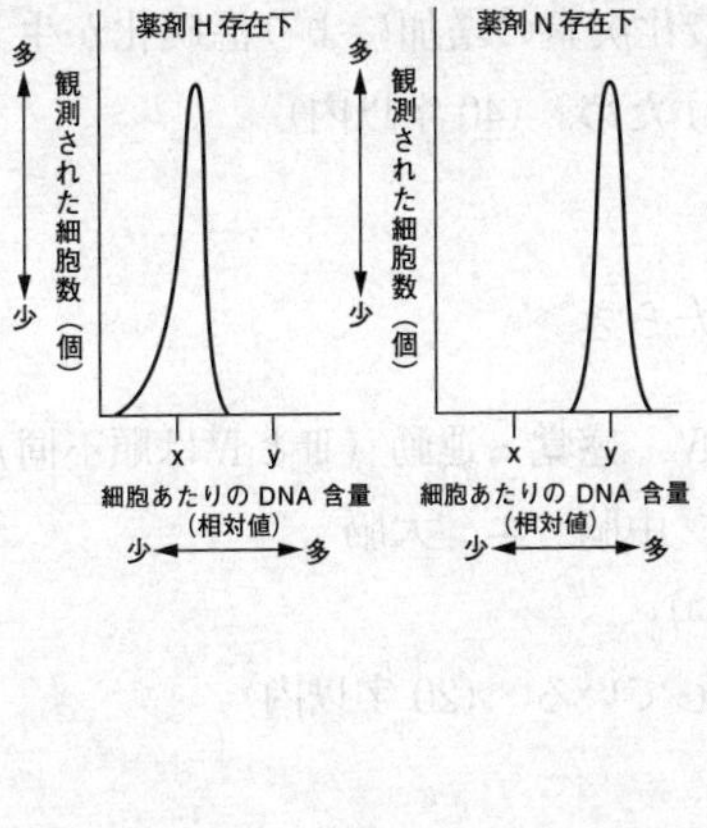

3　解答　≪内分泌腺とホルモン≫

問１．①恒常性（ホメオスタシス）　②内分泌腺　③チロキシン　④促進
⑤標的（体）　⑥バソプレシン　⑦集合管　⑧再吸収　⑨減少

問２．フィードバック

問３．（脳下垂体前葉では，）視床下部の神経分泌細胞から前葉の手前の毛細血管にホルモンが分泌され，これがホルモン分泌を調整する。(60字以内)

（脳下垂体後葉では，）視床下部から後葉内の毛細血管まで神経分泌細胞が伸びており，後葉内の血液中にホルモンが直接分泌される。(60字以内)

問４．⑴甲状腺刺激ホルモン受容体
⑵抑制される

4　解答　≪食物連鎖，生態系≫

問１．①捕食　②被食　③食物連鎖　④食物網　⑤キーストーン種
⑥外来生物　⑦絶滅　⑧レッド

問２．A．イガイ　B．藻類　C．藻類　D．ヒザラガイ　E．イガイ

問３．ニホンアマガエル，ジャイアントパンダ

問４．「森林に生息する生物」に関する理由：森林に生息する生物の数や種類が減少するため。(25字以内)

「二酸化炭素」に関する理由：二酸化炭素の増加により温暖化が生じ，様々な生物の生活環境に影響を及ぼすため。(40字以内)

5　解答　≪脳の構造とはたらき≫

問１．Ⅰ．脊髄　Ⅱ．末梢　Ⅲ・Ⅳ．感覚・運動（ⅢとⅣは順不同）

問２．⑴ア．小脳　イ．延髄　ウ．中脳　エ．大脳
⑵ア―(e)　イ―(f)　ウ―(c)　エ―(a)

問３．⑴神経細胞が網目状に分布している。(20字以内)
⑵B・D・E

6　解答　≪動物の行動≫

問1．ⅰ．花粉　ⅱ．受粉　ⅲ．8の字ダンス

問2．A．長日植物　B．短日植物　C．中性植物

問3．(ア)集合フェロモン　(イ)警報フェロモン　(ウ)集合フェロモン

問4．α．刷込み（インプリンティング）　β．攻撃

問5．距離：2km　方角：南西

二

出典　永井路子『炎環』〈覇樹〉（文春文庫）

解答

問1　④

問2　③

問3　②

問4　C―①　E―③

問5　②

問6　③

問7　④

問8　①

問9　闘志の渦

問10　①

三

解答

問1　(1)―④　(2)―①

問2　i―④　ii―②

国語

一

出典　港千尋『写真論―距離・他者・歴史』〈第一章　社会的距離の起源について〉（中公選書）

解答

問1　①となり　②しゃへい　③こちょう　④とびら　⑤あいさつ
(a)邦訳　(b)規定　(c)核心　(d)防　(e)身振

問2　②

問3　①

問4　④

問5　エ―視覚　オ―演説

問6　C―③　D―①

問7　③

問8　②

問9　(1)お互いが属している文化や親密さの度合いによって
(2)社会的距離の概念や写真と社会を考えるための基盤（二十字以上二十五字以内）

問10　②

· memo ·

//////////////////// · memo · ////////////////////

/////////////////////// · memo · ///////////////////////

2022年度

問題と解答

■一般選抜（特待生チャレンジ）

問題編

▶試験科目・配点

学部・学科		教 科	科 目	配 点
家政	家政保健	外国語	コミュニケーション英語Ⅰ・Ⅱ，英語表現Ⅰ	100 点
		国 語	国語総合（古文・漢文を除く）	100 点
	管理栄養	外国語	コミュニケーション英語Ⅰ・Ⅱ，英語表現Ⅰ	3 教科受験 2 教科判定※③ （各 100 点）
		国 語	国語総合（古文・漢文を除く）	
		理 科	「化学基礎・化学※①」，「生物基礎・生物※②」から 1 科目選択	
児 童		外国語	コミュニケーション英語Ⅰ・Ⅱ，英語表現Ⅰ	100 点
		国 語	国語総合（古文・漢文を除く）	100 点
教 育		外国語	コミュニケーション英語Ⅰ・Ⅱ，英語表現Ⅰ	100 点
		国 語	国語総合（古文・漢文を除く）	100 点
短 大		国 語	国語総合（古文・漢文を除く）	100 点

▶備 考

調査書および上記の学力試験により選考される。

※①：「化学基礎・化学」の出題範囲は，「無機物質の性質と利用・有機化合物の性質と利用」

※②：「生物基礎・生物」の出題範囲は，「生物の生殖と発生・生物の環境応答」

※③：各教科を偏差値化して外国語と国語の高い教科の偏差値と理科の偏差値の合計で判定する。

英語

（60 分）

第1問 次の各文のカッコ内に入る最も適切な英語をア～エの中から選び、その記号を書きなさい。

問 1 She ( ) have been sick in bed yesterday, for I saw her exercise in the gym.
ア. must イ. should ウ. may エ. cannot

問 2 The weather forecasters disagreed about ( ) this summer's weather will be.
ア. which イ. how ウ. why エ. that

問 3 My brother and I are very busy, but ( ) of us has to clean the room by tomorrow morning.
ア. either イ. some ウ. all エ. both

問 4 ( ) the new garden, Paul was surprised how beautiful the flowers were.
ア. To enter イ. To have entered ウ. Entering エ. Entered

問 5 Our team lost to them last week because we ( ) enough.
ア. don't practice イ. have practiced
ウ. hadn't practiced エ. have been practiced

問 6 The fog was so ( ) that the truck driver missed the highway exit.
ア. thick イ. high ウ. wide エ. weak

問 7 Even after a long discussion, the two companies were not able to ( ) a compromise on the construction project.
ア. create イ. gain ウ. hold エ. reach

問 8 We would like to have your response to the invitation to our party by June 15. ( ) please feel free to contact me if you have any question.
ア. At the least イ. In the mean time
ウ. On the other hand エ. On the contrary

問 9 The advertising company ( ) in order to find the reasons for the drop in sales.
ア. recorded the highest income in this year
イ. extended the time for job interviews

ウ. decided to conduct a survey
エ. had a history of over one hundred years

問10 A laptop computer may be used in the lunchroom, but ( ).
ア. it should be stored in your bag when not in use
イ. please inquire at the counter if you don't want to bring in one
ウ. thank you for understanding your inconvenience in advance
エ. you don't have to register as a member on our website

第2問　次のカッコ①〜⑩に入る最も適切な英語をア〜エの中から選び、その記号を書きなさい。

In a restaurant in Boston

Waiter: Are you ready to order?
Saya: (①). What is 'New England Clam Chowder'?
Waiter: It is a local dish here in Boston. It's a soup made of clams, bacon, potatoes, onions, cream and milk.
Saya: Sounds delicious. I will have it for a starter.
Waiter: What would you like for a main dish?
Saya: I would like to have a lobster. (②).
Waiter: OK, how would you like it to be done?
Saya: What is your recommendation?
Waiter: Steamed lobster. It comes with hot butter and a lemon wedge. (③).
Saya: That would be great. Also, can I have a glass of white wine?
Waiter: Are you over 21?
Saya: Yes, I am 25 years old.
Waiter: May I see your identification such as your driver's licence?
Saya: I am a traveler. (④).
Waiter: I see. May I see your passport, then?
Saya: I don't have it with me now. It's in the safe-deposit box at the hotel room where I am staying.
Waiter: If you do not have something to certify your age, we won't be able to serve you (⑤).
Saya: I see. Please bring me Ginger Ale, then.

①の選択肢
ア. It does not matter
イ. Sooner or later
ウ. Not really
エ. I don't care

②の選択肢
ア. It's tasteless

イ. I am allergic to seafood
ウ. It is highly recommended in a tour guidebook
エ. I have other choice

<u>③の選択肢</u>
ア. It is much more expensive than baked lobster with garlic
イ. It may be overcooked, though
ウ. It has very little taste
エ. It's simple, but it's the best

<u>④の選択肢</u>
ア. Here you are
イ. Let me see
ウ. I have one
エ. I don't have one

<u>⑤の選択肢</u>
ア. wine
イ. lobster
ウ. water
エ. clam chowder

In Tokyo

Hana: I wish I could travel abroad. I hope the COVID-19 vaccine will bring us back to normal life.
Saya: Me, too. I sometimes recall my trip to Boston back in 2019.
Hana: You do? I really want to visit the East Coast of the U.S. Would you tell me (⑥)?
Saya: I visited the Boston Tea Party Ships and Museum, the Museum of Fine Arts, and Stockbridge.
Hana: (⑦). What is it famous for?
Saya: It is famous for the Norman Rockwell Museum, which was built for Norman who is one of the best American illustrators. He loved Stockbridge and painted *Stockbridge Main Street at Christmas*. It is said that the picture shows a typical rural New England town.
Hana: That's interesting. (⑧)? Is it close to Boston?
Saya: Not really. It is near Tanglewood where the Boston Pops Orchestra performs during summer.
It takes two hours by car from Boston.
Hana: (⑨). But I believe the place is worthy of the long drive.
Saya: Recently, I read a book about psychology and found out that the famous psychologist Erik Erikson lived there. You major in psychology, right?
Hana: Yes! (⑩).
Saya: You should!

⑥の選択肢

ア. how much you spent for the trip
イ. about your trip
ウ. how long you stayed there
エ. with whom you went there

⑦の選択肢

ア. I don't want to see Stockbridge
イ. I have already written a report about Stockbridge
ウ. I have never heard of Stockbridge
エ. I am not interested in visiting Stockbridge

⑧の選択肢

ア. When is it
イ. What is it
ウ. How is it
エ. Where is it

⑨の選択肢

ア. That sounds rather far
イ. If you say so
ウ. No way
エ. I agree with you

⑩の選択肢

ア. I will definitely visit San Francisco in the future
イ. I will definitely call on my friend in Stockbridge
ウ. I will definitely visit Stockbridge sometime in the future
エ. I will definitely get a good grade in psychology

第3問　次の会話文と英文を読み、後の問いに答えなさい。

Ⅰ A: Steven, I'm really glad you've got the opportunity to study Japanese here in Japan.

Ⅱ B: Yes. I feel very lucky and honored to be invited to Japan. After I go back to Russia, I will be teaching Japanese language and culture at university.

Ⅲ A: International exchanges in education, business and politics have really been increasing in recent years between nations all over the world.

Ⅳ B: Yes, it really is a good sign. This is a new age when people can view other languages and cultures as equals. I guess this was a great relief to people around the world. Everyone has certainly welcomed this new phase.

Ⅴ A: Exactly. In the past because of wars and conflicts, people were encouraged to hate their enemies and to communicate only with hostility. Other peoples and cultures were viewed in *1stereotypically negative ways, which were not designed to promote any understanding at all.

Ⅵ B: But now, many people have been gaining a new consciousness that they are citizens of a global (　①　). It is far better that we try to understand different peoples and cultures by learning about their backgrounds.

Ⅶ A: That's right. It has been said that "Culture is like an iceberg". －②－ So really we have to investigate why other people say or do the things they do before leaping in and criticizing.

Ⅷ B: Yes. It is very important to appreciate and value all those other cultures which belong to our global society.

The world is rapidly becoming globalized. This globalization refers to the idea that the Earth is one society and all people are its citizens. We are gradually coming to realize that people need to have this global awareness as members of our global village in order to maintain and protect the environment of the Earth and to cooperate in living peacefully together.

What do you think are three of the global awareness which can help to build our global community? (　③　) is that we need to appreciate the diversity of peoples, cultures and languages in our world. (　④　) is that we need to develop cultural viewpoints, so that we regard every culture equally fairly. The other is that people share the universal idea that we are one human race and that we share one planet as our community.

In fact, there was the time when people had ⑤<u>their prejudiced views of other cultures</u> and the idea that one's culture is superior. However, this is the time when people are able to bring about *2reconciliation through dialogue and consultation for resolution, peace and unity. Now we know that we can only solve these problems by communication, so that we can contribute positively to the hopes for the success of our global village.

(Yayoi Akagi, Brenda Watts and Jim Kable, *Are you a global citizen*, English Communication for International Understanding, Eichosha, 2001　一部改変)

注）*1 stereotypically：型にはまって　　*2 reconciliation：和解

問1　カッコ①に当てはまる最も適切な英語を次のア～エの中から選び、その記号を書きなさい。

ア. warming　　イ. communication　　ウ. economy　　エ. village

問 2　会話文の②に入る最も適切な英語を次のア〜エの中から選び、その記号を書きなさい。

ア. Never put off till tomorrow what can be done today.
イ. Small things add up to make a big difference.
ウ. What we can see above the surface is only a small portion of the culture that lies hidden.
エ. If you are prepared you don't have to worry, it's good to have a shelter against every storm.

問 3　カッコ③と④に当てはまる英語の組み合わせとして最も適切なものを選び、その記号を書きなさい。

ア. ③ Some / ④ Others　　イ. ③ One / ④ Another
ウ. ③ Former / ④ Latter　　エ. ③ Not only / ④ But also

問 4　下線部⑤の内容を具体的に示している発話を会話文Ⅰ〜Ⅷの中から選び、その記号を書きなさい。

問 5　次のア〜エの中で会話文と英文のどちらにも述べられていないことを１つ選び、その記号を書きなさい。

ア. 他の国の文化を平等に見ることはとても難しく、異文化への偏見は増大している。
イ. 我々は対話活動を通してしか、国家間で抱える問題を解決することはできない。
ウ. 近年、教育やビジネス、政治などの分野で世界各国の国際的な交流が進んでいる。
エ. 異なる人々同士が理解し合うための良い方法として各国の文化的背景を知ることがある。

第4問 アメリカの教育状況調査結果に関する次の英文とグラフを読み、後の問いに答えなさい。

Our first question was "To what extent do you anticipate each of the following being a challenge for your district during this school year (2020–21)?" Figure 1 [*1]depicts, in ranked order, the percentage of district leaders who identified each of eight topics as a moderate or significant concern. (a) during COVID-19 was the most significant challenge among the eight topics we asked about for 2020–2021. Half of district leaders rated this a "significant challenge" — a much (①) proportion of leaders than for any other of the seven items. Only a quarter of district leaders [*2]deemed (b) a moderate or significant challenge for this school year. Likewise, fewer than one out of every three district leaders deemed (c) a moderate or significant challenge. Those who did so tended to rate it ② (ア. than イ. a significant ウ. a moderate エ. one オ. rather カ. challenge).

FIGURE 1

Anticipated Moderate and Significant Challenges for School Year 2020-2021

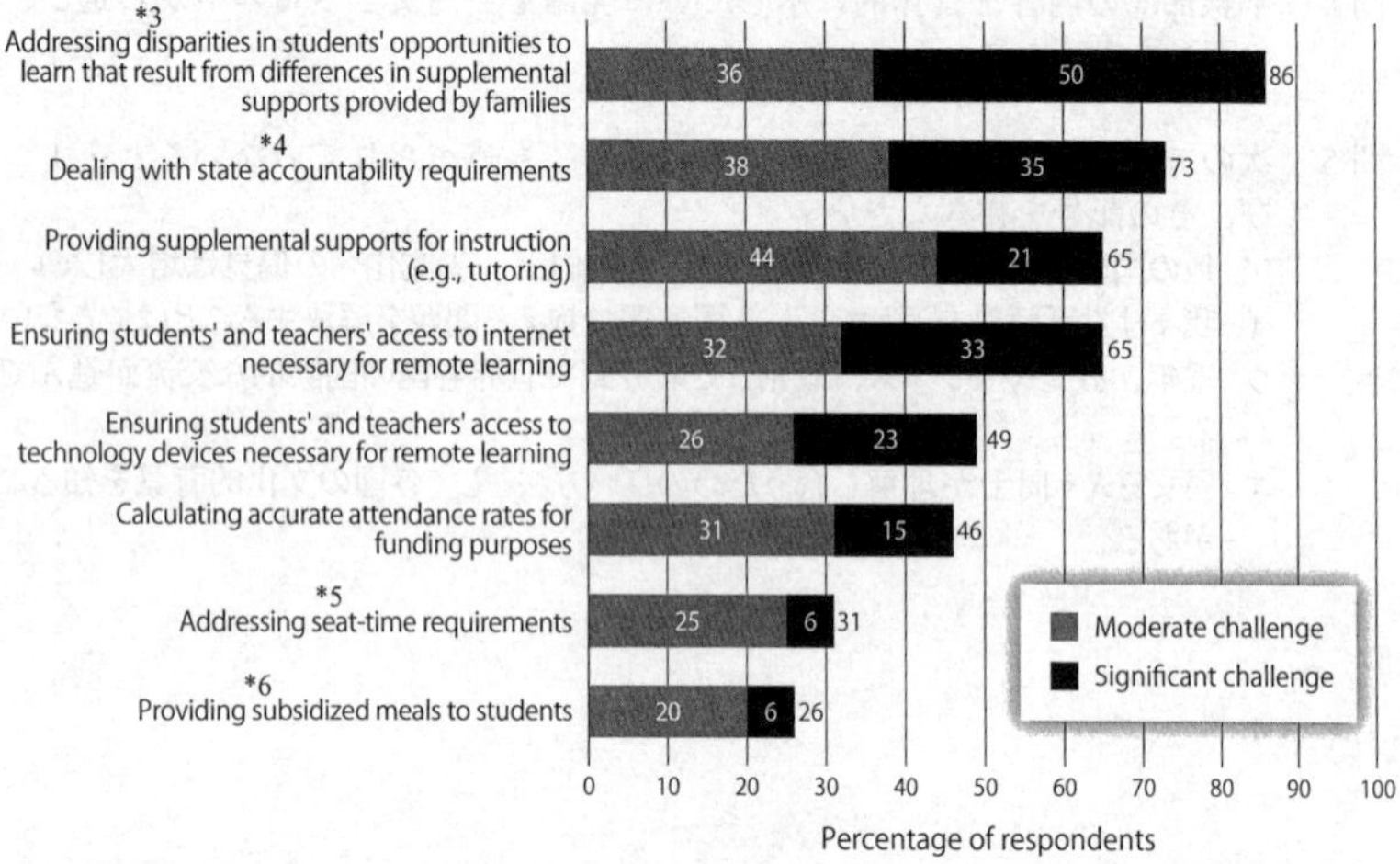

Our second question on the survey was "Have you considered adopting any of the following approaches for the 2020–21 school year?" In Figure 2, we present the top five new approaches that district leaders said they were using this school year. As might be expected because of the [*7]predominance of remote instruction this school year, district leaders have adjusted staff meetings to make them virtual. Almost (③) of district leaders have said that they have created virtual learning communities for staff during this school year. The second-most-common change that district leaders reported was changing approaches to instruction. About (④) in ten districts indicated that they are adjusting instructional time this school year and adopting flexible staffing models that adjust students' assignments to teachers. About (⑤) in ten districts were establishing partnerships to offer virtual instruction and adjusting teacher compensation and work rules.

FIGURE 2
Top Five New Approaches Districts Say They Are Adopting in 2020-2021

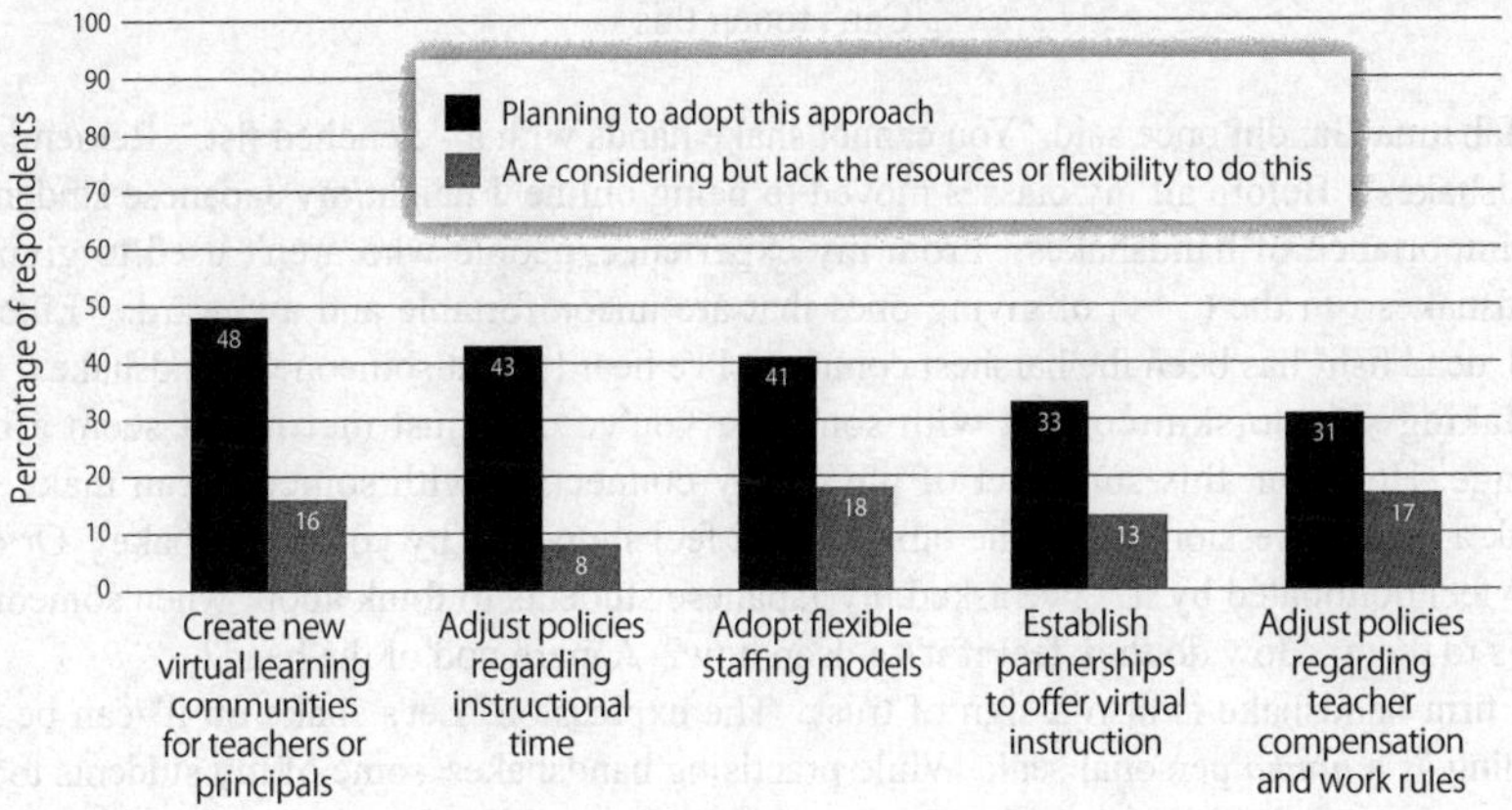

(Adapted from Heather L. Schwartz, David Grant, Melissa Kay Diliberti, Gerald P. Hunter, Claude Messan Setodji, *Remote Learning Is Here to Stay,* RAND Corporation, 2020, https://www.rand.org/pubs/research_ reports/RRA956-1.html, Retrieved on July 21st, 2021 一部改変)

注）*1 depict：描写する　*2 deem：考える　*3 disparity：格差
*4 accountability：説明責任　*5 seat-time：出席時間
*6 subsidized：補助金を受けている　*7 predominance：優勢

問1　カッコa～cに入る最も適切な英語をそれぞれア～カの中から選び、その記号を書きなさい。ただし、文頭に来るべき英語も小文字にしています。

ア. addressing disparities in students' opportunities to learn
イ. dealing with state accountability requirements
ウ. providing supplemental supports for instruction
エ. calculating accurate attendance rates
オ. addressing seat-time requirements
カ. providing subsidized meals to students

問2　カッコ①に入る最も適切な英語をア～エの中から選び、その記号を書きなさい。

ア. taller　イ. higher　ウ. smaller　エ. shorter

問3　下線部②を正しい順番に並べ替え、1番目と4番目に来る英語をそれぞれ記号で書きなさい。

問4　カッコ③～⑤に入る最も適切な英語をそれぞれア～オの中から選び、その記号を書きなさい。

ア. one　イ. two　ウ. three　エ. four　オ. half

第5問　次の英文を読み、後の問いに答えなさい。

Can't touch this

Mahatma Gandhi once said, "You cannot shake hands with a *1clenched fist." Remember handshakes? Before all my classes moved to being online, I taught my Japanese students the importance of handshakes. From my experience, people who aren't used to giving handshakes run the (　　) of giving ones that are uncomfortable and awkward. "Like a cold, dead fish" has been the harshest comment I've heard about someone's handshake.

Making skin-to-skin contact with someone you've only just met might seem a bit strange. However, this small act of physically connecting with someone can make or break a first impression. Does the other person feel supported by your handshake? Or do they feel dominated by it? I've asked my Japanese students to think about when someone bows to them. How do they feel if it's a deep bow? A mere nod of the head?

A firm handshake is also a sign of trust. The expression "Let's shake on it" can be as binding as a *hanko* personal seal. While practising handshakes, some of my students took this too far and thought the goal was to crush the other person's hand. I told them that all they need to do is match the strength of their partner's squeeze.

Of course, the pandemic has shown that handshakes — touching anything with your hands — might be on their way out. Shrines and temples all over Japan have had to rethink their rituals since the beginning of the pandemic. From the *2ladles visitors use to wash their hands, to the ropes for ringing bells, so many things are an infection risk. Some shrines and temples have introduced sensors to activate bell sounds, while others have implemented QR codes visitors can scan to draw fortunes. While I don't follow any of these rituals, I can't help but feel that the lack of contact makes the spiritual connection seem weaker. Touching the smooth handle of the ladle, feeling the icy cold water on your hands or the scratchiness of the giant rope? These are all things that feel like they ground you to the place you are in. Selecting your fortune yourself gives you the feeling that you have some control over which one you get, rather than relying on an *3algorithm to give it to you.

Inevitably, we'll all have to adapt, which is something humans seem to do pretty well. You can't shake hands with a closed fist, but these days you really shouldn't shake hands at all. If world leaders can demonstrate a mix of wrist, arm and elbow bumps when they meet, I'm sure we will all find other ways to make a good first impression.

(Adapted from Samantha Loong, *The Japan Times Alpha,* January 15th, 2021
https://alpha.japantimes.co.jp/article/essay/202101/58273/,retrieved
on June 15th, 2021 一部改変)

注）*1clenched：握りしめた　　*2ladle：柄杓（ひしゃく）
*3algorithm：コンピューターの処理手順、アルゴリズム

問1　以下の文は、初対面における、身体的接触をともなうコミュニケーションについて、筆者の主張に沿い、まとめたものです。カッコ内に入る最も適切な選択肢をア～オの中から選び、その記号を書きなさい。なお、同じ選択肢を複数回選んでも構いません。

初対面において、身体的接触をともなうコミュニケーションの取り方次第で、初印象は良くも悪くもなる。たとえば、信頼感を与えようと思えば(　①　)を心掛けるとよい。筆者は、そのことが日本人にとってわかりやすく理解できるように、(　②　)を例に挙げて説明している。(　③　)をした場合、(　④　)と比較して、よい関係を築く出発点となる可能性は高いだろう。同じように、力を入れ過ぎない(　⑤　)も好印象を与える。

ア. 深いお辞儀　イ. 軽く頭を下げるお辞儀　ウ. 軽めの握手
エ. しっかりとした握手　オ. 非常に強く握りしめる握手

問2　本文中のカッコ内に入る最も適切な英語を一語書きなさい。

問3　神社仏閣において、現実とのしっかりとした接触感覚を与えてくれるものの具体例として、文中に挙げているもののうち正しいものには○を、間違ったものには×を書きなさい。
①柄杓（ひしゃく）の柄のひんやりとした感覚
②ロープのざらざらとした手触り
③コンピューターを使ってでも自発的におみくじを選ぶ感覚

問4　本文に述べられている内容と一致するものをア～オの中から二つ選び、その記号を書きなさい。
ア. 筆者は授業がオンラインに移行する前は、握手の意味について教える機会がそれほどなかった。
イ. 初対面のときに、すぐに握手に応じないぎこちない態度は、「冷たい死んだ魚のような」と批判されるような下手なコミュニケーションとなる危険性がある。
ウ. 神社仏閣では、コロナ感染拡大が始まってから、感染防止のため、参拝上の儀式的作法が禁止されたが、筆者はもともとそのような儀式的行為はしないので、特に影響は感じなかった。
エ. 新しい状況には適応していくしかないし、人類にはその能力がある。
オ. 世界のリーダーたちが握手以外の身体接触的コミュニケーションをとるようなると、それを感じ良く行う方法も、新たにうまれてくるだろう。

化学

（60分）

（注意）必要があれば、次の値を使用しなさい。
原子量　H：1、C：12、N：14、O：16、Ca：40　アボガドロ定数　$6.02 \times 10^{23} mol^{-1}$

第1問　次の文を読み、以下の問い（問1～6）に答えなさい。

有機化合物は生物の体内でのみ作られると考えられていたが、1828年にドイツの化学者ウェーラーが、有機化合物である尿素を人工的に合成することに成功した。その後、20世紀に入り、天然資源である（　①　）や（　②　）から得られる低分子化合物を重合させる方法が開発され、プラスチックや合成繊維などの高分子化合物が次々と製造されるようになった。低分子化合物が重合する場合、大きくは、分子内の二重結合が切れて他の分子と共有結合を形成する（　③　）と、2つの分子から水など分子が取れて結合する（　④　）がある。

また、分別されて回収されたプラスチックごみの一部は、破砕され、ペレットから加熱・成形工程を経て工場で製品に再生される（　⑤　）と、化学的に分解されてもとの原料となり工場で製品に再生される（　⑥　）とでリサイクルされる。

問1　有機化合物と無機化合物の違いを簡潔に答えなさい。

問2　文中の（　①　）と（　②　）にあてはまる最も適切と思われる天然資源の名称を答えなさい。

問3　文中の（　③　）と（　④　）は重合の名称である。それぞれ最も適切と思われる名称を答えなさい。

問4　次のア～エの高分子化合物は、（　③　）か、（　④　）により高分子化したものである。それぞれ、どちらの重合で高分子化したのか、③または④の数字で答えなさい。

ア．ポリエチレン　　イ．ポリプロピレン
ウ．ポリエチレンテレフタラート　　エ．ナイロン66

問5　プラスチックの特性と考えられるものを以下よりすべて選び、ア～オの記号で答えなさい。

ア. 軽い　　イ. 加工しやすい　　ウ. 水や薬品に強い
エ. 熱や電気をよく通す　　オ. 光を反射する特有の光沢がある

問6　文中の（ ⑤ ）と（ ⑥ ）はリサイクル方法の名称であるが、それぞれ最も適切と思われるリサイクル方法の名称を答えなさい。

第2問　次の文章を読み、以下の問い（問1～3）に答えなさい。

原子は、正の電荷を持つ原子核と負の電荷を持つ（ ア ）から構成されている。原子核内の（ イ ）は正の電荷を持ち、その数は原子番号を表す。原子核内の中性子数との合計は質量数を表している。原子は負の電荷をもつ（ ア ）を（ イ ）と同数持っており、その（ ア ）は原子核に（ ウ ）の電子殻から順に配置されていく。

問1　空欄（ ア ）～（ ウ ）にあてはまる適切な語句を答えなさい。

問2　カルシウム原子は $_{20}Ca$ で表され、質量数は40である。このカルシウム原子の持つ中性子数はいくつか答えなさい。また、カルシウム原子は最外殻にいくつの電子を持っているか答えなさい。

問3　水酸化カルシウムの水に対する溶解度は、25℃で0.160であり、飽和水酸化カルシウム水溶液の密度は、25℃で1.001 g/cm^{3}とする。このとき、次の(1)～(3)に答えなさい。

(1)　水酸化カルシウムの組成式を答えなさい。

(2)　25℃での飽和水酸化カルシウム水溶液を1000.00 g作るには、最低で何gの水酸化カルシウムが必要か、有効数字2桁で答えなさい。

(3)　25℃での飽和水酸化カルシウム水溶液の質量パーセント濃度(%)とモル濃度(mol/L)を、それぞれ有効数字2桁で答えなさい。

第3問　次の文章の（　ア　）～（　ソ　）にあてはまる、適切な語句または数字を答えなさい。

物質の状態には固体、液体、気体の3つが存在する。これら3つの物質の状態を「物質の（　ア　）」と呼ぶ。この「物質の（　ア　）」の間での状態の変化にはそれぞれ名前が付けられており、固体から液体への変化は（　イ　）、逆に液体から固体への変化は（　ウ　）と呼ばれる。また、液体から気体への変化は（　エ　）、気体から液体への変化は（　オ　）である。さらに、固体から気体、気体から固体への変化はともに（　カ　）と呼ばれる。

固体が液体に変化する温度を（　キ　）、液体が気体に変化する温度を（　ク　）と呼ぶ。

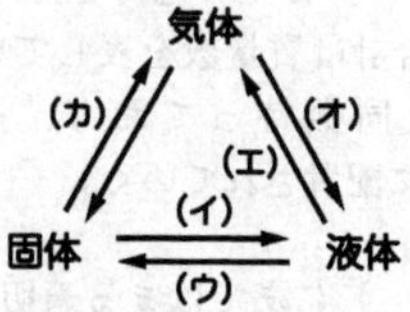

図　物質の状態変化

分子が空間中で行う不規則な動きを（　ケ　）と呼ぶが、「物質の（　ア　）」の中で（　ケ　）が最も激しい状態は（　コ　）である。逆に、（　ケ　）がもっとも穏やかな状態は（　サ　）であり、分子間に働く弱い引力である（　シ　）が最も大きくなる。

分子の（　ケ　）が完全に停止する温度を（　ス　）という。この温度は絶対温度では（　セ　）K、セルシウス温度では（　ソ　）℃になる。

第4問　次の文章を読んで、以下の問い（問１～５）に答えなさい。

炭素、水素、酸素から成る有機化合物Xの組成式を決めるために元素分析を行った。①白金ボートに乗せた有機化合物X 5.8 mgを元素分析装置に入れて完全燃焼させたら、二酸化炭素 11.7 mgと水 4.8 mgが得られた。

問１　下線部①で白金ボートを用いた理由を簡潔に答えなさい。

問２　有機化合物X 5.8 mgに含まれる炭素の質量(mg)を、有効数字２桁で答えなさい。

問３　有機化合物X 5.8 mgに含まれる水素の質量(mg)を、有効数字２桁で答えなさい。

問４　有機化合物X 5.8 mgに含まれる酸素の質量(mg)を、有効数字２桁で答えなさい。

問５　有機化合物Xの組成式を答えなさい。

第5問　下の図はエタノールの反応である。この反応に関して、以下の問い（問１～３）に答えなさい。

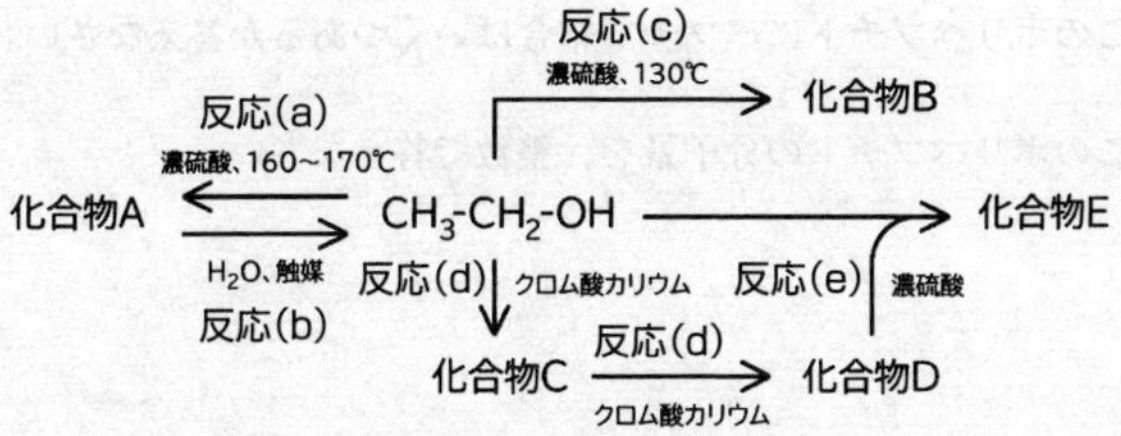

図　エタノールの反応

問１　反応(ａ)～(ｅ)の名称を下から選び、ア～キの記号で答えなさい。

ア．置換反応　イ．付加反応　ウ．脱水反応　エ．縮合反応
オ．エステル化反応　カ．酸化反応　キ．還元反応

問２　化合物Ａ～Ｅの名称と示性式を答えなさい。

問３　反応(ａ)と反応(ｃ)の化学反応式を答えなさい。

第6問　次の問い（問1～3）に答えなさい。

問1　たんぱく質に水酸化ナトリウムを加えて加熱すると、たんぱく質中の窒素はアンモニアに分解する。大豆1.00gに水酸化ナトリウムを加えて加熱分解したら0.0680gのアンモニアが得られた。たんぱく質が質量パーセントで16.0％の窒素を含むものとすれば、この大豆には何gのたんぱく質が含まれているか、有効数字3桁で答えなさい。

問2　サツマイモ10.0gをアルコール発酵させると何gのエタノールができるか、有効数字3桁で答えなさい。ただし、サツマイモのでんぷん含有率を30.0％、でんぷん利用率を67.5％、グルコース利用率を100％とする。また、でんぷんの加水分解反応は次のとおりとする。

$$(C_6H_{10}O_5)_n + (n\text{-}1)\ H_2O \rightarrow n\ C_6H_{12}O_6$$

問3　グリシン（$C_2H_5NO_2$）とアラニン（$C_3H_7NO_2$）が、それぞれ100個ずつ交互に重合したポリペプチドがある。このポリペプチドについて、次の(1)～(3)に答えなさい。

(1)　グリシンとアラニンの構造式をそれぞれ答えなさい。ただし、官能基は示性式で記述するものとする。

(2)　このポリペプチドにペプチド結合はいくつあるか答えなさい。

(3)　このポリペプチドの分子量を、整数で答えなさい。

生物

（60 分）

第1問　次の文章を読み、以下の問い（問1～5）に答えなさい。

ヒトのからだをつくる体細胞は[1]であり、大腸菌や乳酸菌などの原核細胞とは異なる構造をもつ。[1]には染色体を含む核があることが特徴であり、さまざまな働きをもつ(1)細胞小器官がある。染色体は DNA とヒストンなどのタンパク質からなる。DNA は糖、リン酸、塩基からなるヌクレオチドが鎖状につながった構造をもつ。細胞小器官の1つであるミトコンドリアには、[2]にある DNA と異なる(2)独自の環状構造をもつ DNA が含まれ、ヒトでは 37 の遺伝子がある。

体細胞は細胞分裂を繰り返し新しい細胞を作り出している。ある細胞分裂から次の細胞分裂までを細胞周期という。近年の研究で、(3)細胞内で独自の周期で分裂を繰り返しているミトコンドリアが細胞分裂時には分裂を停止し、2つの娘細胞に分配され、細胞周期に同調して増殖していることがわかってきた。

問1　文章中の空欄[1]、[2]に入る最も適切な語句を答えなさい。ただし、これらの空欄には、文章中で用いられている語句を入れてもよい。

問2　文章中の下線部(1)について、次のア～カの細胞小器官など細胞の構造物の働きを説明する文を下の①～⑥からそれぞれ1つずつ選び、解答欄に数字で答えなさい。

ア）ミトコンドリア　　イ）細胞膜　　ウ）細胞質基質
エ）葉緑体　　オ）細胞壁　　カ）液胞

説明文：
① 光エネルギーを利用して有機物を合成する。
② セルロースやペクチンを主成分とする。
③ さまざまな物質を含み、細胞骨格に沿って細胞質流動（原形質流動）が起こる。
④ リン脂質を主成分とする二重層の構造をもち、さまざまな物質を含む細胞液をたくわえ、老廃物の貯蔵も行う。
⑤ 細胞呼吸に主に関わる。
⑥ リン脂質を主成分とする二重層の構造をもち、細胞内外の物質のやりと

りを行う。

問3 文章中の下線部(2)について、ヒトのミトコンドリアDNAにある遺伝子の塩基配列の一部をⅠ～Ⅳで示した。これらのⅠ～ⅣのDNA配列を鋳型として、左から右に写し取って合成されたRNAの配列として正しいものが、次の①～⑥の中に、それぞれ1つずつある。それぞれを1つずつ選び、解答欄に数字で答えなさい。

Ⅰ GTCCAAGATAGAATCTTAGTTC
Ⅱ AGAAAGCGTTCAAGCTCAAC
Ⅲ AGCCTGCGTCAGATTAAAAC
Ⅳ GTTAGTATAAGTAACATGAAAAC

写し取られたRNAの候補：
① CAAUCAUAUUCAUUGUACUUUUG
② CGUUUAGAAUGGGGCGGACAAAUG
③ UCUUUCGCAAGUUCGAGUUG
④ CAGUAAUAAUGGGAGUGACAGU
⑤ UCGGACGCAGUCUAAUUUUG
⑥ CAGGUUCUAUCUUAGAAUCAAG

問4 文章中の下線部(2)について、ヒトのミトコンドリアDNAの塩基数を16560塩基、このうち遺伝子の働きを担っていない塩基数を1100塩基とすると、ヒトのミトコンドリアDNAがもつ遺伝子1つ当たり、塩基数の平均はいくつになるか。小数点以下を四捨五入して整数で答えなさい。

問5 文章中の下線部(3)について、ヒトのある体細胞にミトコンドリアが100個あり、1つのミトコンドリア当たり、環状DNAが常に5個あるとする。ミトコンドリアは分裂を繰り返して増殖しているが、仮に体細胞の細胞周期の2倍の速さで分裂しているとすると、ある体細胞が3回細胞分裂してすべて生き残っていたとき、これらの細胞に含まれるミトコンドリアの環状DNAの総数はいくつになるか、答えなさい。

第2問　次の文章を読み、以下の問い（問1～5）に答えなさい。

私たちは、肉や卵、大豆などタンパク質を含むさまざまな食品を食べている。しかし私たちの身体を構成するタンパク質は食品に含まれていたタンパク質そのものではなく、私たちの体内で合成されたものである。食品としてのタンパク質と私たちの身体を構成するタンパク質の関係はどのようになっているのだろうか？タンパク質は（　a　）が多数結合してできている。ヒトなどの動物の場合、摂取したタンパク質は（　b　）器官で最終的に（　a　）にまで分解される。この過程を（　b　）という。（　b　）によって生じた（　a　）は（　c　）で吸収され、糖など他の栄養分とともに血流を通して全身の細胞に運ばれる。各細胞は運ばれてきた（　a　）を取り込み、(1)自らの遺伝情報に対応させてそれらを結合することによって、その生物特有のタンパク質を合成する。つまり体内に取り込まれたタンパク質は一旦、（　a　）の状態にまで分解され、その後、(2)遺伝情報に基づいて細胞内で必要なタンパク質に作りかえられることになる。(3)豚肉とヒトの筋肉では構成する（　a　）の数や配列に違いがある。豚肉を食べてもその豚肉はそのまま私たちの体の一部にはならないのである。

問1　文章中の空欄（　a　）～（　c　）にあてはまる最も適切な語句をそれぞれ答えなさい。

問2　文章中の下線部(1)を何とよぶか、その名称を答えなさい。

問3　問2の過程を行う細胞小器官の名称を答えなさい。

問4　文章中の下線部(2)の遺伝情報をDNAから写し取ることを何と呼ぶか、その名称を答えなさい。

問5　文章中の下線部(3)について、なぜそのような違いが生じるのか、筋肉の機能にも言及しつつ、「DNA」、「塩基配列」、「同じ機能」、「進化」、「変異」という5つのキーワードを必ず含めて、100字以内で説明しなさい。

第3問　次の文章を読み、以下の問い（問1～6）に答えなさい。

イヌリンはヒトの体に含まれない多糖類の一種であり、糸球体からボーマン嚢《のう》に濾《ろ》過《か》され、尿細管（細尿管、腎細管）で再吸収されずに尿中に排出される。あるヒトの糸球体濾過機能を調べるため、静脈に持続的にイヌリンを注入し、血漿《けっしょう》と尿の成分を測定する検査を実施したところ、表1のような結果が得られた。1日当たりの尿量は、1.5 Lであった。ナトリウムイオンと尿素は糸球体からボーマン嚢にすべて濾過されたものとし、血漿、原尿、尿の密度は1 g/cm^3（1 g/mL）とする。

表1　血漿と尿の成分

成分	質量パーセント濃度（%）	
	血漿	尿
タンパク質	6.7	0
グルコース	0.12	0
ナトリウムイオン	0.3	0.35
尿素	0.03	2
イヌリン	0.01	1.1

問1　イヌリンの濃縮率は何倍になるか、小数点以下を四捨五入し、整数値で答えなさい。

問2　原尿は、1日当たり何L生成されたか、小数点以下を四捨五入し、整数値で答えなさい。

問3　水の再吸収量は1日当たり何Lか、小数第2位を四捨五入し、小数第1位まで答えなさい。
ただし、原尿と尿の体積はすべて水のみに由来するものとする。

問4　原尿中のナトリウムイオンのうち、何%が再吸収されて静脈へ戻されたか答えなさい。解答は、小数第2位を四捨五入し、小数第1位まで答えなさい。

問5　表1の数値も参考にしつつ、健常なヒトにおける、血漿中のタンパク質とグルコースの記述として、次の文①～④のうち最も適切なものをそれぞれ選び、番号で答えなさい。

① 糸球体からボーマン嚢に濾過されず、血漿中に残る。
② 糸球体からボーマン嚢に濾過され、一部が細尿管を通過する間に毛細血管に再吸収される。
③ 糸球体からボーマン嚢に濾過され、ほぼすべてが細尿管を通過する間に毛細血管に再吸収される。

④ 糸球体からボーマン嚢に濾過され、再吸収されずに尿の成分となって体外に排出される。

問6　体液の恒常性を維持するために、水とナトリウムイオンの再吸収量はホルモンによって調節されている。水とナトリウムイオンのそれぞれについて、再吸収量の調節に関与するホルモンの名称とそのホルモンがつくられる内分泌腺の名称を、それぞれ答えなさい。

第4問　次の文章を読み、以下の問い（問1～3）に答えなさい。

植物では、光条件が十分なときにその器官の呼吸よりも大きな光合成速度を示す器官があり、多くの植物では葉がその器官に相当する。「植物体では、葉以外の器官でも、光合成は行われるのか」を確かめるために、次のような実験をした。

緑色と赤色のピーマンと、ホウレンソウを試料とした。ピーマンは果実、ホウレンソウは葉である。いずれも新鮮なものを実験直前に購入した。

実験1：

① 試料を試験管の内径と同じ幅に切り、長さを切りそろえた。

② 試験管にpH指示薬（チモールブルーとフェノールレッドを混合したもの）、試料を入れ、ゴム栓で密閉した。これを各試料につき2本ずつ準備した。対照としてpH指示薬のみを入れた試験管も2本準備した。

③ 同じ試料が入った試験管のうち、片方は光を遮断するためにアルミ箔《はく》をかぶせた（図1の下図、試験管5～8）。

④ 約25℃で40分間、光源から一定の光を当てた後、指示薬の色を調べたところ、表1の結果となった。なお、pH指示薬は溶け込む二酸化炭素の量に応じて図1の上図のように色が変化する。

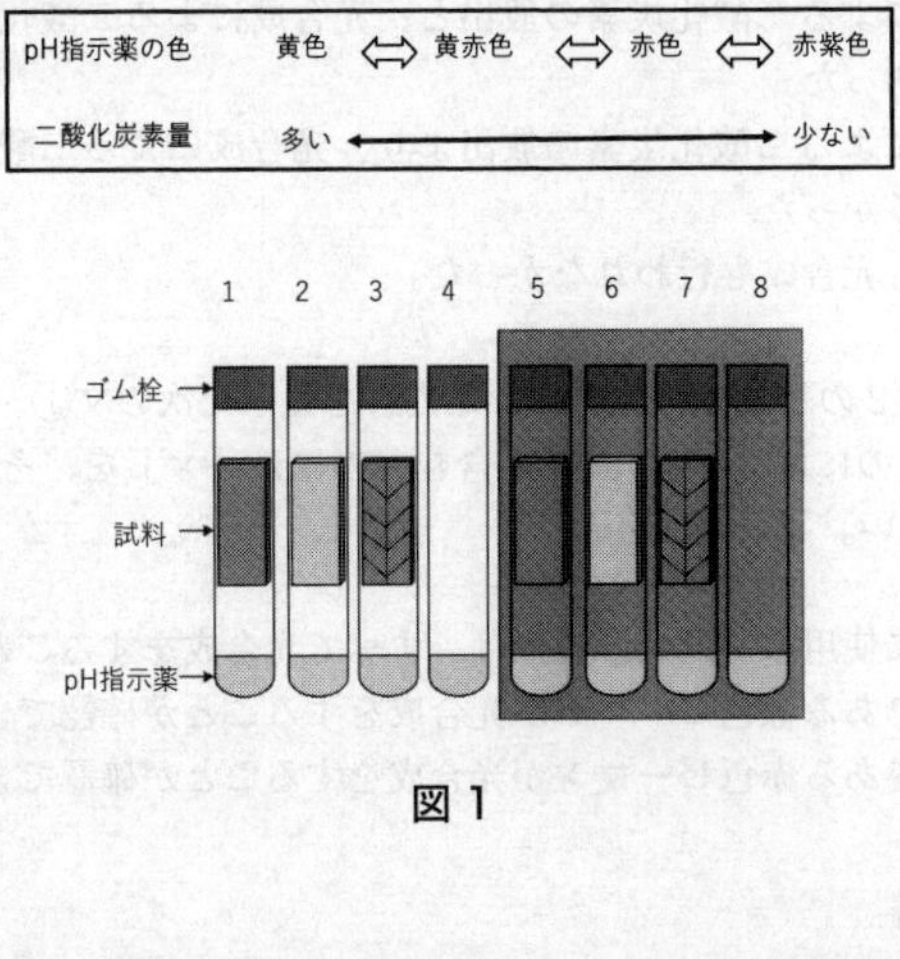

図1

表1

試験管番号	試料	光の条件	pH 指示薬の色
1	緑色ピーマン	光を照射した	黄赤色
2	赤色ピーマン		黄色
3	ホウレンソウ		赤紫色
4	対照		黄赤色
5	緑色ピーマン	光を遮断した	黄色
6	赤色ピーマン		黄色
7	ホウレンソウ		黄色
8	対照		黄赤色

実験2：
試料をかみそりの刃で薄く切ったりして、各試料に適した方法でプレパラートを作成して顕微鏡で観察し、表2の結果を得た。

表2

試料	観察結果
緑色ピーマン	葉緑体は見られたが、気孔は見られなかった
赤色ピーマン	葉緑体も気孔も見られなかった
ホウレンソウ	葉緑体と気孔が見られた

問1　対照の結果も考慮して、試験管番号1～3、5～7に関する記述として、次の文①～④のうち最も適切なものをそれぞれ1つずつ選び、番号で答えなさい。なお、同じ番号を複数回使用してもよい。

① 呼吸により二酸化炭素が放出され、光合成は行われなかった。
② 呼吸による二酸化炭素の放出と、光合成による二酸化炭素の吸収が同程度であった。
③ 呼吸による二酸化炭素の放出より、光合成による二酸化炭素の吸収のほうが多かった。
④ 呼吸も光合成も行われなかった。

問2　実験1、2の結果から考えられる内容を述べた次の文①～⑤のうち、内容が正しいものには「○」、誤りを含むものには「×」を、それぞれ解答欄に記入しなさい。

① 実験に使用した野菜の部位は、すべて光合成をすることが確認できた。
② 果実である緑色ピーマンが光合成をすることが確認できた。
③ 果実である赤色ピーマンが光合成をすることが確認できた。

④ 葉であるホウレンソウが光合成をすることが確認できた。
⑤ 実験に使用した野菜の部位は、すべて光合成をしないことが確認できた。

問3　実験1の試料として、茹《ゆ》でたホウレンソウを用いた場合、光を照射した場合と、光を遮断した場合でそれぞれpH指示薬の色は何色になると考えられるか。なお、茹でたホウレンソウは、沸騰水中で2分間茹でた後、直ちに冷水で冷まし水切りしたもので、緑色が保たれていることとする。最も適切な色を①～④からそれぞれ1つずつ選び、番号で答えなさい。なお、同じ番号を複数回使用してもよい。

① 黄色
② 黄赤色
③ 赤色
④ 赤紫色

第5問

次の文章を読み、以下の問い（問1～3）に答えなさい。

湯を沸かした熱いヤカンに過って指先が触れると、すばやく手を引くことがある。このような行動を（　A　）反射といい、指先の(1)感覚点で受容した刺激は ① を伝わり、 ② を通り、介在ニューロンを経由し、 ③ から ④ を伝わり、腕の（　A　）を（　B　）させる。

このときの興奮の伝わる過程を詳しくみると、神経細胞の軸索を興奮が（　C　）し、神経終末で電位依存性（　D　）チャネルが開き、（　E　）が神経終末内に移動する。（　E　）濃度の上昇によって（　F　）に含まれる神経伝達物質が（　G　）に放出される。神経伝達物質は次の神経細胞の神経伝達物質依存性イオンチャネルの（　H　）に結合し、チャネルを開かせ、膜電位を変化させる。このようにして神経細胞間を興奮が（　I　）して（　A　）の筋繊維にまで興奮が伝わる。筋繊維に興奮を（　I　）する神経伝達物質は（　J　）である。

問1　文章中の空欄（　A　）～（　J　）に入る適切な語句を答えなさい。

問2　文章中の空欄 ① ～ ④ に入る適切な語句を次のア～ケから1つずつ選び、記号で答えなさい。

ア）脊髄腹根　　イ）脊髄背根　　ウ）視床下部
エ）脊髄　　オ）延髄　　カ）交感神経
キ）運動神経　　ク）副交感神経　　ケ）感覚神経

問3　文章中の下線部(1)について、10名の成人女性を対象に温点の分布を調べた研究によれば、平均で、てのひらには1㎠あたり4個の温点がある。体の部位によって分布密度が異なるが、すべててのひらと同じ分布密度と仮定し、成人女性の体表面積を1.51㎡として、体表面にある温点の数を計算し、小数点以下を四捨五入して、整数値で答えなさい。

第6問　次の文章を読み、以下の問い（問1～3）に答えなさい。

発芽が光によって促進される種子を（　a　）という。（　a　）の発芽を促進する光として、波長（　ア　）nm付近の赤色光が有効である。しかし赤色光を照射した直後に、（　イ　）nm付近の遠赤色光を照射すると赤色光の効果は打ち消されて発芽しなくなる。（　a　）に赤色光と遠赤色光とを交互に照射すると、最後に照射した光が赤色光ならば【　α　】。一方、最後に照射した光が遠赤色光ならば【　β　】。この（　a　）の発芽には、フィトクロムという光受容体が関わっている。フィトクロムはすべての植物に含まれ、（　b　）を吸収するPR型と（　c　）を吸収するPFR型の2つの型をとる。これらは光の吸収により相互に変換され、赤色光を吸収するとフィトクロムは（　d　）型に、遠赤色光を吸収すると（　e　）型になる。種子の中でPFR型のフィトクロムが増えると、（　f　）の合成が誘導されて（　a　）の発芽が促進される。フィトクロムは、（　a　）の発芽促進以外にも花芽形成の促進などさまざまな現象に関与する。これらの現象は主にフィトクロムによって遺伝子発現が調節されることで引き起こされる。細胞レベルで見てみると、フィトクロムは通常、（　g　）に存在している。そして、赤色光を吸収して（　d　）型になったフィトクロムは（　h　）の中へと移動し、遺伝子の遺伝情報をDNAから写し取る過程に関わる他のタンパク質と結合し、発芽などに関係する一群の遺伝子の発現を調節すると考えられている。

問1　文章中の空欄（　ア　）と（　イ　）にあてはまる最も適切な数値を次の（ｉ）～（ｖ）の中からそれぞれ選び、記号で答えなさい。

（ｉ）360　（ii）470　（iii）550　（iv）660　（ｖ）730

問2　文章中の空欄（　a　）～（　h　）にあてはまる最も適切な語句を、それぞれ答えなさい。なお、（　a　）～（　h　）には、文章中にある語句を答えてもよい。

問3　文章中の【　α　】と【　β　】にあてはまる最も適切な言葉を5字以内でそれぞれ答えなさい。なお、句読点は使用しないこと。

問3　次の場面は、二年生のAさんが、鎌倉研究部のB先輩と話しているところである。次の(1)・(2)の各問いに答えなさい。

(1)　傍線部①〜⑤のうちから敬語表現として**誤っているもの**を一つ選んで、番号で答えなさい。

(2)　(1)を適切な敬語表現に直しなさい。

Aさん「B先輩、おはようございます。今日は来月の鎌倉散策の資料作りについてご検討を①なさいますか。」
B先輩「ええ、そうね。案をみせてください。」
Aさん「スタートは大船駅隣の北鎌倉駅からすぐの円覚寺になりました。円覚寺の資料を作成②いたしました。北条時宗について詳しく調べました。」
（B先輩がAさんの資料を確認する。）
B先輩「よくできていますね。それでは、これで円覚寺に行きましょう。当日は、見晴らしのよい弁天堂の茶屋でお茶とお菓子を食べる時間をとりましょう。」
Aさん「はい。お抹茶を楽しみにして③おります。B先輩はいつもお着物ですが、弁天堂の茶屋までの長い階段を先輩が④まいるのは申し訳ないので、長い階段のない仏日庵のお抹茶がよろしいでしょうか。」
B先輩「お着物に慣れているから大丈夫よ。ありがとう。そこからの美しい景色を皆さんと楽しみたいし、メニューも白玉小豆やところてんがある方が選びやすいと思うから、そちらにしてね。」
Aさん「⑤かしこまりました。皆さんに伝えておきます。今日はありがとうございました。」

【三】次の問1〜問3の各問いに答えなさい。

問1　次の(1)〜(3)は、ある言葉の説明をしている。どの言葉の説明になるのか、最も適当なものをそれぞれ後の①〜⑥のうちから一つずつ選んで、番号で答えなさい。

(1)　あることが成り立つためのもとになる条件。

(2)　何事かが起こり得る確実性の度合い。

(3)　物事の根本にもどって全体を考える様子。

①　蓋然性　②　形骸化　③　虚構　④　抜本的　⑤　包括的　⑥　前提

問2　「柔軟なものは、固いものよりもよく耐え、丈夫である。」を表す言葉として、最も適当なものを次の①〜④のうちから一つ選んで、番号で答えなさい。

①　他山の石もって玉をおさむべし
②　柳に雪折れなし
③　人間万事塞翁が馬
④　人間いたるところ青山あり

問10　次の空欄[i]・[ii]に当てはまるものをそれぞれ後の①〜⑥のうちから一つ選んで、番号で答えなさい。

草野心平の主な作品に詩集『[i]』や『第百階級』などがあり、鎌倉にゆかりがある[ii]の主な作品に『山羊の歌』や『在りし日の歌』などがあげられる。共に宮沢賢治の作品を生前から評価した数少ない文学者である。

① 蛙《かえる》
② 罠《わな》
③ 鮫《さめ》
④ 中原中也
⑤ 高村光太郎
⑥ 堀辰雄

② 直感的
③ 情緒的
④ 偶発的

問8 傍線部D「咆哮した」について、その理由として**適当でないもの**を次の①～④のうちから一つ選んで、番号で答えなさい。

① 妹であるトシのいない世にひとり生きなければならないことを苦しんだから。
② 最愛の妹の死を受け止められず、それが叫びとなり、悲しみをおさえることができなかったから。
③ 家の長男として誰にも泣き声を聞かせてならないと唇をかみしめて我慢したから。
④ 妹の最期はあまりの苦痛を伴い、激しい感情をこらえることができなかったから。

問9 宮沢賢治の**作品でないもの**を次の①～④のうちから一つ選んで、番号で答えなさい。

① ヴィヨンの妻
② どんぐりと山猫
③ グスコーブドリの伝記
④ 銀河鉄道の夜

問5　空欄［エ］に当てはまる言葉として最も適当なものを次の①〜④のうちから一つ選んで、番号で答えなさい。

① 具体的思考
② 抽象的思考
③ 数学的思考
④ 歴史的思考

問6　空欄［オ］に当てはまる作品として最も適当なものを次の①〜④のうちから一つ選んで、番号で答えなさい。

① 永訣の朝
② 噴火湾（ノクターン）
③ 青森挽歌
④ オホーツク挽歌

問7　空欄［カ］に当てはまる言葉として最も適当なものを次の①〜④のうちから一つ選んで、番号で答えなさい。

① 論理的

問2　空欄［ア］～［ウ］に入る言葉の組み合わせとして最も適当なものを次の①～④のうちから一つ選んで、番号で答えなさい。

①　ア　ふたたび　　イ　まず　　ウ　にわかに
②　ア　それから　　イ　にわかに　　ウ　速やかに
③　ア　ふたたび　　イ　新たに　　ウ　ぼんやりと
④　ア　もう一度　　イ　ひとつ　　ウ　新たに

問3　傍線部Ｂ「文学的感動とは異質のもの」について、その理由として最も適当なものを次の①～④のうちから一つ選んで、番号で答えなさい。

①　文学的というよりはより俗世的で、賢治そのものの人生に強く心を動かされたから。
②　「詩」は文学としての感動だけでなく、あらゆる感情をともなうものであるから。
③　いわゆる型にはまった形式的なものではなく、創造的で豊かな感受性をもつものだから。
④　文学的というよりは高尚で、美的なものであるから。

問4　傍線部Ｃ「賢治の人生が、ぜんぶある」とはどのようなことか。本文中の言葉を使って二十字以上三十字以内で書きなさい。

二階の部屋にこもってしまった。

翌日の明け方まで出てこなかった。そのときに書いたにちがいないのだ。

——門井慶喜『銀河鉄道の父』——

注1　政次郎……宮沢賢治の父。
注2　函……物を入れる箱。
注3　版面が白く……ページ紙面において余白が大きいこと。
注4　到来物……よそから贈り物としてもらった物。いただき物。
注5　天寵……天の恵み。
注6　筒袖羽織……筒型の、振りのない袖の羽織のこと。
注7　生地……手を加えていない、もともとの性質。
注8　突兀……高く突き出ているさま。

問1　傍線部A「正座した」について、その理由として最も適当なものを次の①～④のうちから一つ選んで、番号で答えなさい。

①　たとえ賢治が息子であっても、本への礼儀を示す必要があると感じたから。
②　当時の日本人は一礼をしてから本を開くことが習慣であり、本を読むときの正座は日常であることから。
③　封建時代の名残で、読書をするときは自然と決まって正座していたから。
④　賢治がただならぬ覚悟で発表した初めての本ということで、改まった姿勢で読もうとしたから。

　まだと言うべきか、もうと言うべきか、一年半前のことだった。ほかの記憶とくらべると、なまなましさが際立っている。あの事件がこの詩集全体において岩手山よろしく独立峰めいた山頂をなしていることは、何となく、本をひらく前から、

（そうだろう）

という気はしていたものの、実際に読むと想像以上だった。その山頂はむしろ非岩手山的なまでに注8突兀《とっこつ》としていた。ほとんど、

（絶頂）

　数の上でも「永訣《えいけつ》の朝」「松の針」「無声慟哭《どうこく》」「風林」「白い鳥」「青森挽歌《ばんか》」「オホーツク挽歌」「噴火湾（ノクターン）」と、じつに八篇もの詩がまとめて並べられているし、その書きかたも幅がひろい。「永訣の朝」や「松の針」はなかば記録映画のような事実に即した展開を見せるし、「青森挽歌」や「オホーツク挽歌」は、やや時間が経ってから書かれたせいか、事実をはなれた死そのものに関する［　エ　］をめざしている感じである。

　そもそも『春と修羅』という本の題そのものがトシがらみだ。政次郎には、そんな気がしてならなかった。なぜなら「無声慟哭」あたりの詩句から見るに、ことに「修羅」の語が、もうトシのいない世にひとり生きなければならない胸のいたみを示している。これらの詩、というより哀吟のなかで、政次郎の心をもっとも深くつらぬいたのは「［　オ　］」だった。

　［　カ　］に、

（あのとき、書いた）

　そう思いあたった。あの夜、午後八時三十分。トシが息をひきとるや、賢治は押入れに首をつっこんで号泣した。というよりD咆哮《ほうこう》した。藤井先生が死亡をたしかめ、家を去ると、賢治はきゅうに部屋を出て、家へもどり、

をはじめたけれども、しばしば、

——友達と、岩手山へのぼりました。

などという手紙をよこしたあたり、[注7]生地は変わることがなかった。

その岩手山も、詩の材料になっている。あの「岩手毎日」に最初に掲載された「外輪山」に手を入れて、あらためてこの本におさめた「東岩手火山」のような長詩もあるが、政次郎はむしろ、わずか四行の「岩手山」全文、

そらの散乱反射のなかに
古ぼけて黒くえぐるもの
ひかりの微塵《みじん》系列の底に
きたなくしろく澱《よど》むもの

が好ましかった。これは何の抵抗もなく心のなかに流れこんで来た。

政次郎自身は、この山にはのぼったことがない。小学校を出るとすぐ家の商売を手伝ったから、そんな時間も友達もなかった。しかし遠目には何度もあおぎ見ているから、物理的な意味で、この詩が正しいことはよくわかる。岩手山はたしかに時間や天気によって黒くもなり、白くもなるのだ。山を謳《うた》うのに、

——古ぼけて。

という語はいささか不適切なようだけれども、これももちろん、賢治のことだ、何らかの地質学的、鉱物学的知識にもとづいているのだろう。地質学ないし鉱物学こそは、中学を卒業した賢治が、盛岡高等農林学校でつくづく夢中になった専門課程にほかならなかった。盛岡高農を卒業すると、賢治は、最愛の妹の死に遭う。

る。文学的感動など他人からの注4到来物にすぎないが、この感動は、政次郎には、おのが身の裡《うち》からの注5天寵《てんちょう》なのだ。

三度目に入ると、こまかな一句を味わうゆとりが出る。[イ]心にのこったのは「青い槍《やり》の葉」のなかの、

雲がちぎれてまた夜があけて
そらは黄水晶《シトリン》ひでりあめ
風に霧ふくぶりきのやなぎ
くもにしらしらそのやなぎ

のくだりだった。黄水晶はもちろん水晶の一種で、黄色で透明なもの。水晶とは、どこにでもある石英のうち結晶形の明瞭なもの。

子供のころの「石っこ賢さん」の、もっとも大切な獲物のひとつだった。トシといっしょに北上川のほとりなどへ行き、いろいろ持ち帰ったものを黒い風呂敷に百個もたいせつに包みこんで押入れに入れておく、そんなかわいい習慣がどれほど長くつづいたことか。政次郎はそれらの石を整理、分類させるため、わざわざ京都で標本箱を買った。政次郎なりの科学教育、社会教育のつもりだった。

などと思い出しはじめると、

（そういえば）

周辺の記憶も、[ウ]よみがえる。子供用の注6筒袖《つつそで》羽織《ばおり》をことさら「ハンド」と呼んだ賢治。あのころ賢治はすこやかだった。冗談ずきの、活発な、みずみずしい子供だった。中学校に入ると家を出て、盛岡で寮生活

わたくしといふ現象は
仮定された有機交流電燈《でんとう》の
ひとつの青い照明です
（あらゆる透明な幽霊の複合体）
風景やみんなといっしょに
せはしくせはしく明滅しながら
いかにもたしかにともりつづける
因果交流電燈の
ひとつの青い照明です
（ひかりはたもち、その電燈は失はれ）

政次郎は、つい首を上に向けた。裸電球のあかりを見て、［ア］本文へ目を落とした。あまりにも当然のことながら、詩集というのは、全篇これ詩なのである。改行が多く、[注3]版面《はんづら》が白く、あっというまに七十篇を読んでしまった。気がつけば音読をやめて黙読になっていたのは、ねむる家族を気にしたからだろうか。詩句がそうさせたのだろうか。

「序」にもどり、二度目にかかった。やはり一気に読了する。心のなかの深い場所にようやく切火《きりび》がまたたいたが、われながら、それはB文学的感動とは異質のものだった。もっとずっと具体的というか、俗世的というか、

（C賢治の人生が、ぜんぶある）

そうしてそれが複雑な陰翳《いんえい》を帯びつつも、活字にしたという行為そのものによって結局のところ肯定されてい

【二】次の文章は、門井慶喜《かどいよしのぶ》の小説『銀河鉄道の父』であり、宮沢賢治が登場する。これを読んで、後の問いに答えなさい。なお、設問の関係上、文章の一部を改めている。

その夜。

家族がみんな寝しずまるころあいを見て、[注1]政次郎は、寝床を這《は》い出した。寝巻のまま座敷に入り、部屋のまんなかに立ち、手を上にのばした。天井から太いひものようなものが垂れさがっている、それを手さぐりで見つけてつかむ。上下へ動かす。小さな銅板に、手首のあたりがふれる。その板を指でつまんで右へひねると、ぱちんと音が立ち、頭上から、橙《だいだい》色を帯びた光がふりそそいだ。光のみなもとは、電球だった。電球の上には銅製の、スープ皿を伏せたようなかたちの覆《おお》いがとりつけられていて、光はひろげられ、ほぼ部屋の全域へちかちかと明暗をくりかえしつつ行きわたっている。

いっとう明るいのは、もちろん電球の真下である。

政次郎はそこに立ったまま、すでに扉の閉まっている仏壇のほうを向いた。そうして尻を落とし、あぐらをかこうとして、

（いや）

A<u>正座した</u>。本をひらいた。寝床の枕もとから持参した『春と修羅』一冊。[注2]函《はこ》は置いてきた。胸の高鳴りを聞きつつ、政次郎は、かさりと表紙をめくった。扉をながめ、ざっくりページをめくったら目次だった。指を折って勘定してみると、ぜんぶで七十篇《ぺん》がおさめられているらしい。政次郎は少しページをもどし、「序」を読んだ。

賢治が、おのれを定義している。

② 4段落

③ 8段落

④ 10段落

問10　この文章の各段落の内容・構成についての説明として、**適当でないもの**を次の①～⑥のうちから**二つ**選んで、番号で答えなさい。ただし、解答の順序は問わない。

① 1段落では従来の手芸についてのイメージを提示し、これに対して2段落で近年の手芸をめぐる環境の変化を提示することで、本論全体のテーマの導入としている。

② 3段落では、「ハンドメイド」という言葉の過去の用例を紹介し、「ハンドメイド」という言葉の概念は今後も変化する可能性があることを予測的に示している。

③ 5段落で「ハンドメイド」と呼ばれるようになった現在の手芸の具体的なイメージを示した後、6段落では本来の手芸の目的を示し、その違いについて問題提起をしている。

④ 7段落はここまでの内容を振り返り、手芸観の変化をまとめて説明した後、本来の手芸の目的の説明に進むために手仕事の歴史へと話題を広げている。

⑤ 8段落では、一九世紀におけるお針子姿の女性の図像イメージの変化を具体例として、手仕事で収入を得ることが困難な社会が変わらなかったことを歴史的に証明している。

⑥ 9段落では一九世紀に空想された手仕事のイメージを紹介し、10段落では二〇世紀の富本憲吉を例に、その理想が実現されようとしたことを説明している。

問8　傍線部F「それでも生涯にわたって『素人《アマチュア》』であることを自認し、創作することにこだわりつづけた」について、その説明として最も適当なものを次の①～④のうちから一つ選んで、番号で答えなさい。

① 工業化や機械化の進歩に反する「稼ぐ」こととは無縁の手仕事を続けるという立場から、人間が創造することの楽しさを表現しようとした。

② 工業化や機械化ができない陶芸の分野において、あえて先入観を持たせないように素人を名乗り、食器本来の機能を表現しようとした。

③ 工業化や機械化された社会に技術の力では対抗することができないために、あえて素人らしく、手づくりのあたたかみを表現しようとした。

④ あくまでも自分の仕事は手芸的な作品であり、陶芸に関しては素人であるという立場から、手で創造することの面白さを表現しようとした。

問9　次の一文は、本文中のある段落の末尾から抜き出したものである。元に戻す位置として最も適当な段落の番号（[2]・[4]・[8]・[10]段落）を後の①～④のうちから一つ選んで、番号で答えなさい。

そして、「稼ぐ」という使命から解放された手仕事は、手芸、クラフト、日曜大工などと呼ばれる余暇の楽しみとなったのだ。

① [2]段落

問5　空欄［ア］に当てはまる内容として最も適当なものを次の①～④のうちから一つ選んで、番号で答えなさい。

①　オリジナルなものをつくる
②　私がつくりたいものをつくる
③　誰もがもとめるものをつくる
④　あたたかみのあるものをつくる

問6　傍線部E「『稼ぐ』ことを目指すプロ志向のハンドメイド作家」について、これらの作家が「プロ」となるためにはどのような努力が必要であると考えられるか。本文の内容を踏まえて、二十五字以上三十字以内で書きなさい。

問7　空欄［イ］～［エ］に当てはまる言葉の組み合わせとして、最も適当なものを次の①～④のうちから一つ選んで、番号で答えなさい。

①　イ　まるで　ウ　しかし　エ　よもや
②　イ　たとえば　ウ　しかし　エ　だから
③　イ　よもや　ウ　たとえば　エ　そのうえ
④　イ　むしろ　ウ　たとえば　エ　あたかも

問3　傍線部C「これまで『手芸』と呼ばれていたものが、いまでは『ハンドメイド』と呼ばれるようになってきた」とあるが、その理由の説明として最も適当なものを次の①〜④のうちから一つ選んで、番号で答えなさい。

①　従来の「手芸」の概念が変化して、マニアックなこだわりをもつ「手芸」を指すために、「ハンドメイド」が用いられるようになった。

②　従来の「手芸」とは異なる新しい概念が登場したため、それに合った新しい語として「ハンドメイド」が用いられるようになった。

③　従来の「手芸」の枠が広がり、新しい概念が登場したため、その全体を示す語として「ハンドメイド」が用いられるようになった。

④　従来の「手芸」にはなかった「稼ぐ」という概念を的確に示す表現として、「ハンドメイド」が用いられるようになった。

問4　傍線部D「手芸の商品化」とはどのようなことか。最も適当なものを次の①〜④のうちから一つ選んで、番号で答えなさい。

①　手芸の購買層が広がることで、手作りの商品価値が見直されたこと。

②　手芸が洗練された商品となり、適正価格で取引されるようになったこと。

③　手芸が商品となって市場を確立し、流通するようになったこと。

④　手芸が商品となることで、作家が生計を立てられる環境が整ったこと。

は彼の小説である。

注3　富本憲吉……一八八六〜一九六三年。陶芸家。イギリスに留学し、モリスらの影響を受ける。帰国後、独学で作陶を始めた。

注4　アーツ&クラフツ運動……モリスを中心として英国で興った美術工芸運動。

問1　傍線部①〜⑤については、漢字は読みをひらがなで書き、傍線部(a)〜(e)については、カタカナを漢字（楷書で書くこと）で書きなさい。

問2　傍線部A「度外視」・B「潜在的」の本文中の意味として、最も適当なものをそれぞれ①〜④のうちから一つ選んで、番号で答えなさい。

A　度外視

①　関係のないものとして、問題にしないこと。
②　限度を超えたものとして、除外すること。
③　損得は考えずに、人助けのためにすること。
④　目の前にあるものを見ようとしないこと。

B　潜在的

①　気づかなかったことが明るみに出ること。
②　まだ知られていない秘められたものであること。
③　外からは見えないが存在していること。
④　存在に気づかれないように身をひそめること。

乱されて行く事を、余り人びとが注意していなかった時代に熱心に良い趣味の復活を美術工芸の上に⑤尽力してくれた人」と解説している。そして、［エ］モリスの理想を自ら実現しようとするかのように、帰国してからの数年間にわたって刺繍《ししゅう》や染色や楽焼など手芸的な作品の制作に取り組んでいた。その後、富本憲吉は陶芸家として大成することになるのだが、Fそれでも生涯にわたって「素人《アマチュア》」であることを自認し、創作することにこだわりつづけた。「私も素人からこの道に入り、人からは今でも素人芸として馬鹿にされつつも、思わぬうちに四十年という年月が過ぎ去り〔…〕」と、「素人」として長年にわたって作陶に取り組んできたことをどこか誇らしげに語る。その言葉からは、純粋な創作への情熱を支えとしながら、手仕事を通じて「手で製作した面白み」や「創造の喜び」を追求しつづけてきたことへの自負がうかがえる。

11 人間が単純労働から解放されたのは工業化、機械化の進歩の成果だが、その半面、手仕事は産業としての役割を失うことになった。中世の手仕事への(e)カイキを夢見たモリスは注4アーツ&クラフツ運動を展開したが、工業化社会へと向かう大勢の流れには抗《あらが》うべくもなく、実質的には手仕事は「稼ぐ」という使命から解放されることになった。その結果、手仕事はその生き残りの道を趣味と表現の世界に見出《みいだ》すことになり、手芸として、また、工芸として生き残ってきたことを富本憲吉の歩みは示しているといえるだろう。

——上羽陽子・山崎明子編『現代手芸考——ものづくりの意味を問い直す』所収——

注1　「第三次手芸ブーム」……「第一次手芸ブーム」は、明治時代、女性の自立のための技術として手芸が盛んになったことを指す。「第二次手芸ブーム」は、一九五〇年代以降、専業主婦層を中心に家事労働の省力化によって生まれた余暇にたしなむ手芸の流行を指す。

注2　ウイリアム・モリス……一八三四～一八九六年。英国の工芸家・詩人・社会思想家。『ユートピアだより』

命から解放されたことによって誕生したのが手芸というホビーだったからだ。

[8] ミシンが普及する前、一九世紀中頃のイギリスの『パンチ』誌に描かれたお針子姿の女性の図像は、経済的にはあまり恵まれない貧しい労働者階級の女性の姿を象徴していた。やがてミシンが普及し、お針子という職業が③廃れてくると、針を手に持って裁縫に(c)ハゲむ女性の図像は、貧困というイメージからは切り離され、家族のために裁縫仕事にいそしむ家族愛にあふれた女性性を象徴する存在として描かれるようになる。ミシンの普及によって労働としての裁縫の仕事は機械に委ねられ、それにともなって針仕事をする女性の姿はわずかなお金を稼ぐためにひたむきに働く女性労働者をイメージさせる図像ではなくなったのだ。このお針子をめぐる図像イメージの変化は、産業の近代化によって手仕事がお金を稼ぐという目的から解放され、趣味的な営みとなったことを示している。合理的なものづくりを目指す産業化社会を迎え、針仕事に限らずさまざまな手作業を機械に委ねることができるようになったことにより、人間はつらい単純労働から解放された。

[9] [注2]ウイリアム・モリスが『ユートピアだより』(*News from Nowhere*, 1890)で描いた二二世紀のロンドンの案内者ハモンド老人は、「手でするのが退屈な仕事はいっさい、非常に改善された機械で行われます。手でやることが楽しい仕事はいっさい、機械を使わずに行われます」と語る。モリスが夢見た未来社会では、生産の機械化によって人間は単純労働から解放され、[イ]手仕事は人間にとって楽しみのためにやる営みとなっているのだ。その未来社会にはお金が存在せず、楽しい手仕事の④報酬は、「創造の喜び」という(d)ムショウのものになっている。

[10] 一九世紀にモリスが夢見た空想的な未来社会における「創造の喜び」にあふれたものづくりとは、二〇世紀においては工芸や手芸というかたちで現実化されてきた、といえるかもしれない。[ウ]、明治末年にロンドン留学から帰国した[注3]富本憲吉は、ウイリアム・モリスのことを、「『手で製作した面白み』が機械の音で追々と

イド」に個人ビジネスとして取り組む手芸家層が増えてきたことをうかがわせる。ゆとりのある主婦が余暇につくり出すあたたかみのある手づくりの作品という家庭的なイメージが染みついていた従来型の「手芸」に替わって、個人ビジネスとして「ハンドメイド」に取り組むつくり手が増えてきたことが近年の手芸ブームの背景にあるようだ。

6 これまで「手芸」と呼ばれてきたものが「ハンドメイド」と呼ばれるようになり、手芸が稼げるものになったことによって、つくり手にはきちんとした商品をつくることが求められるようになってきた。売れるものを、需要があるものを、ファンの期待に応えるものをつくることを自分自身に課し、「作家」という立場で手芸に取り組むプロ志向の手芸家が増えてきた。その結果として、アマチュアという立場だからこそ許されていた「［ア］」という手芸の原点ともいうべき部分が見失われつつあるようにも思われる。稼ぐことができる流通環境が整備されてきたことが現在の手芸ブームの背景にあるのだが、稼げるようになったことによって、手芸の目的が、さらには、手芸のあり方そのものが変容しつつあるのではないだろうか。

（中略）

7 「手芸」が「ハンドメイド」と呼ばれるようになり、インターネット上の販売サイトの浸透もあって手芸が商品化し、販売を目的として手芸に取り組むプロ志向のつくり手が増えてきた、というのが近年の手芸ブームである。売れないよりも売れた方がいい、売れることでモチベーションが上がる、売れることで制作活動を継続することができる……というように「稼ぐ」ことができるようになった手芸をポジティブにとらえるのが現代社会を生きる私たちの一般的な思考だろう。だが、E「稼ぐ」ことを目指すプロ志向のハンドメイド作家の出現をうながす現在の手芸ブームは、手芸の本来的なあり方を揺るがす現象ともいえる。というのも、それまで労働として行われていた手仕事を機械に委ねることができるようになった産業化社会のなかで、手仕事が「稼ぐ」という使てきたのだ。流通経路ができたことによって手芸のB潜在的な需要が(a)ホり起こされるとともに、プロ志向の手芸作家が次々と生まれ、巨大市場として成長してきた。[注1]「第三次手芸ブーム」と呼ばれるような状況が到来している現在だが、その大きな要因のひとつは、これまでほとんど商品価値がないとみなされてきた手芸が商品として流通するようになり、手芸が稼げるものになってきた、という点にあるのだろう。

3 気が付いてみればCこれまで「手芸」と呼ばれていたものが、いまでは「ハンドメイド」と呼ばれるようになってきた。かつて「ハンドメイド」といえば、自作スピーカーなどのオーディオ機器や自作パソコンなど、市販品ではなにかもの足りないというマニアックなこだわりをもった男性による自主制作的な電器や機械類の工作に対して使われる言葉という印象があった。それがいつのまにか編み物やパッチワークやレースやアクセサリーなどといった手芸の分野でも使われるようになってきたのだ。そして二〇一〇（平成二二）年四月からはＮＨＫ教育テレビで「すてきにハンドメイド」（司会：はな）の放送が開始され、「ハンドメイド」という言葉は「手芸」という言葉の②代替語としてすっかり定着したように思われる。

4 「手芸」という(b)キソンの言葉があるにもかかわらず、「ハンドメイド」という言葉がすんなりと浸透したその背景にあるのは、新しい手芸観の出現だろう。「手芸」が「ハンドメイド」と呼ばれるようになってきた大きな要因となっているのは、端的に言えばD手芸の商品化である。

5 かつては手芸関係の本といえばつくり方の本だった。もちろん今でもつくり方の本はたくさん出ているのだが、近年の「ハンドメイド」という言葉の普及とともに目立ってきたのは「ハンドメイド」でいかに稼ぐかという、プロ志向の手芸作家のためのガイドブックだ。「稼げる」「副業入門」「高くても売れる」「ブランドづくりの教科書」「はじめてでもできる」「たのしい売り方」「人気作家になりたい」など、いかにして商品を出品すればいいのか、稼げるようになるのか、人気作家になれるのか、というハウツー本が次々と出版されており、「ハンドメ

国語

（六〇分）

【一】次の文章は、木《き》田《だ》拓《たく》也《や》「商品化する手芸——『手芸』から『ハンドメイド』へ」の一節である。これを読んで、後の問いに答えなさい。なお、設問の関係上、文章の一部を改め、本文の段落に1〜11の番号を付している。

1かつて手芸といえば、「稼ぐ」こととは無縁だった。手芸とは、余暇の時間を使って自発的に手を動かしてものづくりを楽しむことであり、またその作品というのも自分用のものや家族や友人のためのものの場合が多かった。売ることを目的としていなかったし、そもそも商売になるようなものではなかった。もっとも手芸としてつくったものを、地域や学校のバザーなどで販売することがなかったわけではない。だが、制作のためのスキル習得にかけた費用や制作のために①費やした時間をA度外視した価格で売る場合が多く、生業《なりわい》としては成立しないところで、あくまでもアマチュアというつくり手の立場で、気楽なホビーとして成立するものづくりが手芸だった。

2ところが、近年、手芸をとりまく環境が大きく変わってきた。各地で開催されるクラフトフェアやインターネットによる個人売買サイトの普及によって個人の生産者と消費者を直接つなぐC to C（Customer to Customer：一般消費者間取引）という販売経路が確立され、誰でも気軽に売り手／買い手として参加できる環境が整備され

解答編

英語

1 解答

問1．エ　問2．イ　問3．ア　問4．ウ　問5．ウ
問6．ア　問7．エ　問8．イ　問9．ウ　問10．ア

2 解答

①―ウ　②―ウ　③―エ　④―エ　⑤―ア
⑥―イ　⑦―ウ　⑧―エ　⑨―ア　⑩―ウ

3 解答 ≪地球村形成に役立つ三つの国際感覚≫

問1．エ　問2．ウ　問3．イ　問4．V　問5．ア

4 解答 ≪2020 年度米国学校教育の課題に関する調査結果≫

問1．a―ア　b―カ　c―オ　問2．イ
問3．1番目：ウ　4番目：ア
問4．③―オ　④―エ　⑤―ウ

5 解答 ≪印象をよくする握手の仕方≫

問1．①―エ　②―ア　③―ア　④―イ　⑤―エ
問2．risk　問3．①―○　②―○　③―×
問4．エ・オ

■化学■

1 解答 ≪有機化合物の特徴，プラスチックの合成と性質≫

問１．・炭素原子を骨格とした化合物を有機化合物，それ以外の化合物を無機化合物という。・有機化合物は可燃性のものが多いが，無機化合物は不燃性のものが多い。・有機化合物は水に溶けにくいものが多いが，無機化合物は水に溶けやすいものが多い。・有機化合物は無機化合物に比べ，融点や沸点が低いものが多い。など

問２．①天然ガス　②石油（順不問）

問３．③付加重合　④縮合重合

問４．ア－③　イ－③　ウ－④　エ－④

問５．ア・イ・ウ

問６．⑤マテリアルリサイクル　⑥ケミカルリサイクル

2 解答 ≪原子の構造，水酸化カルシウム水溶液の濃度計算≫

問１．ア．電子　イ．陽子　ウ．近い内側

問２．中性子数：20個　最外殻電子数：２個

問３．(1)$Ca(OH)_2$　(2)1.6〔g〕

(3)質量パーセント濃度：0.16〔%〕　モル濃度：2.2×10^{-2}〔mol/L〕

3 解答 ≪物質の状態と粒子の熱運動≫

ア．三態　イ．融解　ウ．凝固　エ．蒸発　オ．凝縮　カ．昇華

キ．融点　ク．沸点　ケ．熱運動　コ．気体　サ．固体

シ．分子間力　ス．絶対零度　セ．０　ソ．－273

4　解答　≪有機化合物の元素分析≫

問1．白金は酸化されたり，有機化合物 X と反応したりしないから。

問2．3.2〔mg〕　問3．0.53〔mg〕　問4．2.1〔mg〕

問5．C_2H_4O

5　解答　≪酸素を含む脂肪族化合物の反応系統≫

問1．反応(a)：ウ　反応(b)：イ　反応(c)：エ　反応(d)：カ
反応(e)：オ

問2．（化合物A）名称：エチレン　示性式：CH_2CH_2

（化合物B）名称：ジエチルエーテル　示性式：$CH_3CH_2OCH_2CH_3$

（化合物C）名称：アセトアルデヒド　示性式：CH_3CHO

（化合物D）名称：酢酸　示性式：CH_3COOH

（化合物E）名称：酢酸エチル　示性式：$CH_3COOCH_2CH_3$

問3．反応(a)CH_3CH_2OH　$CH_2CH_2+H_2O$
反応(c)$2CH_3CH_2OH$　$CH_3CH_2OCH_2CH_3+H_2O$

6　解答　≪大豆に含まれるたんぱく質の質量，アルコール発酵，ポリペプチド≫

問1．0.350〔g〕　問2．1.15〔g〕

問3．(1)グリシン　　　　　　アラニン

$$NH_2-\underset{\underset{H}{|}}{CH}-COOH \qquad NH_2-\underset{\underset{CH_3}{|}}{CH}-COOH$$

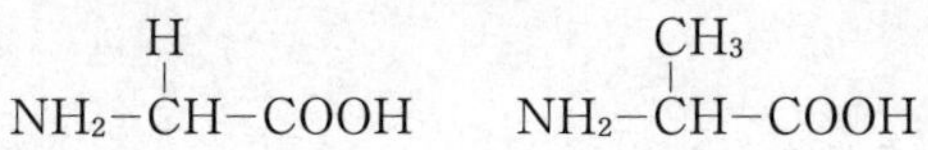

(2)　199 個　(3)　12818

■生物■

1 解答 ≪細胞の構造とはたらき，セントラルドグマ≫

問1．1．真核細胞　2．核

問2．ア―⑤　イ―⑥　ウ―③　エ―①　オ―②　カ―④

問3．Ⅰ―⑥　Ⅱ―③　Ⅲ―⑤　Ⅳ―①

問4．418塩基

問5．32000個

2 解答 ≪タンパク質の消化と合成，遺伝子の進化≫

問1．a．アミノ酸　b．消化　c．小腸

問2．翻訳

問3．リボソーム

問4．転写

問5．ブタとヒトの共通祖先でDNAの塩基配列に突然変異が生じ，それが蓄積してブタやヒトへと種分化するように進化した。そのため筋収縮という同じ機能をもつタンパク質でも種間ではアミノ酸配列に違いがある。(100字以内)

3 解答 ≪腎臓のはたらき≫

問1．110倍

問2．165〔L〕

問3．163.5〔L〕

問4．98.9〔%〕

問5．タンパク質：①　グルコース：③

問6．(水) ホルモンの名称：バソプレシン　内分泌腺の名称：脳下垂体後葉

（ナトリウムイオン）ホルモンの名称：鉱質コルチコイド　内分泌腺の名称：副腎皮質

4　解答　≪光合成と呼吸≫

問１．試験管１：②　試験管２：①　試験管３：③　試験管５：①　試験管６：①　試験管７：①

問２．①－×　②－○　③－×　④－○　⑤－×

問３．光を照射した場合：②　光を遮断した場合：②

5　解答　≪屈筋反射の反応経路≫

問１．A．屈筋　B．収縮　C．伝導　D．カルシウム　E．カルシウムイオン　F．シナプス小胞　G．シナプス間隙　H．受容体　I．伝達　J．アセチルコリン

問２．①－ケ　②－イ　③－ア　④－キ

問３．60400 個

6　解答　≪光発芽種子≫

問１．ア－(iv)　イ－(v)

問２．a．光発芽種子　b．赤色光　c．遠赤色光　d．P_{FR}　e．P_R　f．ジベレリン　g．細胞質　h．核

問３．α．発芽する　β．発芽しない

解答

問1　④
問2　①

問3　①
問4　子供のころの思い出や最愛の妹の死が描かれているということ。（二十字以上三十字以内）
問5　②
問6　①
問7　②
問8　③
問9　①
問10　i—①　ii—④

三

解答

問1　(1)—⑥　(2)—①　(3)—④
問2　②

問3　(1)—④　(2)いらっしゃる〔お越しになる〕

国語

一

出典　木田拓也「商品化する手芸―『手芸』から『ハンドメイド』へ」（上羽陽子・山崎明子編『現代手芸考―ものづくりの意味を問い直す』〈4章　稼ぐ〉フィルムアート社）

解答

問1　①つい　②だいたい　③すた　④ほうしゅう　⑤じんりょく
(a)掘　(b)既存　(c)励　(d)無償　(e)回帰

問2　A―①　B―③

問3　④

問4　③

問5　②

問6　ファンの期待に応えるきちんとした需要のある商品をつくる努力。（二十五字以上三十字以内）

問7　④

問8　④

問9　③

問10　②・⑤

二

出典　門井慶喜『銀河鉄道の父』〈8　春と修羅〉（講談社）

· memo ·

2021年度

問題と解答

■一般選抜（特待生チャレンジ）

問題編

▶試験科目・配点

学部・学科		教科	科目	配点
家政	家政保健	外国語	コミュニケーション英語Ⅰ・Ⅱ，英語表現Ⅰ	100点
		国語	国語総合（古文・漢文を除く）	100点
	管理栄養	外国語	コミュニケーション英語Ⅰ・Ⅱ，英語表現Ⅰ	3教科受験 2教科判定※③ （各100点）
		国語	国語総合（古文・漢文を除く）	
		理科	「化学基礎・化学※①」，「生物基礎・生物※②」から1科目選択	
児童		外国語	コミュニケーション英語Ⅰ・Ⅱ，英語表現Ⅰ	100点
		国語	国語総合（古文・漢文を除く）	100点
教育		外国語	コミュニケーション英語Ⅰ・Ⅱ，英語表現Ⅰ	100点
		国語	国語総合（古文・漢文を除く）	100点
短大		国語	国語総合（古文・漢文を除く）	100点

▶備考

調査書および上記の学力試験により選考される。

※①：「化学基礎・化学」の出題範囲は，「無機物質の性質と利用・有機化合物の性質と利用」

※②：「生物基礎・生物」の出題範囲は，「生物の生殖と発生・生物の環境応答」

※③：各教科を偏差値化して外国語と国語の高い教科の偏差値と理科の偏差値の合計で判定する。

英語

（60 分）

第 1 問　次の各文のカッコ内に入る最も適切な英語をア〜エの中から選び、その記号を書きなさい。

問 1　I agree (　　　　) her for the most part.

ア. by　　イ. for　　ウ. in　　エ. with

問 2　Our boss started the project, so he will be blamed if things (　　　　) wrong.

ア. go　　イ. had gone　　ウ. has gone　　エ. went

問 3　Tom saw a boat (　　　　) in the sea between the two islands, so he called the rescue squad immediately.

ア. to float　　イ. floating　　ウ. to be floated　　エ. floated

問 4　It's quite difficult to arrange airline tickets to Osaka in this season. They're (　　　　).

ア. fully always booked　　イ. full booking always

ウ. always fully booked　　エ. booking full always

問 5　Recently I started to read the news online. That's why I stopped (　　　　) to any newspapers.

ア. on subscribing　　イ. subscribe　　ウ. subscribing　　エ. to subscribe

第2問　次の各文のカッコ内に入る最も適切な英語をア〜エの中から選び、その記号を書きなさい。

問 1　I (　　　) how many people want to join in this online event.

ア. doubt　イ. think　ウ. wonder　エ. hear

問 2　How many eggs did the hen (　　　) this morning? I saw some yesterday, but I cannot find any right now.

ア. fall　イ. lay　ウ. earn　エ. construct

問 3　Angelina was presented with an (　　　) for her excellent performance.

ア. award　イ. error　ウ. inquiry　エ. offense

問 4　It's about time to (　　　) our discussion. We have discussed the matter throughout the day.

ア. run for　イ. bring into　ウ. begin　エ. summarize

問 5　My hometown in Canada is so (　　　) that only airplanes and snowmobiles connect the district's three tiny villages.

ア. urban　イ. lifelong　ウ. isolated　エ. modernized

問 6　You (　　　) who might be listening to you. You should close the window immediately.

ア. never know　イ. always know

ウ. have ever seen　エ. have seen recently

問 7　Suddenly a funny idea (　　　) Kate. It was kind of stupid in the beginning.

ア. lost sight of　イ. had in mind to

ウ. gave a glance at　エ. took hold of

問 8　Every time I (　　　) an answer to your question, you have found new questions that I didn't expect.

ア. come up with　イ. put up with　ウ. look down on　エ. sit down on

問 9　Internet service in this country is very expensive and comes with data capacity. Internet service is also (　　　) due to weather.

ア. quite fast at work　イ. prone to interruptions

ウ. destroyed and absorbed　エ. developed and run

問 10　As students become familiar with remote learning, educational technology companies are trying to sell their products (　　　) and engaged.

ア. so as not to offer students

イ. as solutions to keep students connected

ウ. when it comes to connect students

エ. so that students cannot offer solutions

第３問　次のカッコ①～⑩に入る最も適切な英語をア～エの中から選び、その記号を書きなさい。

問１　A: How do you like Tokyo life? Have you become used to it yet?
B: Yes, it is just great! There is one thing I (①), though. That is the heavy traffic jam in the city.
A: Well, that is something you cannot avoid (②).
B: I agree. Other than that I am pleased with my new environment.

①の選択肢

ア. am happiest about

イ. have to adjust to

ウ. refrain from enjoying

エ. can hardly adopt

②の選択肢

ア. as long as you choose to live in Tokyo

イ. provided that you stay away from Tokyo

ウ. if you decide to move from Tokyo

エ. as far as you are concerned

問２　*looking at a picture*
A: Oh, pretty three sisters! Is this an old picture of when you were a child? Which one are you?
B: The little girl with the red ribbon is me. It (③) of the time when three of us all lived together in my hometown.
A: Where do your sisters live? Do they still live there?
B: That's right. (④) who came up to Tokyo to get into university.

③の選択肢

ア. is not so nostalgic

イ. remembers something

ウ. brings back memories

エ. describes the story

④の選択肢

ア. I have three sisters

イ. This is my big sister

ウ. I'm the only girl

エ. There is one sister

問 3　A: I got caught in a shower and got wet to the skin.

B: Didn't you bring an umbrella with you?

A: Sure I did, but (⑤)

B: (⑥) Why don't you take a bath?

⑤の選択肢

ア. there was also a devastating tornado.

イ. there was also a horrible thunder.

ウ. there was also a pool of water.

エ. there was also a strong wind blowing.

⑥の選択肢

ア. I regret it.

イ. Things could have been better.

ウ. Too bad.

エ. I wonder!

問 4　*in a coffee shop*

A: Excuse me, (⑦) to smoke here.

B: Oh, I forgot. This is a non-smoking area, right? I will move to the smoking area.

A: Sorry, you may (⑧) but we made the whole area non-smoking recently.

B: Really? It is news to me. I got it.

⑦の選択肢

ア. you are not hesitating

イ. you are allowed

ウ. you are privileged

エ. you are not supposed

⑧の選択肢

ア. smoke freely

イ. feel uncomfortable

ウ. be delighted

エ. have heard it from someone

問5　*on the phone*

A: How long are you staying in Japan on this business trip? Can you come and visit my place?

B: (　⑨　). I cannot spend more than five days this time, and I cannot tell how soon I can get my business done in Tokyo.

A: I see. But I (　⑩　). I had my house renovated and it looks like a totally new house now. Besides, it's just a short trip from Tokyo, isn't it?

B: OK, if you insist. I will try my best. Wish me luck with my business deal.

⑨の選択肢

ア. Ten days

イ. That depends

ウ. Not more than three days

エ. You are asking for something impossible

⑩の選択肢

ア. really want you to call me as soon as you arrive in Tokyo

イ. really want you to come to Tokyo

ウ. really want you to drop by my house

エ. really want you to finish your business first

第4問　次の英文と対話文を読み、後の問いに答えなさい。

I was brought up in Japan and educated in Japanese schools through the medium of Japanese until I was 15 years old. My background is that I received all of my compulsory education in Nagano prefecture in Japan, before returning to the UK for *1Ordinary and Advanced level examinations, my degree and a *2Postgraduate Certificate in Education (PGCE). I cannot remember a time when I was not bilingual between English and Japanese.

I did have a very bad 'culture shock' experience when I first came to the UK. This was because, although when we were in Japan we had always talked about England as 'home', in fact culturally this was not the case for me. Even today my instinctive thought patterns are often Japanese. For example, when I think how I should relate to certain people I tend to apply the Japanese concepts of '*giri*' and '*on*' (social obligation). In this way I tend to expect relationships to be based on a Japanese model, and I consciously have to stop myself and reason that what I am expecting is the Japanese way of behaving and not an English one.

(Lydia Morey, Japanese and English: Languages of Different Organization, In Asako Yamada-Yamamoto & Brian J. Richards, *Japanese Children Abroad: Cultural, Educational and Language Issues*, Bilingual Education And Bilingualism 15, Multilingual Matters Ltd. 1998,一部改変)

注）　*1 Ordinary and Advanced level examinations: イギリスの中等教育修了を評価するＯレベルと高等教育入学資格として認められるＡレベルの統一試験

*2 Postgraduate Certificate in Education: 教職専門課程

In International Communication Class

Professor：Students, have you finished reading the above passage? Hanako, may I ask you some questions, since you had overseas experience as well.

Hanako：Yes, of course.　I was brought up in UK in my childhood and returned to Japan when I was 13.

Professor：Did you experience (　①　) when you returned to Japan?

Hanako：Yes, actually I went through a hard time getting used to the Japanese school system at that time.

Professor：What made you feel that it was difficult to adjust to Japanese schools?

Hanako：The most striking thing was that my classmates in Japan (　②　) ask teachers questions in class.　When I raised my hand to ask questions, I felt uneasy in the atmosphere of the silent class.

Professor：I believe you felt free to ask questions in English schools to discuss various issues with your classmates.　Now, what else made you (a)________ during the transition time?

Hanako：As was mentioned in this passage, I always dreamed of returning to Japan since we always talked about Japan as '(　③　)' among family.

Professor：It must have been very hard for you.　Did you also find it difficult to understand relationships in Japan like '(　④　)' and '*on*'?

Hanako：Yes, indeed.　I was more independent and rational, which made me puzzled in group activities.　However, now I feel very lucky to have experienced two cultures and believe this will be the (b)________ of my career in the future.

問 1　対話文のカッコ①～④に入る最も適切な英語をア～エの中から選び、その記号を書きなさい。

①　ア. a Japanese model

イ. an English accent

ウ. high time

エ. culture shock

②　ア. often

イ. seldom

ウ. always

エ. continuously

③　ア. home

イ. a foreign country

ウ. a country we would never return

エ. a wonderland

④ ア. *enryo*

イ. *omoiyari*

ウ. *kenson*

エ. *giri*

問 2　本文の内容に合うように、下線部 (a) と (b) に入る最も適切な英語をア～カの中から選び、その記号を書きなさい。

ア. obstacle　　イ. strength　　ウ. weakness　　エ. happy
オ. lonely　　カ. excited

第5問　次の英文は、職場の衛生管理を目的とする手洗い励行に関するものです。英文とイラストを読み、後の問いに答えなさい。

To maintain the offices in a good sanitary and clean state, we need to follow the 9 steps of proper hand washing. But first, why does hand washing require 9 steps? You just wash your hands and go, right? Oh, how wrong.... Not washing your hands properly is the biggest cause of office illness. It is estimated a desk phone has 25,127 microbes *1per sq. inch, keyboards 3,295 and mice 1,676, so you might not be surprised to find out that 60% of time-off-work illnesses *2are contracted from dirty office equipment. Follow these 9 simple steps to get rid of germs and viruses on your hands.

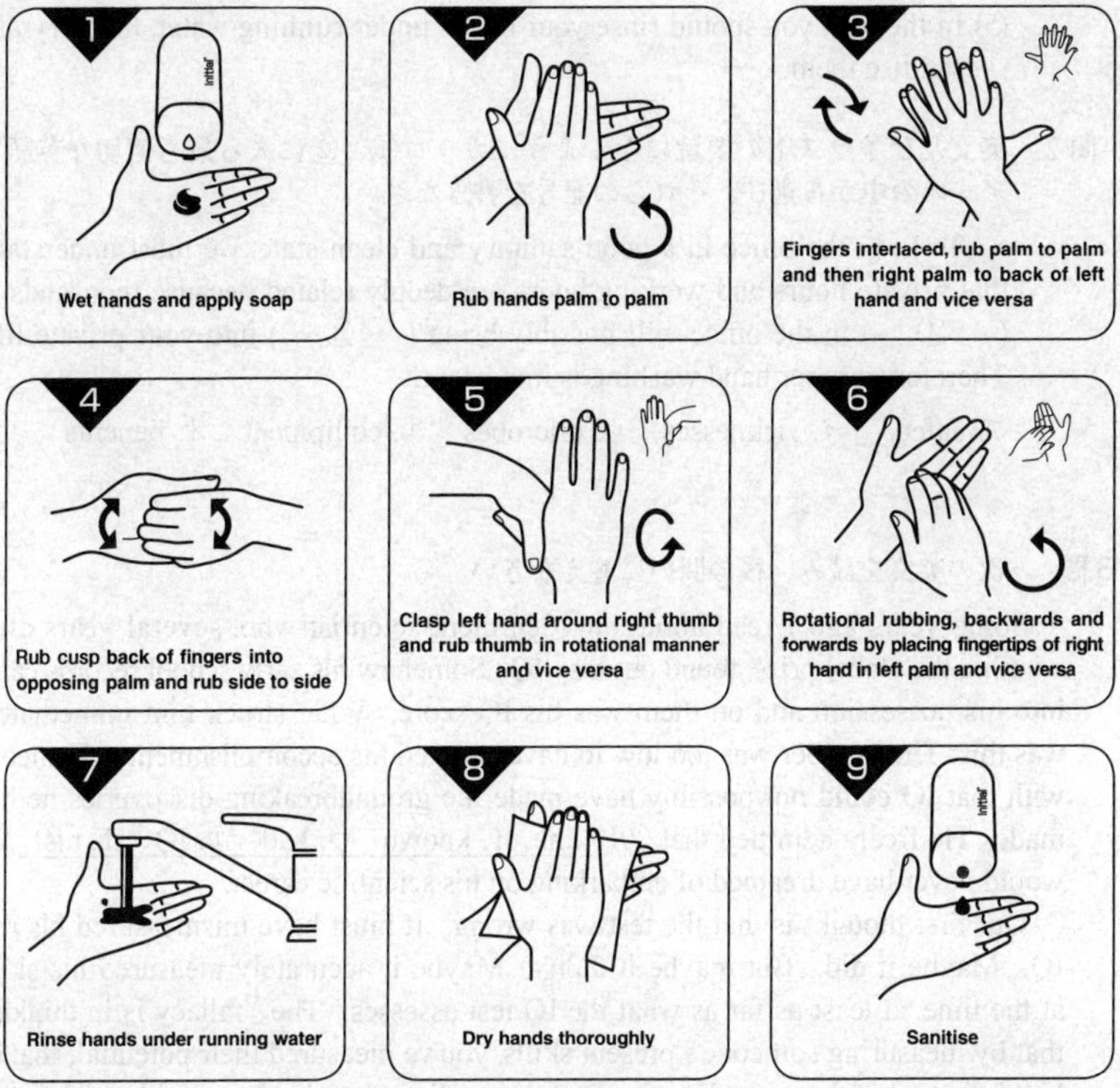
1
Wet hands and apply soap
2
Rub hands palm to palm
3
Fingers interlaced, rub palm to palm and then right palm to back of left hand and vice versa
4
Rub cusp back of fingers into opposing palm and rub side to side
5
Clasp left hand around right thumb and rub thumb in rotational manner and vice versa
6
Rotational rubbing, backwards and forwards by placing fingertips of right hand in left palm and vice versa
7
Rinse hands under running water
8
Dry hands thoroughly
9
Sanitise

(Adapted from Kate Levy, *The nine steps of proper hand washing,* October, 2017, https://www.initial.com/, Retrieved on July 5th, 2020)

注) [*1] per sq. inch: 1 インチ平方当たり
　　[*2] be contracted from ～：～から感染する
　　イラスト2　rub: こする　　　イラスト3　interlace: 組み合わせる
　　イラスト4　cusp: 先端　　　　イラスト5　clasp: 握りしめる

問 1　英文及びイラストの内容に一致する場合は○、一致しない場合は×を書きなさい。

(1) Washing your hands lightly without soap will keep the office sanitary and in a clean state.

(2) Keyboards in the office have about twice as many microbes as mice do.

(3) You should wash your hands carefully not to hurt yourself with your fingertips.

(4) You must clasp and rub right and left thumbs in rotation manner as well as other fingers.

(5) In the end, you should rinse your hands under running water, then dry and sanitise them.

問 2 英文及びイラストの要旨になるようにカッコ①、②に入る最も適切な英語をア～オの中から選び、それらの記号を書きなさい。

To keep the office in a good sanitary and clean state, we must understand that private hours and working hours are deeply related because thousands of (①) in the office will possibly bring (②) into your private life. Therefore, proper hand washing is important.

ア. safety イ. sicknesses ウ. microbes エ. equipment オ. benefits

第 6 問 次の英文を読み、後の問いに答えなさい。

Some years ago I read about an ①eminent scientist who, several years after winning the Nobel prize, found out his *1IQ. Somehow his early school records came into his possession and on them was his IQ score. What struck him immediately was this: The number was too low to have enabled his accomplishments. Someone with that IQ could not possibly have made the groundbreaking discoveries he had made. He freely admitted that ②(ア. he イ. known ウ. had エ. IQ オ. his), he would never have dreamed of embarking on his scientific career.

Our first thought is that the test was wrong. It must have mismeasured his real IQ. Maybe it did. But maybe it didn't. Maybe it accurately measured his skills at the time, at least as far as what the IQ test assesses. The *2fallacy is in thinking that by measuring someone's present skills, you've measured their potential; that by looking at what they can do now, you can predict what they're capable of doing in the future.

Alfred Binet, the inventor of the IQ test, knew this wasn't true. He invented the IQ test, not to measure children's fixed *3entities, but to identify children who were not thriving in the Paris public schools. He wanted to devise programs that would get them back on track and help them to blossom intellectually. Far from assuming that these children were *4irrevocably *5deficient, he held the view that their intelligence could be nurtured through the proper educational programs.

(中略)

Can we measure intellectual potential? No. We can measure what someone can do right now, and we can use our measurement to try to predict what he or she might do in the future, but we cannot really measure potential. What's more, all our predictions have a great margin of error. There's a great deal of error in trying to predict academic achievement from prior IQ scores, and if we want to predict success in life, IQ scores are (③) very little use.

The enormous fuss over whether one group in our society has 5 or 10 more IQ points than another group is, for the most part, senseless. It would make sense to raise a fuss over this only if it *6spurred us to fight for greater equality of education. But it makes no sense to use this as an index of a group's potential, as an index of what they're capable of accomplishing with the right kinds of motivation and instruction.

(Carol S. Dweck, *Self-Theories: Their Role in Motivation, Personality, and Development*, Psychology Press, 2000　一部改変)

注）*1 IQ (intelligence quotient)：知能指数　*2 fallacy：誤った推論
*3 entity：本質　*4 irrevocably：取り返しのつかないほど
*5 deficient：学習に遅れがある　*6 spur：励みになる

問 1　下線部①と最も近い意味の英語をア～エの中から選び、その記号を書きなさい。

ア. gorgeous　イ. independent　ウ. self-disciplined　エ. famous

問 2　下線部②を正しい順番に並べ替え、2 番目と 4 番目に来る英語を記号で書きなさい。

問 3　英文中のカッコ③に入る最も適切な英語をア～エの中から選び、その記号を書きなさい。

ア. at　イ. for　ウ. of　エ. in

問 4　本文に述べられている内容と一致するものをア～オの中から 2 つ選び、その記号を書きなさい。

ア. IQ テストは、子どもの将来の知的発達を予測できる尺度である。
イ. Alfred Binet は学習に遅れのある子どもたちが遅れを取り戻して、知的発達を遂げるプログラムを作ろうとした。
ウ. 英文中のノーベル賞受賞者の IQ はやはり並外れて高かった。
エ. IQ から子どもの将来の知的発達、ましてや成功を予測しようとすることは誤りである。
オ. 英文中のノーベル賞受賞者は、子どものころに自分の IQ を知っていれば良かったと述懐した。

■化学■

（60分）

（注意）必要があれば、次の値を使用しなさい。
原子量　H：1、C：12、O：16、Na：23、S：32、Cl：35.5、I：127

第1問　次の(1)〜(10)の文章は、日常生活に関する物質についての記述である。文章が正しい場合には「○」の記号を、誤りを含んでいる場合には「×」の記号を解答欄に答えなさい。

(1)　アルミニウム板の製造に必要なエネルギーは、鉱石から製造する方が、アルミニウム缶などからリサイクルするよりも節約できる。

(2)　油で揚げたスナック菓子の袋に酸素が充填されているのは、油が劣化するのを防止するためである。

(3)　活性炭は、殺菌のため水道水に加えられている。

(4)　プラスチック・バッグの使用削減が求められているのは、廃棄されたプラスチック・バッグがごみ集積場に蓄積して他のゴミが捨てられなくなるからである。

(5)　雨水には空気中の二酸化炭素が溶けているため、大気汚染の影響がなくても雨水は酸性である。

(6)　一般の洗剤には、親水性の部分と疎水性の部分とをあわせもつ分子が含まれている。

(7)　塩化ナトリウムは、塩素系漂白剤の主成分として用いられている。

(8)　金属の銅は、ブロンズ像の主たる成分である。

(9)　ポリエチレンテレフタラートは、飲料用ボトルに用いられている。

(10)　メタノールは、医療用や食品製造用のアルコールの主成分である。

第2問　次の文章を読み、以下の問い（問1～3）に答えなさい。

原子には、原子番号が同じであっても（　ア　）の数が異なるため、質量数が異なるものがある。これらの原子を互いに（　イ　）という。（　イ　）は、原子核に存在する（　ウ　）の数が同じであり、また、これらの原子の化学的性質はほとんど同じである。①（　イ　）は多くの元素に存在し、各元素の（　イ　）の天然存在比はほぼ一定である。

（　イ　）の中には、原子核が不安定で自然に（　エ　）を放出して、別の原子核に壊変するものがある。このような（　イ　）を（　オ　）といい、（　エ　）を出す性質を（　カ　）という。また、②（　オ　）が壊変によって半分の量になる時間を（　キ　）という。

問1　文中の（　ア　）～（　キ　）に当てはまる適切な語句を答えなさい。

問2　下線部①について、地球上に（　イ　）が存在しない元素を下の［元素］からすべて選び、元素記号で答えなさい。

［元素］　水素、炭素、酸素、フッ素、ナトリウム、アルミニウム、塩素

問3　下線部②の性質を利用して、物質の年代推定に応用されているが、最も利用されている（　オ　）について、その元素記号に質量数と原子番号を入れて答えなさい。

第3問　次の文章を読み、以下の問い（問1〜7）に答えなさい。

「まぜるな危険　酸性タイプ」の洗浄剤には約10%の塩化水素が含まれることが分かっている。この洗浄剤に含まれる塩化水素の濃度を正確に求めるため、この洗浄剤を正確に20倍に希釈して試料とし、0.100mol/Lの水酸化ナトリウム水溶液で中和滴定することにした。

問1　塩化水素の分子量を小数点第1位まで答えなさい。

問2　化学試薬として入手できる水酸化ナトリウム（試薬特級）の形状は、以下のどれが最も近いと考えられるか、a〜cの記号で答えなさい。

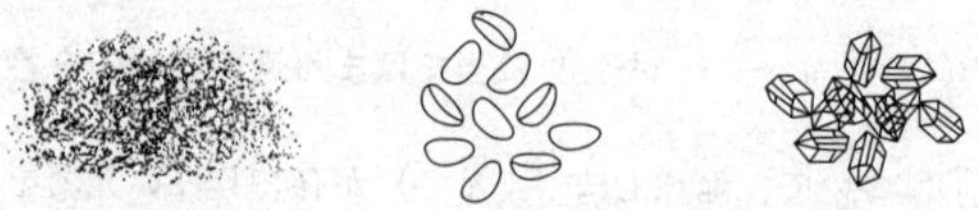

a．粉末状　　b．粒状　　c．結晶状

問3　0.100mol/Lの水酸化ナトリウム水溶液100mLを調整するため、用いる器具を準備することになった。水酸化ナトリウムを取る薬さじや薬包紙、ビーカー、かくはん棒の他に、以下の中で、最も適切と思われる必要最小限の器具をすべて選び、a〜gの記号で答えなさい。

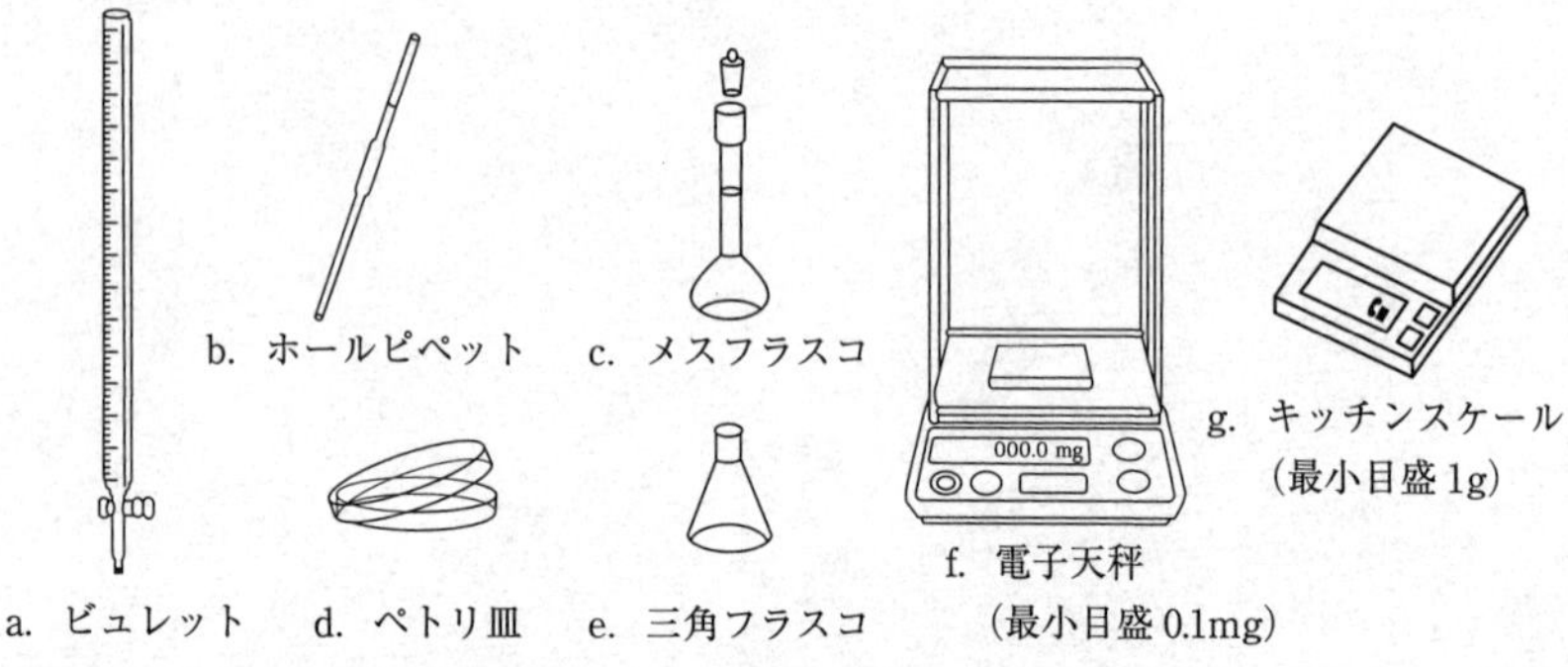

問4　水酸化ナトリウムの式量を小数点第1位まで答えなさい。

問5　0.100mol/Lの水酸化ナトリウム水溶液100mLを調整するために必要な水酸化ナトリウムの質量を有効数字3桁で答えなさい。ただし解答欄には必ず単位も記述すること。

問6　試料10.0mLを中和するために、0.100mol/Lの水酸化ナトリウム水溶液が14.0mL必要であった。この時、試料に含まれる塩化水素の濃度（mol/L）を、有効数字3桁で答えなさい。

問 7　この洗浄剤に含まれる塩化水素の正確な濃度（%）を、有効数字 3 桁で答えなさい。ただし、この洗浄剤の密度は 1.00g/㎤とする。

第４問　Ag^{+}、Cu^{2+}、Fe^{3+}、K^{+}、Zn^{2+} の金属イオンを含む水溶液を、次の手順に従って系統分析した。以下の問い（問 1 〜 7）に答えなさい。

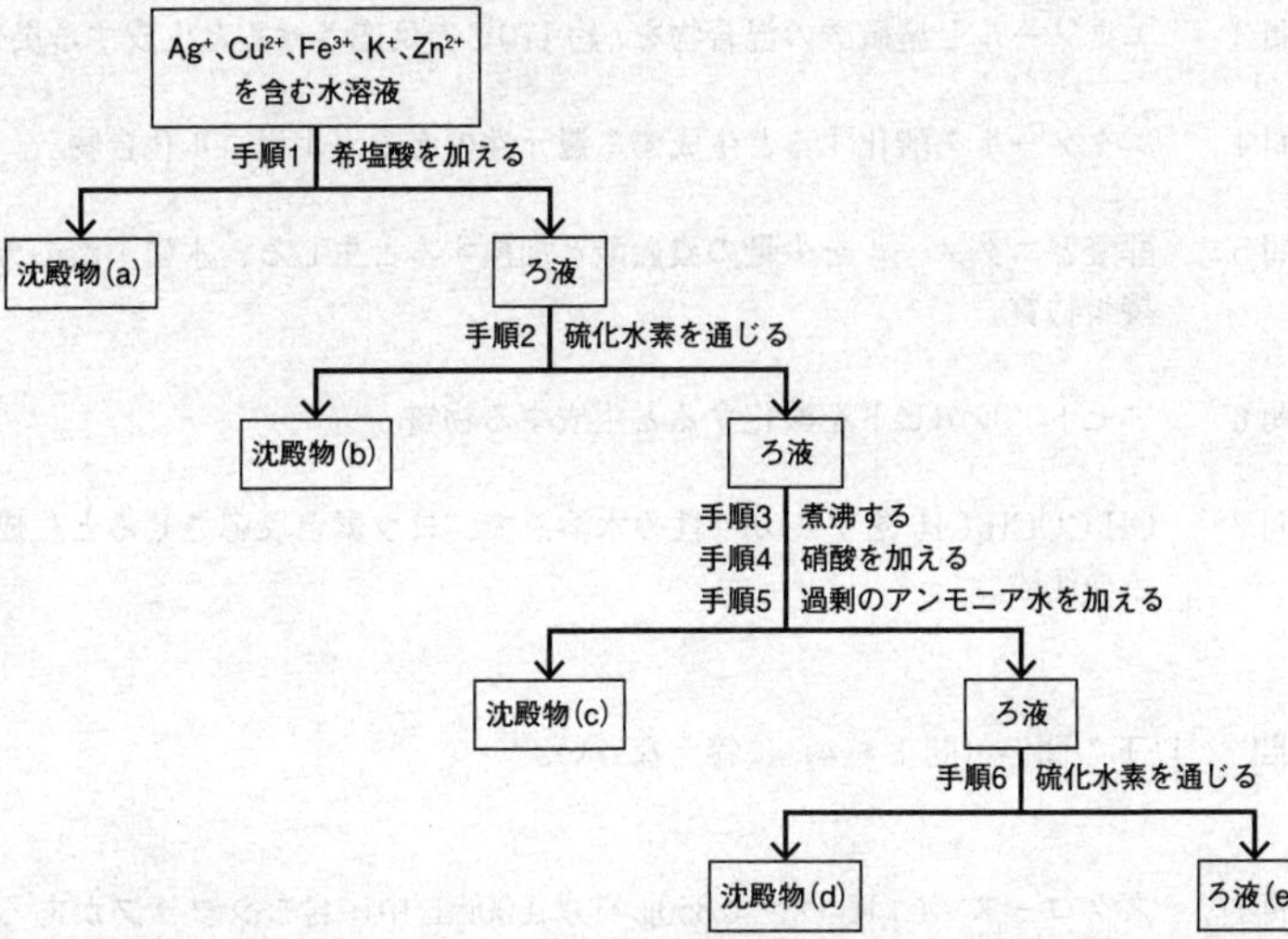

問 1　手順 1 の結果生じる沈殿物（a）を、化学式で答えなさい。

問 2　手順 2 の結果生じる沈殿物（b）を、化学式で答えなさい。

問 3　手順 3 で煮沸した理由を、簡潔に答えなさい。

問 4　手順 4 で硝酸を加えた理由を、簡潔に答えなさい。

問 5　手順 5 の結果生じる沈殿物（c）を、化学式で答えなさい。

問 6　手順 6 の結果生じる沈殿物（d）を、化学式で答えなさい。

問 7　最終的に得られた、ろ液（e）に炎色反応を行うと何色を呈するか、最も適切な色を以下の［語群］より選び答えなさい。

［語群］紅色、赤色、橙色、黄色、緑色、青色、赤紫色、黒紫色

第5問　以下の問い (問1～7) の反応にあてはまる物質の名称と示性式を答えなさい。

問1　還元すると 2-プロパノールを生成するケトン。

問2　濃硫酸と穏やかな条件で加熱すると、ジエチルエーテルを生じる物質。

問3　エタノールと濃硫酸の混合物を、約 170℃で反応させると生成する炭化水素。

問4　エタノールを酸化すると生成する還元性のあるカルボニル化合物。

問5　酢酸とエタノールを少量の濃硫酸と加熱すると生じる、水に不溶の芳香臭を持つ物質。

問6　アセトアルデヒドを酸化すると生成する物質。

問7　$CH_3COCH_2CH_3$ をアルカリ性の水溶液で、ヨウ素と反応させると生成する黄色の沈殿。

第6問　以下の問い（問1～4）に答えなさい。

問1　スクロース（$C_{12}H_{22}O_{11}$）0.850g を水 1.00mL 中に含むシロップがある。このシロップ中のスクロースのモル濃度（mol/L）を答えなさい。

問2　問1のシロップの密度は 1.32g/cm^3 である。このシロップ中のスクロースの質量パーセント濃度（%）を答えなさい。

問3　このシロップに、スクロース濃度 50.0% のフレーバー入りシロップを等量混合した。この混合シロップ中のスクロースの質量パーセント濃度（%）を答えなさい。

問4　カップにお湯 200g と問3で混合したシロップを 40.0g 混ぜた。このカップの中のスクロースの質量パーセント濃度（%）を答えなさい。

■生物■

(60 分)

第 1 問 以下の問い（問 1 ～ 6）に答えなさい。

問 1 光学顕微鏡を使ってプレパラートを検鏡する際の手順について、(ア)～(キ)を最も適切な順に並べ、記号で答えなさい。

(ア) 接眼レンズをのぞきながら調節ねじを回し、対物レンズをプレパラートからゆっくりと遠ざけ、ピントを合わせる。

(イ) 接眼レンズを取り付ける。

(ウ) 真横から対物レンズをのぞきながら、調節ねじをまわして、対物レンズの先端をプレパラートに近づける。

(エ) 顕微鏡を、直射日光の当たらない明るく水平な場所に置く。

(オ) 対物レンズを取り付ける。

(カ) 接眼レンズをのぞきながら視野が均一な明るさになるように、反射鏡を調節する。

(キ) プレパラートをステージの上に置き、クリップでとめる。

問 2 対物レンズを変えて、顕微鏡の倍率をこれまでの 10 倍に拡大すると、視野の中に見える観察対象の面積は何分の 1 となるか。分数の形で答えなさい。

問 3 顕微鏡下での観察対象の大きさの測定に、ミクロメーターを用いた。対物ミクロメーターは 1 目盛りが 10 μm であった。対物ミクロメーターと接眼ミクロメーターの目盛りが一致した 2 点間の目盛りの数を読み取ったところ、対物ミクロメーターの目盛りの数が 25、接眼ミクロメーターの目盛りの数が 10 であった。接眼ミクロメーターの 1 目盛りの長さは何 μm か、答えなさい。

問 4 問 3 の状態から、対物レンズを変えて、倍率をこれまでの 10 倍に拡大した。対物ミクロメーターの目盛りの数が 5 のとき、接眼ミクロメーターの目盛りの数はいくつか答えなさい。

問 5 問 4 の倍率で、ある生物の細胞を試料とし、ステージにのせて観察したところ、図 1 のように見えた。楕円形に見える細胞の径のうち、長い方の長さは何 μm か答えなさい。

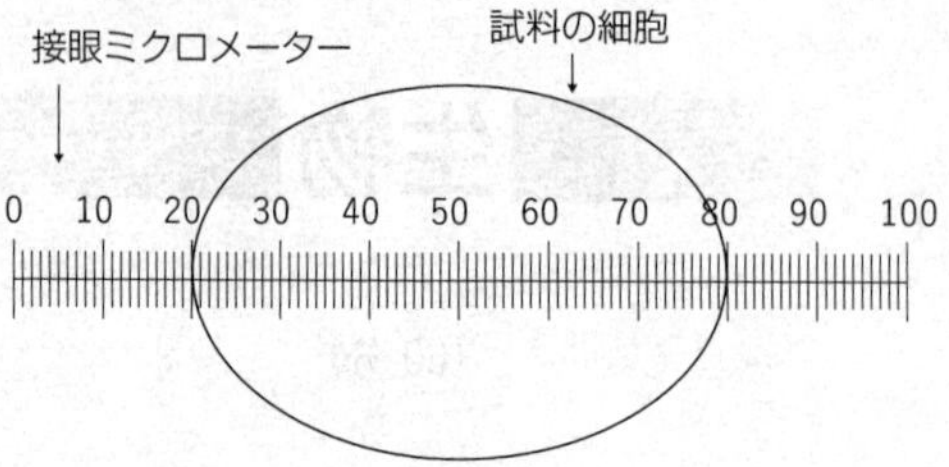

図1

問6　ある光学顕微鏡の分解能が約0.2 μmであるとき、分解能より小さいためにこの光学顕微鏡での観察に適さないものを次の①～⑥から全て選んで数字で答えなさい。なお、分解能とは、接近した2点を2点として見分けることができる最小の間隔のことをいう。

① ゾウリムシ　② ヒトの卵　③ インフルエンザウイルス
④ ミドリムシ　⑤ 原子　⑥ ヒトの赤血球

第2問　次の文章を読み、以下の問い（問1）に答えなさい。

動脈・静脈・毛細血管には、それぞれ特徴的な構造がある。動脈は心臓から送り出された血液がもつ高い血圧に耐えられるように（　a　）層が発達した丈夫な構造をしている。一方、静脈は血流の持つ血圧が低く逆流が起こりやすいため、これを防ぐための（　b　）がある。また、毛細血管は1層の薄い（　c　）細胞からなる。毛細血管では血管内を流れる血しょうが組織の細胞間へと移動でき、また、組織の細胞を取り巻く組織液が血管内へと移動することもできる。毛細血管は血管壁が薄く、外傷などによって破損しやすい。からだには、破損した血管からの出血を防ぐために、血液が（　d　）するしくみがある。血管が傷つくと、その部分に（　e　）が集まる。次に（　f　）というタンパク質が集まった繊維が生成され、赤血球などの血球がからめとられて（　g　）ができる。この一連の過程を血液（　d　）とよび、（　g　）ができることによって出血が止まる。血液（　d　）は、採取した血液を静置した場合にも見られるが、その場合、血液は（　h　）と（　g　）に分離できる。外傷などによる血管の傷は（　g　）によって止血されている間に修復される。また、血管の修復とともに、（　f　）を分解して（　g　）などを溶かす（　i　）((　f　)溶解）というしくみが働き、傷をふさいでいた（　g　）が溶けて取り除かれる。このように（　d　）と（　i　）という相反するしくみが働くことによって、血管系が守られ、体液が効率よく循環し体内環境が維持されている。（　g　）は外傷などによる血管の損傷だけではなく、例えば、コレステロールなどが血管内にたまり、血管内壁の細胞が傷ついた場合にも生じる。通常、こうした（　g　）も（　i　）によって取り除かれるが、（ i ）がうまく働かずそのままになっていると、血管が詰まり、血液が正常に循環しなくなることにより、組織に十分な（ j ）や栄養が供給されず壊死が起こる。これが梗塞《こうそく》である。

問1　文章中の（ a ）～（ j ）にあてはまる最も適切な語句をそれぞれ答えなさい。

第3問　次の文章を読み、以下の問い（問1～4）に答えなさい。

生命活動を維持するエネルギーには[1]という物質が関わっている。この物質に含まれる3つの[2]について、それらの間の結合に化学エネルギーが蓄えられ、1つの[2]が切り離されるときにエネルギーが放出される。[1]から1つの[2]が切り離された物質を[3]とよぶ。このような性質をもつため、[1]の[2]と[2]の間の結合は[4]とよばれる。この化学エネルギーは太陽から放射される光エネルギーが、植物などが行う[5]によって変換されたものである。[5]は植物では(ⅰ)細胞小器官の一つである[6]で行われる。植物の葉が緑色に見えるのは、[6]に含まれ[5]に関わる色素が太陽光に含まれる緑色光を[A]からである。

植物などの[5]によりつくられた有機物に蓄えられたエネルギーを、[1]の化学エネルギーの形で取り出す一連の化学反応が[7]である。私たちは他の生物を食べ、[7]によって生命を維持するエネルギーを得ている。植物や動物の細胞では細胞小器官の一つである[8]で、有機物をもとに、体外から取り込んだ[9]を使って細胞[7]が行われる。私たちは毎日たくさんの植物を食べて栄養素を体内に取り込んでいるが、植物細胞の一番外側を囲っている[10]の主成分であるセルロースを分解する(ⅱ)消化酵素を分泌できない。一方、ウシなど草食動物やシロアリなどの腸内に多く生息する微生物にはセルロースを糖などに分解するものがいて、次世代のバイオマス資源利用のために注目されている。

問1　文章中の空欄[1]～[10]に入る最も適切な語句を答えなさい。

問2　文章中の空欄[A]に入る最も適切な文を次の①～④から一つ選び、番号で答えなさい。

① よく吸収して反射する
② よく吸収して透過する
③ ほとんど吸収せず反射する
④ ほとんど吸収せず透過する

問3　文章中の下線部（ i ）の細胞小器官のうち、文章中の[6]と[8]は真核生物に取り込まれた原核生物が起源であると考えられている。この仮説を何というか、答えなさい。

また、この仮説が正しい場合、[6]と[8]のうち、先に真核生物に取り込まれたと考えられる細胞小器官の名称を答えなさい。

問 4　文章中の下線部 (ⅱ) の消化酵素は、生体内の化学反応である代謝を促進する酵素の一種であるが、二酸化マンガンが過酸化水素水の分解反応を促進するのと同じように、一連の化学反応で酵素自体は変化しない。二酸化マンガンや酵素のような働きをする物質を一般に何というか、答えなさい。

第4問　以下の問い（問 1 ～ 6）に答えなさい。

問 1　ウニの発生で 16 細胞期以降の過程 (a) ～ (e) を、正しい順序に並べて、記号で答えなさい。

(a) 胞胚期
(b) プルテウス幼生期
(c) 原腸胚期
(d) プリズム幼生期
(e) 桑実胚期

〔解答欄〕
16 細胞期→　　→　　→　　→　　→成体

問 2　ウニの発生で第四卵割の後、胚を構成する大きさの異なる①～③について、割球の数をそれぞれ答えなさい。

① 大割球　② 中割球　③ 小割球

問 3　ウニの発生で胞胚期の陥入が見られる前に、植物極側から胚の内部に遊離する細胞の名称を答えなさい。

問 4　ウニの発生で桑実胚期に見られる胚の内部の空所の名称を答えなさい。

問 5　ウニの発生過程の記述について、適切な文を次の①～⑥から全て選び、番号で答えなさい。

① ウニの卵は端黄卵である。
② 卵割は初め、内部で核分裂が進み卵表に達すると仕切りができ細胞層ができる。
③ 原腸胚後期では、3 種類の胚葉が存在する。
④ 原口は、将来の口になる。
⑤ 孵化《ふか》直前の胞胚は、1 層の細胞からなる。
⑥ ウニの卵には胚膜が形成される。

問6　体細胞分裂と卵割の違いを、句読点を含め80字以内で説明しなさい。ただし、「娘細胞」と「大きさ」という2つの語句を両方とも説明に使用すること。

第5問　次の文章を読み、以下の問い（問1～4）に答えなさい。

ヒトが持つ約（　ア　）個の遺伝子は（　a　）組の染色体の特定の遺伝子座に存在する。それらの遺伝子の中で、性決定に関係する遺伝子の遺伝子座はY染色体にある。一方、X染色体には性決定に関係しない遺伝子の遺伝子座が存在し、ヒトのさまざまな形質の遺伝に関わっている。

(A)　Y染色体は、ほとんどの哺乳類の共通祖先において、2～3億年前に出現したと考えられている。その当時、オスとメスはすでに存在していたが、それらの性は遺伝学的要因でなく、温度のような環境要因によって決定されていたと推測されている。しかし、性別の決定に重要な役割を果たす遺伝子である*SRY*遺伝子が、*SOX 3*という関連遺伝子から進化したことで、環境要因ではなく*SRY*遺伝子がオスの性決定を行うように進化し、*SRY*遺伝子が存在する染色体はY染色体となり、*SRY*遺伝子の元となった*SOX 3*遺伝子が存在する染色体はX染色体となったという仮説が提唱されている。多くの哺乳類では、Y染色体の短腕部分の末端に*SRY*遺伝子の遺伝子座が存在する。*SRY*遺伝子は、発生中の個体において、生殖腺の体細胞を精巣に（　b　）させる働きを持つ。（　b　）した精巣からは男性ホルモンが分泌されてオスへの（　b　）が始まる。一方、*SRY*遺伝子が働かなければ生殖腺の体細胞は卵巣に（　b　）し、個体はメスになる。そのため、Y染色体をもつ個体でも、【　I　】場合などではオスへの（　b　）は起こらない。さらに、精巣に（　b　）した後の精子形成には、Y染色体の長腕に存在し、Y染色体全体から見るとほぼ中央付近に存在する無精子症因子（*Azoospermia factor; AZF*）領域の遺伝子群が正常に機能することが重要であるとわかってきた。

(B)　減数分裂は、第一分裂と第二分裂とよばれる2回の分裂からなるが、第一分裂の（　c　）には、DNAが複製されてできた2本の染色体はくっついたまま離れずにそれぞれが凝縮して太く短いひも状の染色体となる。対となる相同染色体は、相同染色体どうしが平行に並んで対合し、（　d　）が形成される。このとき、（　d　）を構成する相同染色体の間で交さが起こって、染色体の一部が交換される（　e　）が起こる場合がある。染色体の交さが起こっている部位を（　f　）とよぶ。これにより、同一染色体に乗っている遺伝子の組み合わせが変化し、より多くの種類の配偶子を作り出すことが可能となり、子孫の遺伝的な（　g　）が増すと考えられる。常染色体と同様に、*SRY*遺伝子が*SOX 3*遺伝子から生じた頃は、X染色体とY染色体もそれぞれのさまざまな部位で世代ごとに（　e　）を起こしていたと考えられている。しかしながら、Y染色体は、次第に短くなり、何百もの遺伝子とともにX染色体と（ e ）を行う能力の大部分を失い、*AZF*領域に隣接するあたりからY染色体長腕の末端付近にかけては、遺伝子砂漠とよばれる遺伝子がほとんどない領域が存在する。現在では、Y染色体はその両端部分だけがX染色体との（ e ）が可能であると考えられており、(1)*SRY*遺伝子はY染色体の短腕部分の末端に存在することから、X染色体との（ e ）により、X染色体に移る場合がある。

問1 文章中の（ ア ）にあてはまる最も適切な数値を次の(ⅰ)～(ⅳ)の中から選び、記号で答えなさい。

(ⅰ) 2,000 (ⅱ) 20,000 (ⅲ) 200,000 (ⅳ) 2,000,000

問2 文章中の（ a ）～（ g ）にあてはまる最も適切な語句または数値を、それぞれ答えなさい。

問3 文章中の【 Ⅰ 】にあてはまる最も適切な言葉を15字以内で答えなさい。

問4 下線部(1)について、文章中の（ e ）により、オスの精子形成過程において、*SRY*遺伝子がX染色体に移り、かつ*AZF*領域の遺伝子はX染色体に移らなかったと仮定した場合、生まれてくるXXの子は、どのような形質を示すと考えられるか、理由とともに、句読点を含め40字以上50字以内で述べなさい。なお、メスの配偶子である卵のX染色体には、*SRY*遺伝子も*AZF*遺伝子も、いずれも存在しないものとし、「*SRY*遺伝子と*AZF*遺伝子」以外の遺伝子の影響については考慮しないこと。

第6問　次の文章を読み、以下の問い（問1～5）に答えなさい。

レジ袋などプラスチック製品は[A]である石油を原料としている。プラスチック製品の利用は、地中に埋蔵されていた炭素を地表にもたらすことで、生態系内での炭素の循環量を増加させる働きがある。プラスチック製品のほとんどはリサイクル等の再利用がされず、焼却処分されたり、埋め立てられたりしている。また路上などに放棄、放置されたり、風で飛ばされたりしたプラスチック製品が河川から海に流入し、マイクロプラスチックとなって、これを(i)プランクトンが摂取し、そのプランクトンを魚類が摂取することにより、私たちの食卓にまで循環していることが近年話題になっている。

化石燃料の燃焼により放出される二酸化炭素に加え、窒素酸化物も(ii)地球温暖化に関わる気体である。窒素の利用に関しては、大気中の窒素（N_2）は安定した気体であるが、(iii)窒素固定細菌はこれを生体内に取り込んで有機物を合成することができる。一方で、20世紀初頭に工業的に窒素を固定する方法が開発されてから1世紀を経て、化学肥料として大量に利用されるなどして、生態系を循環する人間活動由来の窒素化合物の割合が増加している。

問1　文章中の[A]には、石油や石炭、天然ガスを総称する語句が入る。最も適切な語句を答えなさい。

問2　文章中の下線部(i)について食物連鎖を通じて環境汚染物質の生物個体中の濃度が大きくなる現象を何というか、答えなさい。

問3　文章中の下線部(ii)について、地球温暖化の原因と考えられる二酸化炭素、メタン、フロン等の気体を総称する適切な語句を答えなさい。

問4　文章中の下線部(iii)の窒素固定細菌について述べた次の①～⑤の文の内容が正しいものには「○」を、誤りを含むものには「×」を解答欄に記しなさい。

① マメ科植物の根に共生する根粒菌は窒素固定細菌なので、ダイズは栄養分がすくないやせた土地で育てることができる。

② マメ科以外にも根粒菌と共生する植物があり、たとえばオオバヤシャブシは火山噴火による溶岩に覆われた伊豆大島や三宅島の植生の遷移では木本植物として早い時期に進入してきた。

③ 初春の田畑で咲いているレンゲソウ（ゲンゲ）はマメ科植物ではないが根粒菌が共生しているため田畑に鋤《す》き込んで窒素分の肥料として利用する。

④ 窒素固定細菌は大気中の窒素から硝酸イオン（NO_3^-）を合成して共生する植物に与えている。

⑤ 土壌中の窒素固定細菌は硝酸イオンや亜硝酸イオン（NO_2^-）のほとんどを窒素（N_2）に変えて大気中に戻す「脱窒」の働きをもつ。

問 5 生態系内の物質循環などについて述べた次の①～⑤の文の内容が正しいものには「○」を、誤りを含むものには「×」を解答欄に記しなさい。

① 森林生態系は草原生態系に比べて、生息する生物種数が多いため、複雑な食物網の中を炭素が循環している。
② 湖沼生態系は水深が深くなるほど光合成に必要な光量及び呼吸に必要な酸素が減少するため、それぞれの深さでそれぞれの環境に適応した生物が生活している。
③ 植物を食べるシカの個体数が増加すると、森林生態系で光合成によって生産される有機物の総量である総生産量が増加する。
④ 栄養段階ごとの個体数を積み重ねると、生産者が最も多く、一次消費者、二次消費者の順に少なくなり、必ずピラミッド型になることから、これを生態ピラミッド（個体数ピラミッド）とよぶ。
⑤ 海洋生態系では海水に溶け込んだ二酸化炭素が貝類の殻やサンゴの骨格の材料である炭酸カルシウムに変わり、炭素が固定される。

② 風変わりで人の意表を突くような
③ すぐれて他と違って、感心な
④ きれいで、特別な

(2) 資源・ゴミの出し方について地域住民のコンセンサスを得る。
① 多数決による意見
② 複数の人による合意
③ 説明責任
④ 法令遵守

問3 「薫陶」の意味として最も適当なものを①〜④のうちから一つ選んで、番号で答えなさい。
① 物事の移り変わりを象徴していて、その人に深く感動を与えること。
② 人や作品に対して褒めたたえること。
③ 人の心や感情の繊細な動きのこと。
④ 自己の徳で他人を感化すること。

①～⑤のうちから一つ選んで、番号で答えなさい。

①『都会の憂鬱』　②『城のある町にて』　③『様々なる意匠』　④『古都』　⑤『内部生命論』

【四】次の問1～問3の各問いに答えなさい。

問1　次の①～④の四字熟語の□部分に当てはまる漢字一字を書きなさい（楷書で書くこと）。

①　□和雷同しない、自分の信念を持つべきである。

②　会議は白熱し、丁々□止な議論があった。

③　衆人□視の中で起こった出来事である。

④　かなわぬ相手に遮二□二、挑んだ。

問2　次の⑴・⑵の傍線部の言葉の意味として最も適当なものをそれぞれ①～④のうちから一つ選んで、番号で答えなさい。

⑴　最近には珍しく、彼は<u>奇特</u>な人だ。

①　奇妙で不思議な

② 味の世界では、どのような境地も分っていなくてはならない。不断の精力的注意があってこそ、道は進む。

③ 味の美を礼賛するには、自分の鑑賞力が味より高ければ、美の全部を味わうことはできないから、道は果てしない。

④ 味の通人になるためには、新発見の味感を味わい、富者と材料との二者だけの世界で三昧の境地を極めるように進む。

【三】次の問1・問2の各問いに答えなさい。

問1　次の文章の空欄［ i ］・［ ii ］に当てはまるものを後の①〜⑥のうちからそれぞれ一つ選んで、番号で答えなさい。

［ i ］は、斎藤茂吉の次男で医学部に進学した。斎藤家を描く［ ii ］を執筆している。

①『楡家の人々』　②『阿部一族』　③『美しい村』　④ 北杜夫　⑤ 西東三鬼　⑥ 遠藤周作

問2　ノーベル文学賞を日本人として初めて受賞した川端康成は、鎌倉に住んでいた。川端康成の作品を次の

① 相手に美味で有名な食であることを知らせ、先入観で納得させる。
② 相手に有名な料理の美味不美味を味わわせ、真似た料理のどこが不美味かを即座に判断させる。
③ 相手に郷土料理のみが最も美味であることを本能的に自覚させる。
④ 食味評論家の言い草に合うような食の産地を相手に知らせずにかえって意識させる。

問8　傍線部J「自分が尺度」の説明として、最も適当なものを次の①～④のうちから一つ選んで、番号で答えなさい。

① 相手の教養にかかわらず、最大限まで自分の味覚の基準を高めること。
② 自分の力が相手より上になることで、自分の基準を低めてしまうこと。
③ 相手の実力が低いと、自分の基準が以前より高められて力がつくこと。
④ 自分の実力の程度が、表現できる味の基準になること。

問9　傍線部K「味を身につける」ためにはどうしたらよいと著者は言っているのか。本文中の言葉を使って自分で文章を作成し、二十五字以上三十字以内で書きなさい。

問10　この文章の内容と合致するものを次の①～④のうちから一つ選んで、番号で答えなさい。

① 味の頂上に達することを可能にするためには、広い道を通り抜けて、非常に狭くなった微妙なものを求めてただただ前進する。

の中の季節の組み合わせとして最も適当なものを次の①～④のうちから一つ選んで、番号で答えなさい。

① 自然薯（春）ー枝豆（夏）ー大根（冬）
② 自然薯（春）ー枝豆（秋）ー大根（秋）
③ 自然薯（秋）ー枝豆（夏）ー大根（秋）
④ 自然薯（秋）ー枝豆（秋）ー大根（冬）

問5　傍線部E「問わ」の品詞、活用形を答えなさい。

問6　傍線部F「その人なりの嗜好を尊重すること」の説明として、最も適当なものを次の①～④のうちから一つ選んで、番号で答えなさい。

① 料理人自身の嗜好を優先し、相手の年齢、境遇を考慮せずに献立を準備すること。
② 誠実と親切心から相手の嗜好を尊重した山海の美味で、空腹にならないようにするのを第一とすること。
③ 相手の嗜好を考慮に入れ、よろこんで食べるように合理的に処理すること。
④ 病人料理は、好き嫌いの嗜好よりも病人である相手の滋養を尊重し、色彩を考慮すること。

問7　傍線部H「なんらかの手をもって得心させる」の説明として、最も適当なものを次の①～④のうちから一つ選んで、番号で答えなさい。

② まばたきが二回できない。
③ 次のことばが出ない。
④ 二度と後継者になれない。

G 「半可通」
① ものごとをよく知らないのに、知っているふりをする人。
② ものごとの半分は知っているが、半分は知らないふりをする人。
③ 相手から受けた恩を全部返すことができず、半分返す人。
④ 相手から受けた恩を半分しか覚えていない人。

問3　傍線部B「表現に教養がなさすぎる」の理由として、最も適当なものを次の①～④のうちから一つ選んで、番号で答えなさい。
① 真に味を解し、心の楽しみとしていて寡黙であるから。
② 味に興味を持たず、美食に精通していないから。
③ 相手が美食通であるような人の場合は、その人が料理を経験しないと悟らないから。
④ どんな料理であっても自分なりに、こうと決めてゆずらないから。

問4　傍線部C「自然薯」、傍線部D「枝豆」、傍線部I「大根」は、俳句の季語にも使われている。俳句の季語と（　）

注2　薬食い……滋養のために食べること。薬用のために食べること。
注3　自然薯……山の芋。
注4　能書……効能書き。
注5　気焔……気炎。話しぶりなどにあらわれる、さかんな勢い。
注6　かくの如く……このように。
注7　宛てがい扶持……この場合、板前側の考えだけで一方的に与えること。

問1　空欄［ア］～［ウ］に入る言葉の組み合わせとして最も適当なものを次の①～④のうちから一つ選んで、番号で答えなさい。

① ア　すると　イ　つまり　ウ　さて
② ア　そして　イ　および　ウ　では
③ ア　それから　イ　つまり　ウ　すると
④ ア　さて　イ　すると　ウ　および

問2　傍線部A「二の句が継げず」、傍線部G「半可通」の説明として最も適当なものを次の①～④のうちからそれぞれ一つ選んで、番号で答えなさい。

A　「二の句が継げず」
① 以前と同じ失敗をする。

のがふつうで、価格が支配することも否めない。

結局、味を覚えることも、美術の鑑賞力を養うのと同じで、その先その先と、ものの深奥を極める努力によって向上するものらしい。

最後に、相手が美食の通であるような人に無理を言われた場合は、その人には自分で自分の料理をつくってみなさいと言うことだ。なにか悟るところがあろう。

富士山には頂上があるが、味や美の道には頂上というようなものはまずあるまい。仮りにあったとしても、それを極めた通人などというものがあり得るかどうか。おそらくはないだろう。

ただ世間で言うところの通人にとっては、その道が広い原を通り抜けて、非常に狭くなっている。それだけに、ある意味では不自由であると言えるが、また微妙なものが分って来て、通人でなければ味わえぬ新発見の味感がある。

しかし、世間には語るに足る相手が稀《まれ》なために、結局は当人と材料と二者だけの世界に入ってしまう。これを三昧の境地とでも言うのだろう。

ともかく、そこまで行かぬと、人を指導することはできない。いつも言うことであるが、相手をこなすというのは、こっちが上にいるからで、同等なところにいては、相手をこなすことはできない。味の世界で、どんな人の境地をも分っていなければならないからである。道は果てしない。ただただ前進あるのみである。それには不断の努力と精力が要る。敢《あ》えて努力と言わぬまでも、不断の精力的注意があってこそ、道は進むのである。

――北大路魯山人『魯山人味道』――

注1　上方……京都・大阪地方。関西。

次は味の分る人だ。味の分る人に、どうしたらものを美味く食べさせることができるか。それは少なくとも、自分に相手と同じだけの実力がなければ、不可能と言えよう。

およそ、ものを食べて味が分ると言うことも、絵を鑑賞してその美を礼賛することも、根本は同じことである。相手以上に自分に味の自信がなければ、美味く食べさせられないのは事実である。絵画の場合も同じだ。すべてJ自分が尺度である。自分に五の力があれば、五だけの味は表現できるものである。

自分の実力が相手より上であれば、相手の実力が手にとるように分って、おのずと余裕が生まれてくる。絵で言うなら、自分の鑑賞力が高ければ、いかなる名画といえども、自分だけの価値を見出すことができる。しかし、絵が自分の鑑賞力より数等上であれば、その美の全部を味わうことはできない。反対に自分の力がより上であれば、こんどは相手の絵が不足になってあらゆる欠点が発見される。

注6かくの如《ごと》く、鑑賞力なり味覚なりは、分る者には分るし、分らぬ者にはどうしても分らない。とは言うものの、先にも述べたように味の全く分らぬ者はまずなかろう。誰しもいくらか分るのであるが、ただ程度が違う。その人の教養によって、ある程度までは味覚を高めることもできるのである。

ふだん、美味いものを食っているからと言って、必ずしも味が分るとは言えない。日常美味いものを食う機会に恵まれていても、生涯味が分ることもないのは、そのよい例であろう。それは味を身につけていないからである。K味を身につけるには、客からのご馳走《ちそう》でなく、板前からの注7宛てがい扶持《ぶち》でなく、身銭を切って食ってみること。本気でそれを繰り返してこそ、初めて味が身につき、おのずと分って、真から得心がいくのである。

味というものは変なもので、その時々の気持で主観的に動かされ、変わってくる。味はもともとその人にとっては絶対であるべきで、事情で動かされるようでは大した食通ではない。しかし、なかなかそうはいかない。味が素直に判断できるようになるのには、まず多年の経験が必要だ。卑俗であれば、やはり、経済的な観念が伴うか成年か老年か、富者か貧者か、まず過去の生活を知ってかかるべきである。

[ウ]、話を前に戻して、いかに味が分らない人と言っても、まったく分らぬわけではないから、Fその人なりの嗜好を尊重することが、ものを美味く食わせる第一課である。

ところで、世の中には、自分は味覚の通人である、と自任しながら、その実、なにも分っていない人々がいる。こういう人々は、第一義の誠実と親切心だけでは了解できかねる、いわゆる、G半可通に属する連中であって、なにか賢い話を付け加えて押しつけなければ、美味いものも美味いとは言わない。

そこでこれらの手合いには、トリックを用いるのが一番よい。言わば、Hなんらかの手をもって得心させるのである。例えばここにある種のI大根がある。こんな時、正直に名もない大根ですと言わずに、これは尾張《おわり》の大根です、と言ってすすめる。すると彼は、尾張の大根は美味いという先入観があるから、これは美味いと自分だけの注4能書《のうがき》つきで美味く食うのである。というのは、この種の手合いは概していずれもお国自慢であり、自分の知っているものだけが美味いと思っている。つまり、彼らは、どこそこのてんぷらが美味いとか、いずこのうなぎ、何々のすしと、そういうふうに美味いものの言い草をたくさん持っていて、それに合うものは美味く、それに合わないものは不味いとあらかじめ決めている。物知りの物知らずという連中であるが、これでは正しい食味評論家とは言えない。そんなわけで、もともと自分の舌で正しく美味不美味を判断するのでもなく、深い経験者でもないから、人の悪い話だが、これにはどうしても、トリックを用いて、食わせるよりほかはない。これもひとつの料理法である。

料理は誠実さと親切さえあれば、と、いくら真面目に行動してみても、半可通の注5気焔《きえん》にかかっては、とんと利き目がない。しかし、彼らの腹の底を見抜いてしまえば、なんのことはない。いくらでもよろこばせることができる。

食わぬ者はひとりもないが、真に味を解し、心の楽しみとする者は少ない。そこで鈍感な者には、腹を減らせばよかろうと、奥の手で得心させる。これなら間違いはない。

だが、そう言ってしまっては話にならぬ。また、味を解する者はないと言っても、まるっきり味が分らぬということは実際にはないのだから、一応は腹を減らせと言ってみるが、そこにはだんだんと道がある。味が分らねば分らないなりに、やはり、好き嫌いがあり、嗜好《しこう》があり、まるっきり打ち捨てたものでもない。

先日、ラジオで病人料理というものを放送していた。病人料理などというものは、いわゆる注2薬食《くすりぐ》いであるから、本来の意味での料理ではない。だが放送に当《あた》って、これがたいへん美味いものだから一般の人にも召し上がれる、という自画自賛の言葉が付け加えられていた。

私には異議がある。

この時の料理は、注3C自然薯《じねんじょ》をゆで、別にD枝豆もゆで、これを摺《す》り潰してまぶし、多少の味をつけたものであった。言わば、自然薯のきんとんの外皮を体裁よろしく枝豆で色どったものである。青味が足りなかったら、菜を少し加えてもよい、というようなお愛嬌《あいきょう》も加わっていたが、もちろん、どう考えたところで本格的な料理にはなっていない。それを一般の人が召し上がっても美味いと言う。（中略）

だがまあそれはともかくとして、一に病人の食事と言うが、病人にも嗜好がある。その要求する食事をどうしたら病人に害にならずに美味く食べさせるか、それが料理というもののねらいどころだ。ところが下手な料理人となると、それを知らずに、どんなものでも自分なりに、こうと決めてかかるから病人によろこばれぬ。この道理は、相手が病人たると健康人たるとをE問わない。

およそ誠実と親切心とがあるならば、その人その人の嗜好を考慮に入れて、これを合理的に処理するのでなければならない。よろこんで食べてくれぬ食物は、いかになんでも薬や栄養になるわけがない。例えば相手が幼児

【二】次の文章は、芸術家で美食家の北大路《きたおおじ》魯山人《ろさんじん》が食について執筆したものである。この文章を読んで、後の問いに答えなさい。なお、設問の関係上、文章の一部を改めている。

先日、ある雑誌記者来訪、「ものを美味《うま》く食うにはどうすればいいか」とたずねた。

世の中には、ずいぶん無造作に愚問を発する輩《やから》があるものだ。思うにこういうふうなものの聞き方をする連中は、その実、料理など心から聞きたいわけではないに決《き》まっている。お役目で人の話を聞こうとするが、もとより真から聞きたいのではない。そこで私は言下に「空腹にするのが一番だ」と答えてみた。その男は、しばしA二の句が継げずにいた。

また、これも似たような話であるが、ある時、一流料理人を求めた際、メンタルテストをして、君の好きなものはなにか？と、質問してみた。［ア］、ただ漠然と「さかなが好きです」と答えた。

専門の一流料理職人が、こういうことでは困る。得てして料理職人にはこんなのが多い。この男は[注1]上方の人間だから、さかなというのはたいを指して言ったものだろう。たしかに関西のさかなは美味い。が、B表現に教養がなさすぎる。子どもに向かって、「坊やどこへ行くの」と聞くと、「アッチ」と答えるのと同じである。

こういう男は自分がなにが好きであるかさえ正直に言えないのみならず、実のところ、美食にまるっきり精通していないのである。好きなものが、はっきり言えないのは嘆かわしい。［イ］、味覚に対して無神経であるか、もしくは初めから味覚に対して鈍感なのだ。味の分《わか》らないものが、味に興味を持っていないのは当然であって、いくら山海の美味を与えてみたところで、仔細《しさい》には美味いとも不味《まず》いとも感じないだろう。こういう輩には腹を空《す》かせば美味いよと、答えるほかはないのである。

ところが、「人飲食せざるは莫《な》し、能《よ》く味を知るもの鮮《すくな》きなり」などと孔子が言っている通り、人と生まれてメージを覆すような事例を多く挙げて詳しく説明している。

③　現在一般的に捉えられている絵画の分類に至る経緯を明らかにした後、「水墨画」という存在を日本がどのように受け入れていったのかについても説明している。

④　現在一般的に捉えられている絵画の分類に至る経緯を明らかにした後、「水墨画」の位置づけが時代と場所で変化してきたことを説明している。

⑤　唐の時代にはじまる「水墨」の技法の歴史を明らかにした後、近代以降、「水墨」の技法そのものが変化してきたことについて時系列を追って説明している。

⑥　「水墨」という語が用いられてきた歴史とその指し示す内容について確認した後、「水墨画」という言葉が用いられはじめた経緯について説明している。

問11　次の文章は、本文の要旨をまとめたものである。本文の内容を踏まえ、空欄に当てはまる内容を二十五字以上三十字以内で書きなさい。

「水墨」は本来、技法を示すことばであったが、「水墨画」と「画」が付くことで「絵画」に限定して用いられるようになった。これによって、[二十五字以上三十字以内]から「画」が切り離され、別の文化のように語られることになったのである。

ているものを次の①～④のうちから一つ選んで、番号で答えなさい。

① 日本で伝統的に描かれてきた「水墨画」は、もともとは中国から輸入された「唐絵」であった。近代以降、「和」と「洋」の構図が明確になると、「漢」の一部であった「水墨画」はその居場所を失ったのである。

② 「水墨画」は、西洋画に対して東洋画を代表するものとなった。もともと東アジアで共有されていた文化であり、日本独自の文化ではなかったために、「日本画」としては受け入れられなかったのである。

③ 「水墨画」は伝統的な画題と画風を有しており、展示の形式も掛軸・画巻という伝統的なスタイルであった。そのため、西洋画に対抗して伝統を脱しようとしていた「日本画」の枠には入らなかったのである。

④ 「水墨画」は東洋の伝統を象徴する「唐絵」の一部であり、日本では「和」にアレンジされたものであった。しかし、近代化を模索していた日本では、西洋の著色画に近代性を求め、「水墨画」をのぞいていったのである。

問10　次のⅠ～Ⅲの構成に関する説明として最も適当なものを後の①～⑥のうちからそれぞれ一つ選んで、番号で答えなさい。

Ⅰ……1～5段落　Ⅱ……7～9段落　Ⅲ……16～19段落

① はじめに「水墨画」の定義について検討して「水墨画」の表現の幅広さを指摘した後、もともと用いられていた「水墨」という語の示す内容についても説明している。

② はじめに「水墨画」の定義について身近な用例からその技法を具体的に示した後、「水墨画」の難解なイ

最も適当なものを次の①〜④のうちから一つ選んで、番号で答えなさい。

① 詩歌は「言語」として表現されると同時に、「書」という言語としても鑑賞されることになったということ。

② 詩歌は「文学」として鑑賞されると同時に、「書」という作者の内面も鑑賞されることになったということ。

③ 詩歌は「言語」として表現されると同時に、「書」には「画」が添えられて鑑賞されるようになったということ。

④ 詩歌は「文学」として鑑賞されると同時に、「書」という芸術としても鑑賞されるようになったということ。

問7　傍線部E「漢字も象形文字からはじまったから」とあるが、次の①〜④に示すそれぞれの漢字のグループのうちで、その成り立ちが「象形文字」であるものを一つ選んで番号で答えなさい。

① 上 中 下　② 休 岩 鳴　③ 山 目 魚　④ 江 河 泳

問8　空欄［　エ　］・［　オ　］に当てはまる言葉として、最も適当なものを次の①〜④のうちからそれぞれ一つ選んで、番号で答えなさい。

エ　①抽象的　②現実的　③空想的　④理想的

オ　①価値観　②倫理観　③言語観　④人間観

問9　傍線部F「『日本画』と重なりながらはみ出した『水墨画』」とはどのようなことか。その説明として**誤っ**

① 「水墨画」という用例が中国ではあまり用いられず、そのほとんどが日本で用いられていたこと。
② 「水墨」より「水墨画」という用例が、一八世紀までの中国では広く用いられてきたこと。
③ 「水墨」に「画」をつけた用例が、一八世紀までの中国ではあまり用いられていないこと。
④ 「水墨画」という用例自体が、一八世紀までの中国ではほとんど検索されなかったこと。

問4　空欄［ア］～［ウ］に共通して当てはまる言葉として、最も適当なものを次の①～④のうちから一つ選んで、番号で答えなさい。

① それから　② しかし　③ たとえば　④ だから

問5　傍線部C「確固たる絵画の一ジャンル」とあるが、それはどのようなジャンルであるか。その説明として最も適当なものを次の①～④のうちから一つ選んで、番号で答えなさい。

① 筆墨を用いた技法によって一つの国や地域の精神性を表現した絵画のジャンル。
② 国や地域またはその時代の文化を代表する技法が用いられた絵画のジャンル。
③ 一つの国や地域のみで継承されている秘伝の技法が用いられた絵画のジャンル。
④ 国や地域の壁をこえた技法によって具体的な自然・人物を描く絵画のジャンル。

問6　傍線部D「詩歌は『読まれる』と同時に『見られ』『感じられる』ものとなる」とはどのようなことか。

注1　筆致……ここでは、書画の書きぶり、筆づかいのこと。

注2　流謫……罪に問われて遠方の地に流されること。

注3　巻子……書画の紙を横に長くつなぎ、末端に軸をつけて巻いたもの。巻物。段落19の「画巻」も同じく画の巻物を指す。

問1　傍線部①～⑤については、漢字は読みをひらがなで書き、傍線部(a)～(e)については、カタカナを漢字（楷書で書くこと）で書きなさい。

問2　傍線部A「『水墨画』の範囲を理屈で詰めようとすると、けっこうやっかいなのである」とあるが、ここで指摘される「『水墨画』の範囲」について、A「理屈で詰める」ことと、B「けっこうやっかいな」ことの組み合わせとして**誤っているもの**を、次の①～④のうちから一つ選んで、番号で答えなさい。

①　A　水墨画は筆と墨を使った芸術であること。　B　誰でも筆と墨を用いて絵画を描くことができること。

②　A　水墨画は墨の黒色だけを用いる表現であること。　B　墨は水を加えて色の濃淡を表現できること。

③　A　水墨画は墨を用いた絵画であること。　B　東アジアの伝統的な絵画はほぼ墨を用いていること。

④　A　水墨画は黒一色を用いる表現であること。　B　黒以外の色を用いる場合もあること。

問3　傍線部B「『四庫全書』の全文データベースを検索してみる」について、この検索によって筆者は何を明らかにしようとしているか。その内容として最も適当なものを次の①～④のうちから一つ選んで、番号で答えなさい。

ればよい。もとを辿《たど》れば奈良時代に入って来た唐代の絵画が、平安時代にこちらのテイストにアレンジされて、「和」に独特のものへと姿を変えたもの。一方の「唐絵」は中国から齎《もたら》された絵画と、それにならった日本の絵画で、「水墨」もこちらに含まれる。歴史を追えば、実はそう単純ではないのだが、ともかく「和」「漢」の構図になっていた。

⑱そこに「洋」がやってきて「漢」は居場所を失った。この傾向は今にも続き、ちょっと周囲を見回せば、残っているのは「中華料理」くらいだろうか。「やまと絵」が「日本画」になるのは自然だが、「唐絵」も「伝統派」ということで、なんとなく「日本画」のなかに入ってくる。「中国風」とはいえ、狩野派の著色画のように、しっかりと日本の伝統になっていたものはいいのだが、どうも居心地がよくなかったのが「水墨」である。その本場は当然のことながら中国で、もちろん朝鮮でもえがかれる。発祥の地では「西画」（西洋画）に対して素直に「国画」（中国画）のなかにおさまるが、東アジアで共有されていたものを「日本画」の一部といわれると違和感があり、逆に同じ理由から「西洋画」に対して「東洋画」の象徴とされることにもなった。矢代幸雄の『水墨画』も「水墨画は東洋絵画の精粋である」と語り出されている。

⑲さらに戦後になると、「日本画」は油画の重厚さに対抗して岩絵具の厚塗りへと向かい、画面も大きさを増してゆく。「強さ」と「大きさ」そしてオリジナリティが求められるなか、「水墨」は主流から外れて「日本画」とは別物という雰囲気も生まれてくる。とくに伝統的な画題と画風そして掛軸・画《が》巻《かん》という形式は、いわゆる「現代美術」のなかでは隅へと追いやられてゆく。こうして「唐絵」の一部をいい換え、東洋の伝統を象徴し、F「日本画」と重なりながらはみ出した「水墨画」が生まれてくるのである。「水墨画」の語は、中国や朝鮮でも使われているが、いま見たことから容易に想像できるように、近代におけるその経緯と状況はそれぞれに異なっている。

——島尾新『水墨画入門』——

ら、「詩」と「書」が一体となった姿を見せてくれる。［　ウ　］、北宋の大詩人・蘇軾《そしょく》（蘇東坡《そとうば》。一〇三六～一一〇一）の「黄州寒食詩巻《こうしゅうかんしょくしかん》」に人々は、政争にやぶれ注2流謫《るたく》の身となった詩人の思いを重ねてきた。D詩歌は「読まれる」と同時に「見られ」「感じられる」ものとなるわけだ。

⑭そして中国の文人たちは画もかいた。筆の使い方は画の方が複雑だけれど、書は誰もが達者だったから、線を引くのはお手のもの。文人画の代表的な画題で、いまでも水墨の基本とされる「水墨四君子《しくんし》」――墨竹・墨梅・墨蘭・墨菊――など、ほとんど線だけでえがけるものもある。画を生業《なりわい》とするわけではないので、「墨戯《ぼくぎ》」つまり「墨で遊んでいるだけさ」と気取りつつ、のめり込んでプロの域に達する者、また後には画で飯を食う者も出てくるようになる。そして文人である以上、詩文を作れるのは当たり前。「画家」は否応《いやおう》なく「詩人」でもあった。自らはえがかなくとも、画に詩文を題するのは日常で、それらの書かれた掛軸や注3巻子《かんす》は数限りなく遺《のこ》されている。

⑮書と画の根本は同じとする「書画同源」説は、たとえば「E漢字も象形文字からはじまったから」というような、こじつけ気味の理念に思えるかも知れないが、「筆墨の文化」のなかでは身体的な感覚でもあり、ひとつの掛軸や巻子に同時に見えるという［　エ　］な視覚でもあった。そのようななかで、画を「無声の詩」と呼ぶことに違和感はなく、「詩書画三絶」――詩と書と画のすべてを一人でこなすのが最高――という［　オ　］も生まれてくる。もちろん「詩」「書」と関わりのない「画」もあったけれど、「水墨」は「詩書画の文化」とも大きな重なりを持ってきたのである。

（中略）

⑯いまの日本の絵画の世界は、「日本画」と「西洋画」（油画・油絵）との「和」「洋」の構図になっている。しかし江戸時代までは、「やまと絵」と「唐絵《からえ》」が二大分類だった。

⑰「やまと絵」は伝統的な和風の絵画で、とりあえず「源氏物語絵巻」のような著色の絵巻を思い浮かべて頂け

の時代に始まるという歴史観を記している。

9　これが「水墨画」と呼ばれるようになるのは、実は近代のできごとで、［　ア　］室町時代の絵画を集めた豪華図録『東山水墨画集』が出るのが、大正の末から昭和の初めにかけて。③広汎に使われだすのは戦後で、矢代幸雄の『水墨画』の刊行が昭和四四年（一九六九）。書店に並ぶ「水墨画の描き方」やカルチャー・センターの「水墨画教室」を含めて、長い歴史のなかではごく最近のことといっていい。

10　「画」が付くことによる効果は、「水墨」が技法というよりは、C確固たる絵画の一ジャンルのように見えてくること。「日本画」「油画」「水墨画」などと並べてみても④遜色がなくなる。それで「水墨画の定義は？」ということにもなるのだが、逆に生じた大きな問題は「水墨」が「画」に限られてしまったことである。

11　筆と墨を使うのは、もちろん絵画だけではない。大ざっぱにいって、「近代化」以前の東アジアには、他の筆記用具は存在しなかったから、文字はもちろんのこと、図面だろうが落書きだろうが、何をかくにも筆と墨。「水墨」の基盤には、この広汎な「筆墨《ひつぼく》の文化」があった。ここが「えがくこと」に特化し、かつ基本的にプロ用だった油絵具や岩絵具とは異なるところ。「筆墨」は「かく」ことを伴う表現の基本的な手段だったのである。

12　［　イ　］「文学」の世界でも、詩人や歌人は、自作の詩歌をまずは自らの筆で書いた。杜甫も李白も、貫之や定家もそうである。文字さらに言語は、なにかを表現して伝えるためのもので、文字や言語自体が目的なわけではない。そこが飛んでしまうと、昨今の日本での一部の英語教育のように、言語そのものが目的という、訳の分からないことになる。「書」も今の「書道」は、文字の書き方に⑤偏りがちだが、やはり自分の思いを記すもの。詩歌のレヴェルでも「筆墨」は基本的な表現手段となっていた。

13　そのようなかで「書」自体の芸術性が認められた結果、「書かれたもの」は単なる記号ではなく、同じ肉筆でもペンや鉛筆とは異なるものとなってくる。作者本人によって書かれた詩文は、その美意識と気分を宿しながることに違いはないが、「美術か？」と問われれば、なかなかそうとも言い難い。

4というわけで、A「水墨画」の範囲を理屈で詰めようとすると、けっこうやっかいなのである。その理由は、なんといっても「水墨」のキャパシティの大きさにある。

5「水墨画」は伝統的な用語のように思われているが、実はそうではない。用例がないことはないが、中国で一般的なのは「画」の付かない「水墨」で、「著色（着色）」と「白描《はくびょう》（白画《はくが》）」に対するものだった。「著色」は、文字通りきっちりと色の塗られた絵。もうひとつの「白描」は、墨の線でえがく絵で、「水墨」との関係がややこしいのだが、いずれにしても「油画・油絵」や「水彩」と同様の、基本的には技法を指すことばである。

6ちなみに、清代（一八世紀）に中国の書物を②網羅的に集めたB『四庫全書《しこぜんしょ》』の全文データベースを検索してみると、「水墨画」でヒットするのは八七件。「水墨」は一〇九三件で、「水墨画」との重複を(e)ノゾけば一〇〇六件ということになる。同じ文章が重出していることもあるので正確ではないが、「水墨画」の用例は圧倒的に少ない。しかも「水墨の画」と「の」を入れて読んだ方がよいものがほとんどで、「水墨画」という熟語の用例はまず見られない。「油絵具でえがかれた絵」を「油絵」というのと似たニュアンスである。

7その「水墨」が用いられるようになるのは、唐の時代（六一八〜九〇七）で、早い例としてよく引かれるのが、八世紀後半に活躍した詩人・劉商《りゅうしょう》の「水墨もて乍《たちま》ち成す巌下の樹（水墨で、あっという間に崖下の松をえがき出す）」という句。劉商は、当時流行していた樹石画（文字通り松などの樹と石をえがいた絵）を代表する画家でもあった。これをはじめとして、唐代の詩を集めた『全唐詩』には、一五ほどの「水墨」の用例が見られる。

8そして「水墨」の内容を表すとされる「水暈墨章《すいうんぼくしょう》」は、唐末五代（一〇世紀）の山水画家・荊浩《けいこう》が『筆法記《ひっぽうき》』で用いた表現。字面の意味は「水と墨の織りなす暈《ぼか》しと模様」で、滲《にじ》みも活《い》かしながら濃淡のグラデーション（階調）をつけた絵のイメージが思い浮かぶ。荊浩は、これに「我が唐代に興れり」と続けて、やはり「水墨」が唐

国語

（六〇分）

【一】次の文章は、島尾新《しまおあらた》『水墨画入門』の一節である。これを読んで、後の問いに答えなさい。なお、設問の関係上、文章の一部を改め、本文の段落に[1]〜[19]の番号を付している。

[1]さて「水墨画とはなにか?」ということになるのだが、この問いに答えるのは(a)ゾンガイに難しい。あっさりと「筆を使って墨だけでえがいた絵」といえれば簡単で、辞書類でも「彩色を①施さないで、もっぱら黒一色を用い、その色の濃淡と(b)ウルオいの調子によって描くもの」（『日本国語大辞典』）などとされている。しかし、水墨画の(c)テンラン会に行ってみると、水彩画のようなきれいな色のついた花の絵も飾られており、山水画でもまったく色がないのはむしろ少数派。木の葉や人々の衣服また遠くの山などに色が点《さ》されたものは数多い。

[2]逆に、東アジアの伝統的な絵画で、墨を使わないものなどないといっていい。色あざやかな国宝の「源氏物語絵巻」（徳川美術館・五島美術館）も、光源氏の顔は墨の線でえがかれて、眉や目には実に細やかな[注1]筆致が見える。極彩色の仏画でも、如来や菩薩《ぼさつ》の「(d)リンカク線は墨」というものは珍しくない。

[3]そして、筆と墨でえがくだけなら誰にでもできる。古くは法隆寺金堂の天井裏に、工人たちの落書きがあり、いまでも子供たちに自由にえがかせれば、可愛い花や両親の似顔絵などができてくる。これらも「水墨画」であ

解答編

英語

1 解答　問1．エ　問2．ア　問3．イ　問4．ウ　問5．ウ

2 解答　問1．ウ　問2．イ　問3．ア　問4．エ　問5．ウ
問6．ア　問7．エ　問8．ア　問9．イ　問10．イ

3 解答　問1．①―イ　②―ア　問2．③―ウ　④―ウ
問3．⑤―エ　⑥―ウ　問4．⑦―エ　⑧―イ
問5．⑨―イ　⑩―ウ

4 解答　≪帰国子女が経験するカルチャー・ショック≫

問1．①―エ　②―イ　③―ア　④―エ
問2．(a)―オ　(b)―イ

5 解答　≪オフィスを清潔にするための正しい手指の洗い方≫

問1．(1)―×　(2)―○　(3)―×　(4)―×　(5)―○
問2．①―ウ　②―イ

6 解答　≪知能指数の正しい理解≫

問1．エ　問2．2番目―ア　4番目―オ　問3．ウ
問4．イ・エ

化学

1　解答　≪日常生活と化学≫

(1)—×　(2)—×　(3)—×　(4)—×　(5)—○　(6)—○　(7)—×　(8)—○
(9)—○　(10)—×

2　解答　≪同位体の性質と利用≫

問 1．(ア)中性子　(イ)同位体　(ウ)陽子　(エ)放射線
(オ)放射性同位体　(カ)放射能　(キ)半減期

問 2．F, Na, Al

問 3．$^{14}_{6}C$

3　解答　≪中和滴定≫

問 1．36.5　問 2．b　問 3．c・f　問 4．40.0　問 5．0.400〔g〕
問 6．0.140〔mol/L〕　問 7．10.2〔%〕

4　解答　≪陽イオンの分離，炎色反応≫

問 1．AgCl　問 2．CuS　問 3．硫化水素を除去するため。
問 4．硫化水素により還元され生じた Fe^{2+} を酸化し，Fe^{3+} にするため。
問 5．$Fe(OH)_3$　問 6．ZnS　問 7．赤紫色

5　解答　≪有機化合物の推定≫

問 1．名称：アセトン　示性式：CH_3COCH_3

問 2．名称：エタノール　示性式：CH_3CH_2OH

問 3．名称：エチレン　示性式：CH_2CH_2

問４．名称：アセトアルデヒド　示性式：CH_3CHO

問５．名称：酢酸エチル　示性式：$CH_3COOCH_2CH_3$

問６．名称：酢酸　示性式：CH_3COOH

問７．名称：ヨードホルム　示性式：CHI_3

6　解答　≪スクロース水溶液の調製と濃度計算≫

問１．2.49〔mol/L〕　問２．64.4〔％〕　問３．57.2〔％〕　問４．9.53〔％〕

■生物■

1 解答 ≪光学顕微鏡の操作≫

問1．(エ)→(イ)→(オ)→(カ)→(キ)→(ウ)→(ア)

問2．$\frac{1}{100}$

問3．25〔μm〕

問4．20

問5．150〔μm〕

問6．③・⑤

2 解答 ≪ヒトの体液，血液凝固≫

問1．(a)筋肉　(b)弁　(c)内皮　(d)凝固　(e)血小板
(f)フィブリン　(g)血ぺい　(h)血清　(i)線溶　(j)酸素

3 解答 ≪代謝とエネルギー，細胞内共生説≫

問1．1．ATP　2．リン酸　3．ADP　4．高エネルギーリン酸結合
5．光合成　6．葉緑体　7．呼吸　8．ミトコンドリア　9．酸素
10．細胞壁

問2．③

問3．細胞内共生説（共生説），ミトコンドリア

問4．触媒

4 解答 ≪ウニの発生，卵割と体細胞分裂≫

問1．（16細胞期）→(e)→(a)→(c)→(d)→(b)→（成体）

問2．①4個　②8個　③4個

問 3．一次間充織（細胞）

問 4．卵割腔

問 5．③・⑤

問 6．体細胞分裂では分裂により生じた娘細胞は細胞成長してもとの大きさになるが，卵割では娘細胞は細胞成長をせずに分裂を続けるため分裂の度に小さくなる。(80 字以内)

5 解答 ≪染色体と遺伝子，減数分裂≫

問 1．(ii)

問 2．(a)23　(b)分化　(c)前期　(d)二価染色体　(e)乗換え
(f)キアズマ　(g)多様性

問 3．*SRY* 遺伝子が欠損している（15 字以内）

別解）男性ホルモンが正常に働かない

問 4．生まれる XX の子は *SRY* 遺伝子を持ち，*AZF* 遺伝子を持たない。したがって，精巣はできるが精子形成は起こらない。(40 字以上 50 字以内)

6 解答 ≪物質の循環，環境問題≫

問 1．化石燃料

問 2．生物濃縮

問 3．温室効果ガス

問 4．①―○　②―○　③―×　④―×　⑤―×

問 5．①―○　②―○　③―×　④―×　⑤―○

二

出典 北大路魯山人『魯山人味道』〈道は次第に狭し〉（中公文庫）

解答

問1 ①

問2 A—③ G—①

問3 ②

問4 ④

問5 品詞—動詞 活用形—未然形

問6 ③

問7 ①

問8 ④

問9 繰り返し、身銭を切って食べ、ものの深奥を極める努力をする。（二十五字以上三十字以内）

問10 ②

三

解答

問1 i—④ ii—①

問2 ④

四

解答

問1 ①付〔附〕 ②発 ③環 ④無

問2 (1)—③ (2)—②

問3 ④

国語

一

出典　島尾新『水墨画入門』〈第一章　水墨画とはなにか？〉（岩波新書）

解答

問1　①ほどこ　②もうら　③こうはん　④そんしょく　⑤かたよ
(a)存外　(b)潤　(c)展覧　(d)輪郭〔廓〕　(e)除

問2　②

問3　③

問4　③

問5　①

問6　④

問7　③

問8　エ―②　オ―①

問9　②

問10　Ⅰ―①　Ⅱ―⑥　Ⅲ―③

問11　詩人や歌人が自作の詩歌と絵画により、自らの思いを表現したもの（二十五字以上三十字以内）

· memo ·

教学社 刊行一覧

2025年版 大学赤本シリーズ

374大学556点
全都道府県を網羅

国公立大学（都道府県順）

全国の書店で取り扱っています。店頭にない場合は，お取り寄せができます。

1 北海道大学（文系－前期日程）
2 北海道大学（理系－前期日程） 医
3 北海道大学（後期日程）
4 旭川医科大学（医学部〈医学科〉） 医
5 小樽商科大学
6 帯広畜産大学
7 北海道教育大学
8 室蘭工業大学／北見工業大学
9 釧路公立大学
10 公立千歳科学技術大学
11 公立はこだて未来大学 総推
12 札幌医科大学（医学部） 医
13 弘前大学 医
14 岩手大学
15 岩手県立大学・盛岡短期大学部・宮古短期大学部
16 東北大学（文系－前期日程）
17 東北大学（理系－前期日程） 医
18 東北大学（後期日程）
19 宮城教育大学
20 宮城大学
21 秋田大学 医
22 秋田県立大学
23 国際教養大学 総推
24 山形大学 医
25 福島大学
26 会津大学
27 福島県立医科大学（医・保健科学部） 医
28 茨城大学（文系）
29 茨城大学（理系）
30 筑波大学（推薦入試） 医 総推
31 筑波大学（文系－前期日程）
32 筑波大学（理系－前期日程） 医
33 筑波大学（後期日程）
34 宇都宮大学
35 群馬大学 医
36 群馬県立女子大学
37 高崎経済大学
38 前橋工科大学
39 埼玉大学（文系）
40 埼玉大学（理系）
41 千葉大学（文系－前期日程）
42 千葉大学（理系－前期日程） 医
43 千葉大学（後期日程） 医
44 東京大学（文科） DL
45 東京大学（理科） DL 医
46 お茶の水女子大学
47 電気通信大学
48 東京外国語大学 DL
49 東京海洋大学
50 東京科学大学（旧 東京工業大学）
51 東京科学大学（旧 東京医科歯科大学） 医
52 東京学芸大学
53 東京藝術大学
54 東京農工大学
55 一橋大学（前期日程）
56 一橋大学（後期日程）
57 東京都立大学（文系）
58 東京都立大学（理系）
59 横浜国立大学（文系）
60 横浜国立大学（理系）
61 横浜市立大学（国際教養・国際商・理・データサイエンス・医〈看護〉学部）
62 横浜市立大学（医学部〈医学科〉） 医
63 新潟大学（人文・教育〈文系〉・法・経済科・医〈看護〉・創生学部）
64 新潟大学（教育〈理系〉・理・医〈看護を除く〉・歯・工・農学部） 医
65 新潟県立大学
66 富山大学（文系）
67 富山大学（理系） 医
68 富山県立大学
69 金沢大学（文系）
70 金沢大学（理系） 医
71 福井大学（教育・医〈看護〉・工・国際地域学部）
72 福井大学（医学部〈医学科〉） 医
73 福井県立大学
74 山梨大学（教育・医〈看護〉・工・生命環境学部）
75 山梨大学（医学部〈医学科〉） 医
76 都留文科大学
77 信州大学（文系－前期日程）
78 信州大学（理系－前期日程） 医
79 信州大学（後期日程）
80 公立諏訪東京理科大学 総推
81 岐阜大学（前期日程） 医
82 岐阜大学（後期日程）
83 岐阜薬科大学
84 静岡大学（前期日程）
85 静岡大学（後期日程）
86 浜松医科大学（医学部〈医学科〉） 医
87 静岡県立大学
88 静岡文化芸術大学
89 名古屋大学（文系）
90 名古屋大学（理系） 医
91 愛知教育大学
92 名古屋工業大学
93 愛知県立大学
94 名古屋市立大学（経済・人文社会・芸術工・看護・総合生命理・データサイエンス学部）
95 名古屋市立大学（医学部〈医学科〉） 医
96 名古屋市立大学（薬学部）
97 三重大学（人文・教育・医〈看護〉学部）
98 三重大学（医〈医〉・工・生物資源学部） 医
99 滋賀大学
100 滋賀医科大学（医学部〈医学科〉） 医
101 滋賀県立大学
102 京都大学（文系）
103 京都大学（理系） 医
104 京都教育大学
105 京都工芸繊維大学
106 京都府立大学
107 京都府立医科大学（医学部〈医学科〉） 医
108 大阪大学（文系） DL
109 大阪大学（理系） 医
110 大阪教育大学
111 大阪公立大学（現代システム科学域〈文系〉・文・法・経済・商・看護・生活科〈居住環境・人間福祉〉学部－前期日程）
112 大阪公立大学（現代システム科学域〈理系〉・理・工・農・獣医・医・生活科〈食栄養〉学部－前期日程） 医
113 大阪公立大学（中期日程）
114 大阪公立大学（後期日程）
115 神戸大学（文系－前期日程）
116 神戸大学（理系－前期日程） 医
117 神戸大学（後期日程）
118 神戸市外国語大学 DL
119 兵庫県立大学（国際商経・社会情報科・看護学部）
120 兵庫県立大学（工・理・環境人間学部）
121 奈良教育大学／奈良県立大学
122 奈良女子大学
123 奈良県立医科大学（医学部〈医学科〉） 医
124 和歌山大学
125 和歌山県立医科大学（医・薬学部） 医
126 鳥取大学 医
127 公立鳥取環境大学
128 島根大学 医
129 岡山大学（文系）
130 岡山大学（理系） 医
131 岡山県立大学
132 広島大学（文系－前期日程）
133 広島大学（理系－前期日程） 医
134 広島大学（後期日程）
135 尾道市立大学 総推
136 県立広島大学
137 広島市立大学
138 福山市立大学 総推
139 山口大学（人文・教育〈文系〉・経済・医〈看護〉・国際総合科学部）
140 山口大学（教育〈理系〉・理・医〈看護を除く〉・工・農・共同獣医学部） 医
141 山陽小野田市立山口東京理科大学 総推
142 下関市立大学／山口県立大学
143 周南公立大学 新 総推
144 徳島大学 医
145 香川大学 医
146 愛媛大学 医
147 高知大学 医
148 高知工科大学
149 九州大学（文系－前期日程）
150 九州大学（理系－前期日程） 医
151 九州大学（後期日程）
152 九州工業大学
153 福岡教育大学
154 北九州市立大学
155 九州歯科大学
156 福岡県立大学／福岡女子大学
157 佐賀大学 医
158 長崎大学（多文化社会・教育〈文系〉・経済・医〈保健〉・環境科〈文系〉学部）
159 長崎大学（教育〈理系〉・医〈医〉・歯・薬・情報データ科・工・環境科〈理系〉・水産学部） 医
160 長崎県立大学 総推
161 熊本大学（文・教育・法・医〈看護〉学部・情報融合学環〈文系型〉）
162 熊本大学（理・医〈看護を除く〉・薬・工学部・情報融合学環〈理系型〉） 医
163 熊本県立大学
164 大分大学（教育・経済・医〈看護〉・理工・福祉健康科学部）
165 大分大学（医学部〈医・先進医療科学科〉） 医
166 宮崎大学（教育・医〈看護〉・工・農・地域資源創成学部）
167 宮崎大学（医学部〈医学科〉） 医
168 鹿児島大学（文系）
169 鹿児島大学（理系） 医
170 琉球大学 医

2025年版　大学赤本シリーズ

国公立大学 その他

171 〔国公立大〕医学部医学科 総合型選抜・学校推薦型選抜※ 医 総推
172 看護・医療系大学〈国公立 東日本〉※
173 看護・医療系大学〈国公立 中日本〉※
174 看護・医療系大学〈国公立 西日本〉※
175 海上保安大学校／気象大学校
176 航空保安大学校
177 国立看護大学校
178 防衛大学校 総推
179 防衛医科大学校（医学科） 医
180 防衛医科大学校（看護学科）

※No.171～174の収載大学は赤本ウェブサイト（http://akahon.net/）でご確認ください。

私立大学①

北海道の大学（50音順）

201 札幌大学
202 札幌学院大学
203 北星学園大学
204 北海学園大学
205 北海道医療大学
206 北海道科学大学
207 北海道武蔵女子大学・短期大学
208 酪農学園大学（獣医学群〈獣医学類〉）

東北の大学（50音順）

209 岩手医科大学（医・歯・薬学部） 医
210 仙台大学 総推
211 東北医科薬科大学（医・薬学部） 医
212 東北学院大学
213 東北工業大学
214 東北福祉大学
215 宮城学院女子大学 総推

関東の大学（50音順）

あ行（関東の大学）

216 青山学院大学（法・国際政治経済学部－個別学部日程）
217 青山学院大学（経済学部－個別学部日程）
218 青山学院大学（経営学部－個別学部日程）
219 青山学院大学（文・教育人間科学部－個別学部日程）
220 青山学院大学（総合文化政策・社会情報・地球社会共生・コミュニティ人間科学部－個別学部日程）
221 青山学院大学（理工学部－個別学部日程）
222 青山学院大学（全学部日程）
223 麻布大学（獣医、生命・環境科学部）
224 亜細亜大学
226 桜美林大学
227 大妻女子大学・短期大学部

か行（関東の大学）

228 学習院大学（法学部－コア試験）
229 学習院大学（経済学部－コア試験）
230 学習院大学（文学部－コア試験）
231 学習院大学（国際社会科学部－コア試験）
232 学習院大学（理学部－コア試験）
233 学習院女子大学
234 神奈川大学（給費生試験）
235 神奈川大学（一般入試）
236 神奈川工科大学
237 鎌倉女子大学・短期大学部
238 川村学園女子大学
239 神田外語大学
240 関東学院大学
241 北里大学（理学部）
242 北里大学（医学部） 医
243 北里大学（薬学部）
244 北里大学（看護・医療衛生学部）
245 北里大学（未来工・獣医・海洋生命科学部）
246 共立女子大学・短期大学
247 杏林大学（医学部） 医
248 杏林大学（保健学部）
249 群馬医療福祉大学・短期大学部
250 群馬パース大学 総推
251 慶應義塾大学（法学部）
252 慶應義塾大学（経済学部）
253 慶應義塾大学（商学部）
254 慶應義塾大学（文学部） 総推
255 慶應義塾大学（総合政策学部）
256 慶應義塾大学（環境情報学部）
257 慶應義塾大学（理工学部）
258 慶應義塾大学（医学部） 医
259 慶應義塾大学（薬学部）
260 慶應義塾大学（看護医療学部）
261 工学院大学
262 國學院大學
263 国際医療福祉大学 医
264 国際基督教大学
265 国士舘大学
266 駒澤大学（一般選抜T方式・S方式）
267 駒澤大学（全学部統一日程選抜）

さ行（関東の大学）

268 埼玉医科大学（医学部） 医
269 相模女子大学・短期大学部
270 産業能率大学
271 自治医科大学（医学部） 医
272 自治医科大学（看護学部）／東京慈恵会医科大学（医学部〈看護学科〉）
273 実践女子大学 総推
274 芝浦工業大学（前期日程）
275 芝浦工業大学（全学統一日程・後期日程）
276 十文字学園女子大学
277 淑徳大学
278 順天堂大学（医学部） 医
279 順天堂大学（スポーツ健康科・医療看護・保健看護・国際教養・保健医療・医療科・健康データサイエンス・薬学部） 総推
280 上智大学（神・文・総合人間科学部）
281 上智大学（法・経済学部）
282 上智大学（外国語・総合グローバル学部）
283 上智大学（理工学部）
284 上智大学（TEAPスコア利用方式）
285 湘南工科大学
286 昭和大学（医学部） 医
287 昭和大学（歯・薬・保健医療学部）
288 昭和女子大学
289 昭和薬科大学
290 女子栄養大学・短期大学部 総推
291 白百合女子大学
292 成蹊大学（法学部－A方式）
293 成蹊大学（経済・経営学部－A方式）
294 成蹊大学（文学部－A方式）
295 成蹊大学（理工学部－A方式）
296 成蹊大学（E方式・G方式・P方式）
297 成城大学（経済・社会イノベーション学部－A方式）
298 成城大学（文芸・法学部－A方式）
299 成城大学（S方式〈全学部統一選抜〉）
300 聖心女子大学
301 清泉女子大学
303 聖マリアンナ医科大学 医
304 聖路加国際大学（看護学部）
305 専修大学（スカラシップ・全国入試）
306 専修大学（前期入試〈学部個別入試〉）
307 専修大学（前期入試〈全学部入試・スカラシップ入試〉）

た行（関東の大学）

308 大正大学
309 大東文化大学
310 高崎健康福祉大学
311 拓殖大学
312 玉川大学
313 多摩美術大学
314 千葉工業大学
315 中央大学（法学部－学部別選抜）
316 中央大学（経済学部－学部別選抜）
317 中央大学（商学部－学部別選抜）
318 中央大学（文学部－学部別選抜）
319 中央大学（総合政策学部－学部別選抜）
320 中央大学（国際経営・国際情報学部－学部別選抜）
321 中央大学（理工学部－学部別選抜）
322 中央大学（5学部共通選抜）
323 中央学院大学
324 津田塾大学
325 帝京大学（薬・経済・法・文・外国語・教育・理工・医療技術・福岡医療技術学部）
326 帝京大学（医学部） 医
327 帝京科学大学 総推
328 帝京平成大学 総推
329 東海大学（医〈医〉学部を除く－一般選抜）
330 東海大学（文系・理系学部統一選抜）
331 東海大学（医学部〈医学科〉） 医
332 東京医科大学（医学部〈医学科〉） 医
333 東京家政大学・短期大学部 総推
334 東京経済大学
335 東京工科大学
336 東京工芸大学
337 東京国際大学
338 東京歯科大学
339 東京慈恵会医科大学（医学部〈医学科〉） 医
340 東京情報大学
341 東京女子大学
342 東京女子医科大学（医学部） 医
343 東京電機大学
344 東京都市大学
345 東京農業大学
346 東京薬科大学（薬学部） 総推
347 東京薬科大学（生命科学部） 総推
348 東京理科大学（理学部〈第一部〉－B方式）
349 東京理科大学（創域理工学部－B方式・S方式）
350 東京理科大学（工学部－B方式）
351 東京理科大学（先進工学部－B方式）
352 東京理科大学（薬学部－B方式）
353 東京理科大学（経営学部－B方式）
354 東京理科大学（C方式、グローバル方式、理学部〈第二部〉－B方式）
355 東邦大学（医学部） 医
356 東邦大学（薬学部）

2025年版　大学赤本シリーズ

私立大学②

357 東邦大学（理・看護・健康科学部）
358 東洋大学（文・経済・経営・法・社会・国際・国際観光学部）
359 東洋大学（情報連携・福祉社会デザイン・健康スポーツ科・理工・総合情報・生命科・食環境科学部）
360 東洋大学（英語〈3日程×3カ年〉）
361 東洋大学（国語〈3日程×3カ年〉）
362 東洋大学（日本史・世界史〈2日程×3カ年〉）
363 東洋英和女学院大学
364 常磐大学・短期大学 総推
365 獨協大学
366 獨協医科大学（医学部） 医

な行（関東の大学）

367 二松学舎大学
368 日本大学（法学部）
369 日本大学（経済学部）
370 日本大学（商学部）
371 日本大学（文理学部〈文系〉）
372 日本大学（文理学部〈理系〉）
373 日本大学（芸術学部〈専門試験併用型〉）
374 日本大学（国際関係学部）
375 日本大学（危機管理・スポーツ科学部）
376 日本大学（理工学部）
377 日本大学（生産工・工学部）
378 日本大学（生物資源科学部）
379 日本大学（医学部） 医
380 日本大学（歯・松戸歯学部）
381 日本大学（薬学部）
382 日本大学（N全学統一方式－医・芸術〈専門試験併用型〉学部を除く）
383 日本医科大学 医
384 日本工業大学
385 日本歯科大学
386 日本社会事業大学 総推
387 日本獣医生命科学大学
388 日本女子大学
389 日本体育大学

は行（関東の大学）

390 白鷗大学（学業特待選抜・一般選抜）
391 フェリス女学院大学
392 文教大学
393 法政大学（法〈I日程〉・文〈II日程〉・経営〈II日程〉学部－A方式）
394 法政大学（法〈II日程〉・国際文化・キャリアデザイン学部－A方式）
395 法政大学（文〈I日程〉・経営〈I日程〉・人間環境・グローバル教養学部－A方式）
396 法政大学（経済〈I日程〉・社会〈I日程〉・現代福祉学部－A方式）
397 法政大学（経済〈II日程〉・社会〈II日程〉・スポーツ健康学部－A方式）
398 法政大学（情報科・デザイン工・理工・生命科学部－A方式）
399 法政大学（T日程〈統一日程〉・英語外部試験利用入試）
400 星薬科大学 総推

ま行（関東の大学）

401 武蔵大学
402 武蔵野大学
403 武蔵野美術大学
404 明海大学
405 明治大学（法学部－学部別入試）
406 明治大学（政治経済学部－学部別入試）
407 明治大学（商学部－学部別入試）
408 明治大学（経営学部－学部別入試）
409 明治大学（文学部－学部別入試）
410 明治大学（国際日本学部－学部別入試）
411 明治大学（情報コミュニケーション学部－学部別入試）
412 明治大学（理工学部－学部別入試）
413 明治大学（総合数理学部－学部別入試）
414 明治大学（農学部－学部別入試）
415 明治大学（全学部統一入試）
416 明治学院大学（A日程）
417 明治学院大学（全学部日程）
418 明治薬科大学 総推
419 明星大学
420 目白大学・短期大学部

ら・わ行（関東の大学）

421 立教大学（文系学部－一般入試〈大学独自の英語を課さない日程〉）
422 立教大学（国語〈3日程×3カ年〉）
423 立教大学（日本史・世界史〈2日程×3カ年〉）
424 立教大学（文学部－一般入試〈大学独自の英語を課す日程〉）
425 立教大学（理学部－一般入試）
426 立正大学
427 早稲田大学（法学部）
428 早稲田大学（政治経済学部）
429 早稲田大学（商学部）
430 早稲田大学（社会科学部）
431 早稲田大学（文学部）
432 早稲田大学（文化構想学部）
433 早稲田大学（教育学部〈文科系〉）
434 早稲田大学（教育学部〈理科系〉）
435 早稲田大学（人間科・スポーツ科学部）
436 早稲田大学（国際教養学部）
437 早稲田大学（基幹理工・創造理工・先進理工学部）
438 和洋女子大学 総推

中部の大学（50音順）

439 愛知大学
440 愛知医科大学（医学部） 医
441 愛知学院大学・短期大学部
442 愛知工業大学 総推
443 愛知淑徳大学
444 朝日大学 総推
445 金沢医科大学（医学部） 医
446 金沢工業大学
447 岐阜聖徳学園大学 総推
448 金城学院大学
449 至学館大学 総推
450 静岡理工科大学
451 椙山女学園大学
452 大同大学
453 中京大学
454 中部大学
455 名古屋外国語大学 総推
456 名古屋学院大学 総推
457 名古屋学芸大学 総推
458 名古屋女子大学 総推
459 南山大学（外国語〈英米〉・法・総合政策・国際教養学部）
460 南山大学（人文・外国語〈英米を除く〉・経済・経営・理工学部）
461 新潟国際情報大学
462 日本福祉大学
463 福井工業大学
464 藤田医科大学（医学部） 医
465 藤田医科大学（医療科・保健衛生学部）
466 名城大学（法・経営・経済・外国語・人間・都市情報学部）
467 名城大学（情報工・理工・農・薬学部）
468 山梨学院大学

近畿の大学（50音順）

469 追手門学院大学 総推
470 大阪医科薬科大学（医学部） 医
471 大阪医科薬科大学（薬学部） 総推
472 大阪学院大学 総推
473 大阪経済大学 総推
474 大阪経済法科大学 総推
475 大阪工業大学 総推
476 大阪国際大学・短期大学部 総推
477 大阪産業大学 総推
478 大阪歯科大学（歯学部）
479 大阪商業大学 総推
480 大阪成蹊大学・短期大学 総推
481 大谷大学 総推
482 大手前大学・短期大学 総推
483 関西大学（文系）
484 関西大学（理系）
485 関西大学（英語〈3日程×3カ年〉）
486 関西大学（国語〈3日程×3カ年〉）
487 関西大学（日本史・世界史・文系数学〈3日程×3カ年〉）
488 関西医科大学（医学部） 医
489 関西医療大学 総推
490 関西外国語大学・短期大学部 総推
491 関西学院大学（文・法・商・人間福祉・総合政策学部－学部個別日程）
492 関西学院大学（神・社会・経済・国際・教育学部－学部個別日程）
493 関西学院大学（全学部日程〈文系型〉）
494 関西学院大学（全学部日程〈理系型〉）
495 関西学院大学（共通テスト併用日程〈数学〉・英数日程）
496 関西学院大学（英語〈3日程×3カ年〉） 新
497 関西学院大学（国語〈3日程×3カ年〉） 新
498 関西学院大学（日本史・世界史・文系数学〈3日程×3カ年〉） 新
499 畿央大学 総推
500 京都外国語大学・短期大学 総推
502 京都産業大学（公募推薦入試） 総推
503 京都産業大学（一般選抜入試〈前期日程〉）
504 京都女子大学 総推
505 京都先端科学大学 総推
506 京都橘大学 総推
507 京都ノートルダム女子大学 総推
508 京都薬科大学 総推
509 近畿大学・短期大学部（医学部を除く－推薦入試） 総推
510 近畿大学・短期大学部（医学部を除く－一般入試前期）
511 近畿大学（英語〈医学部を除く3日程×3カ年〉）
512 近畿大学（理系数学〈医学部を除く3日程×3カ年〉）
513 近畿大学（国語〈医学部を除く3日程×3カ年〉）
514 近畿大学（医学部－推薦入試・一般入試前期） 医 総推
515 近畿大学・短期大学部（一般入試後期） 医
516 皇學館大学 総推
517 甲南大学 総推
518 甲南女子大学（学校推薦型選抜） 新 総推
519 神戸学院大学 総推
520 神戸国際大学 総推
521 神戸女学院大学 総推
522 神戸女子大学・短期大学 総推
523 神戸薬科大学 総推
524 四天王寺大学・短期大学部 総推
525 摂南大学（公募制推薦入試） 総推
526 摂南大学（一般選抜前期日程）
527 帝塚山学院大学 総推
528 同志社大学（法、グローバル・コミュニケーション学部－学部個別日程）

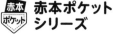

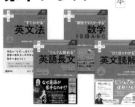

2025 年版　大学赤本シリーズ　No. 237

鎌倉女子大学
鎌倉女子大学短期大学部

2024 年 6 月 30 日　第 1 刷発行
ISBN978-4-325-26294-7
定価は裏表紙に表示しています

編　集　教学社編集部
発行者　上原 寿明
発行所　教学社
〒606-0031
京都市左京区岩倉南桑原町56
電話　075-721-6500
振替　01020-1-15695
印　刷　三美印刷